Ichak Adize

Wie man Mismanagement überwindet

Erkennen und Beseitigen der Ursachen

Wirtschaftsverlag Langen-Müller/Herbig

Aus dem Amerikanischen übertragen von Brigitte Stein
Titel der Originalausgabe: HOW TO SOLVE THE MISMANAGEMENT CRISIS

Umschlaggestaltung: Christel Aumann, München
Gesamtherstellung: Jos. C. Huber KG, Dießen
Printed in Germany
ISBN 3-7844-7089-0

Ichak Adizes

Wie man Mismanagement überwindet

Inhalt

To Tchia, Topaz, and Shoham
my companions in life

Vorwort

Kennen Sie Führungskräfte der Wirtschaft, die bekannte Verwaltungsfachschulen absolviert haben und dennoch keine guten Manager sind? Sie »schießen aus der Hüfte«, zögern Entscheidungen hinaus oder verhalten sich insofern bürokratisch, als sie sich »an die Vorschriften klammern«. Sie haben die Managementtheorie intus; sie wissen, daß sie planen und organisieren und motivieren und kontrollieren müssen, aber aus irgendeinem Grund versagen sie bei einer oder mehreren dieser Funktionen. Vielleicht ist auch ihr Führungs*stil* inadäquat?

Haben Sie schon einmal ein Lehrbuch über Managementprinzipien gelesen, das Ihnen sehr einleuchtend erschien; es war ebenso einfach wie aufregend? Aber was in dem Buch so einfach wirkte, war de facto höchst kompliziert, und in Wirklichkeit funktionierten die Dinge nicht nach diesen rationalen und sinnvollen Prinzipien.

Falls Sie zu den Spitzenleuten zählen, dann haben Sie sich wahrscheinlich schon oft »einsam und down« gefühlt; da ist niemand, mit dem Sie über die Last der Verantwortung sprechen können, niemand, der die Entscheidungsprozesse mitträgt. Und ob Ihnen bei Ihren Entscheidungen wohl ist oder nicht, Sie tragen die Verantwortung dafür.

Die meisten Managementratgeber-Bücher gehen von einem »Lehrbuch – Manager« aus – einem vorbildlichen Menschen, der in allen Rollen, die eine Führungskraft zu spielen hat, gleichermaßen glänzt. Diese Bücher sehen über Unterschiede im persönli-

chen Verhaltensstil hinweg. Außerdem übersimplifizieren sie meiner Ansicht nach die Komplexität der Führungsfunktion. Diese Lehrbücher konzentrieren sich im allgemeinen auf ein Individuum, darauf, was *ein* Manager zu tun hat.
Ziel dieses Buches ist es, den *Managementprozeß* als einen Teamprozeß darzustellen und den Leser in die Lage zu versetzen, Fehler und Schwächen der Betriebsführung zu diagnostizieren und zu beseitigen. Ich werde darlegen, wie man Teams zusammensetzt und Organisationen verjüngt, um ihrer Tendenz entgegenzuwirken, Rost anzusetzen und in bürokratischer Routine zu erstarren. Die hier erläuterten Prinzipien sind von mir und meinen Mitarbeitern am Institute for Management Development and Organizational Research in Los Angeles erfolgreich zur Steigerung der Effizienz von Unternehmen und Organisationen angewandt worden. Gleichzeitig haben sie die persönliche Entfaltung der in diesen Organisationen tätigen Menschen, die sich dieser Methodologie bedienten, gefördert.

Mai 1979 Ichak Adizes

I.
Die Falle

Einführung

Ich erinnere mich, wie die Idee zu diesem Buch geboren wurde. Eines Tages besuchte mich ein Vertreter der *Encyclopaedia Britannica*, der mir die neueste Ausgabe dieses Lexikons verkaufen wollte – das akkumulierte Wissen der Menschheit in dreißig Bänden. »Was machen Sie beruflich, Sir?« fragte er mich. »Ich lehre Management«, antwortete ich. »Schön«, meinte er, »schauen wir einmal, was die Encyclopaedia zu diesem Thema zu sagen hat.« Wir schlugen also nach. Zu seiner Verlegenheit und meinem Erstaunen stellte sich alsbald heraus, daß es diesen Begriff in der Encyclopaedia nicht gab. Wir fanden nur Management Science, das sind mathematische Modelle zur Entscheidungsfindung und zum Organisationsverhalten, das heißt die Soziologie von Organisationen, aber das simple, gewöhnliche *Management*, zu deutsch Betriebsführung, Unternehmensleitung oder auch Verwaltung, das, was Millionen von Menschen in der ganzen Welt tagein und tagaus tun, war überhaupt nicht vorhanden.

Das machte mich nachdenklich. Was *ist* Management? Wer in Jugoslawien so verfahren würde wie wir in den Vereinigten Staaten, der würde strafrechtlich verfolgt werden oder gar ins Gefängnis kommen.[1] Was wir unter Management verstehen, ist dort illegal. In Jugoslawien *empfiehlt* die Betriebsleitung den Arbeitern, was sie tun sollen, und die »Untergebenen« treffen die endgültigen Entscheidungen.

Im israelischen Kibbuz führt der Manager (der Verwalter des Kibbuz) einige Jahre die Geschäfte und kehrt dann zu seinen bisherigen Aufgaben, etwa die Kühe zu melken, zurück. Aus praktischen Erwägungen werden die Leitungsaufgaben im Rotationssystem vergeben. Die Israelis lehnen professionelles Management ab, und wenn jemand versucht, andere zu »managen«, das heißt, ihnen Weisungen zu erteilen, dann kann er rasch abgewählt werden.

Aus Lehrbüchern erfahren wir, daß die Betriebsleitung plant, entscheidet, organisiert, kontrolliert und motiviert. Es gibt jedoch auch Organisationen, in denen das Management manche dieser Funktionen nicht ausübt. Vor einigen Jahren machte ich eine Untersuchung über die Leitung künstlerischer Organisationen wie Opernhäuser, Tanzensembles, Theater etc. Ein Besuch bei den größeren Opernhäusern, Ballettensembles, Theaterintendanzen und Museenverwaltungen überzeugte mich davon, daß das Verhältnis des Intendanten gegenüber einem Theaterensemble kaum mit der Tätigkeit eines Fabrikdirektors oder Werkhallenleiters vergleichbar ist. Der erstere kann nicht planen, organisieren und kontrollieren, wie es die Lehrbücher vorschreiben.[2] Der Administrator eines Theaters dient dem künstlerischen Leiter und verwaltet *für* diesen. Dasselbe Phänomen ist im Gesundheits- und Bildungswesen festzustellen. Auch hier erfüllt die Administration nicht alle Managementfunktionen. Sie entscheidet nicht allein über die Richtlinien, die von den Ärzteteams bzw. den Lehrerkollegien mitbestimmt werden.

Was ist also Management wirklich? Welche Tätigkeiten fallen unter diesen Begriff? Gibt es ein System, das ohne Management auskommt? Bei meiner früheren Untersuchung bin ich auf das Diktum gestoßen, daß Management unausrottbar sei. [3] Trotz der Gesetzgebung in Jugoslawien gedeiht auch dort das Management, und dasselbe gilt für Israel. Es scheint mir daher, daß das Management bestimmte Funktionen erfüllt, die weder durch Gesetze noch durch gesellschaftlichen Druck eliminiert werden können.

Als ich mir die Frage stellte, welche Funktionen dies sein könnten, wurde mir klar, daß das Management vier Rollen spielen muß: die des Produzenten, des Verwalter, des Unternehmers und des Integrators. Jede dieser Rollen ist *notwendig*, und die vier zusammen *gewährleisten* gutes Management. Mit »notwendig« meine ich, daß beim Ausfall einer dieser Rollen eine bestimmte Form von Mismanagement festgestellt werden kann. Dieses Buch beschreibt die vier Rollen und erläutert, wie Fehler und Mängel der Betriebsführung zu diagnostizieren sind.

Ich bin zu der Überzeugung gekommen, daß ein Individuum *allein* nicht alle vier Rollen ausfüllen kann. Hervorragende Ideenlieferanten und Planer sind gewöhnlich schwach in der Durchführung; Leute, deren Stärke in der Durchführung liegt, vermögen oft nicht, andere zu motivieren; wer hervorragend motivieren kann, dem fehlt die Gabe, für reibungslose Abläufe zu sorgen; und Leute, deren Stärke es ist, den Laden am Laufen zu halten, sind oft wenig aufgeschlossen gegenüber Veränderungen und neuen Ideen. Effizientes Management einer wachsenden Organisation ist *zu kompliziert*, um von *einer* Person allein bewältigt werden zu können. Die vier Rollen stehen in Konflikt zueinander, und kein Einzelner kann sie daher gleichzeitig ausfüllen. Versucht es jemand dennoch, so ist gewöhnlich Mismanagement die Folge. Meine Schlußfolgerung ist daher, daß gutes Management eine *komplementäre Personalpolitik* erfordert, das heißt, daß Unterschiede im Verhaltensstil und den Auffassungen anerkannt und Konflikte als unvermeidliches und wünschenswertes Element der Betriebsführung akzeptiert werden müssen.

Die vier Rollen des Managements

Um eine Organisation langfristig wirksam und effizient leiten zu können, müssen vier Rollen ausgefüllt werden: die des Produzenten, des Administrators, des Unternehmers und des Integrators.

Der Produzent (**P**)
Von einem Manager wird erwartet, daß er Resultate erzielt oder Leistungen produziert, die denen der Konkurrenz ebenbürtig

sind oder diese übertreffen. Um diese Funktion auszuüben, muß ein Manager über Kenntnisse auf seinem Gebiet verfügen, ob es sich nun um Marketing, Technik, Buchführung, Jurisprudenz oder irgendeinen anderen Bereich handelt, und er muß das nötige Durchsetzungsvermögen haben, um zu erreichen, daß die angestrebten Resultate zustande kommen.

Der Administrator (**A**)

Ein Manager sollte aber nicht nur Durchsetzungsvermögen und Kenntnisse aufweisen. Persönliche Produktivität und funktionales Wissen in einer bestimmten Disziplin oder Technologie befähigen einen nicht unbedingt, im Umgang mit einer Gruppe entsprechende Resultate zu erzielen. In dieser Rolle stellt der Manager Terminpläne auf und koordiniert bzw. überprüft die Durchführung. Er übt Verwaltungsaufgaben aus und sorgt dafür, daß das System so reibungslos wie vorgesehen funktioniert.

Der Unternehmer (**E**)*)

Management ist jedoch noch mehr als Produktion und Administration. Es erfordert ein höheres Maß an Weitblick bei der Zielsetzung, der strategischen Planung und dem Festlegen der Marschroute. Diese Entscheidungsprozesse erfordern unternehmerische Qualitäten. In einer sich wandelnden Umwelt muß ein Manager Urteilsvermögen besitzen und imstande sein, sowohl die Ziele als auch die Systeme zu ihrer Erreichung zu verändern. Um diese Rolle ausfüllen zu können, muß der Manager Organisationsvermögen besitzen. Anders als Administratoren, die bestimmte Pläne auszuführen und bestimmte Beschlüsse in die Tat umzusetzen haben, müssen Unternehmer ihre eigenen Handlungsstrategien selbst festlegen. Die Initiative muß von ihnen ausgehen. Manager, die die unternehmerische Rolle ausfüllen, müssen kreativ sein, um neue Handlungsstrategien festlegen zu können, und sie müssen bereit sein, Risiken einzugehen. Wenn sie nicht kreativ sind, werden sie nicht fähig sein, neue Möglichkei-

*) E steht hier für *entrepreneur*, um den internationalen PAEI zu wahren.

ten wahrzunehmen; wenn sie Risiken scheuen, werden sie Gelegenheiten nicht zu nutzen verstehen.
Aber selbst diese drei Rollen zusammengenommen ergeben noch kein adäquat funktionierendes Management. Mit vielen Organisationen, die von ausgezeichneten, produktiven Unternehmern/Administratoren (gewöhnlich ihren Begründern) geleitet wurden, ging es rapide bergab, sobald der jeweilige Spitzenmann starb oder aus irgendeinem Grund ersetzt werden mußte. Die Lebensspanne einer Organisation ist länger als die Lebensspanne der ihr angehörenden Personen. Um deshalb den erfolgreichen Fortbestand einer Organisation über längere Zeiträume hinweg zu sichern, muß noch eine weitere Rolle ausgefüllt werden.

Der Integrator (I)
Die vierte wesentliche Aufgabe des Managements ist die der Integration. Mit Integration meine ich den Prozeß, durch den individuelle Risiken zu Gruppenrisiken werden, individuelle Ziele zu Gruppenzielen verschmelzen und letztlich individuelles Unternehmertum in Gruppenunternehmertum umgesetzt wird.
Wenn eine Gruppe eigenständig mit einer klaren Richtung operieren kann und wenn sie imstande ist, erfolgreich neue Richtungen zu wählen, ohne dabei ausschließlich von einer Person abhängig zu sein, dann ist die Integrationsaufgabe in angemessener Weise ausgefüllt worden. Eine gute Integrationsfigur wird dann überflüssig; das integrierte Team kann ohne ihn oder sie überleben.

Mismanagement

Ich habe festgestellt, daß immer dann, wenn eine dieser vier Rollen nicht ausgefüllt wurde, ein bestimmter Stil des Mismanagements, der Mißwirtschaft, festgestellt werden kann. Mit »Stil« meine ich sich wiederholende Verhaltensmuster, die voraussagbar als Reaktion auf bestimmte Situationen auftreten. So können

wir auch, wenn jemend einen bestimmten Verhaltensstil zeigt, voraussagen, wie der Betreffende in einer bestimmten Situation handeln wird.
Eine Aufgabe stellt eine bestimmte Art von Situation dar, und jede Aufgabe hat Qualitäten, die nur ihr zu eigen sind. Spezifische Aufgaben erfordern deshalb von den damit Befaßten spezifische Verhaltensstile. In der Verkaufsabteilung sind Leute mit einem anderen Verhaltensstil gefragt als etwa im Rechnungswesen.
Die klassische Darstellung der »Funktionen des Managements« geht davon aus, daß alle Menschen denselben Stil haben, und ignoriert die Tatsache, daß verschiedene Leute auf verschiedene Weise organisieren, planen und Kontrolle ausüben. Der entscheidende Punkt ist für mich, ob der Führungsstil und die Position des Managers gut zusammenpassen. Ein Mißverhältnis zwischen dem Verhaltensstil und der Aufgabe des Betreffenden ist häufig einer der Gründe, warum Betriebe und Organisationen schlecht funktionieren.
Durch meine Forschungen entdeckte ich, daß die vier Rollen **P**, **A**, **E** und **I** auch zur Beschreibung und Analyse der Lebenszyklen von Organisationen benutzt werden können und daß sich die Verhaltensweisen von Organisationen im Laufe ihres Lebenszyklus verändern. Zu jedem Zeitpunkt ist eine der vier genannten Führungsfunktionen von größerer Bedeutung als die anderen. Das heißt, daß auch im Leben eines Unternehmens oder einer Organisation der Eintritt in ein neues Stadium vorhersagbar ist und man sich darauf vorbereiten kann.

Wert der Untersuchung

Die Feststellung der Beziehungen zwischen den Rollen **P**, **A**, **E** und **I** ist ein wertvoller Ansatz zur Diagnose von Management-Effizienz. Erstens ist sie eine Hilfe beim Aufbau von Führungsteams und der Suche nach geeigneten Kräften. Da, wie ich behaupte, kein Manager alle Persönlichkeitsmerkmale aufweist, die notwendig sind, um eine Organisation erfolgreich zu führen, lie-

fert diese Methodologie die Grundlage, um die richtige Mischung komplementärer Stile zu erreichen, die für die Leitung eines Betriebes oder einer Organisation nötig sind.
Zweitens kann das **PAEI**-Modell als prognostisches Instrument dienen. Sobald man das *Verhaltensmuster* eines Managers identifiziert und gesichert hat, ist es möglich, andere Variablen des Musters und somit die Handlungsweise des Betreffenden vorauszusagen.
Meine Mitarbeiter am MDOR und ich haben das in diesem Buch beschriebene Modell benutzt und dabei festgestellt, daß es als prognostisches Instrumentarium überaus ergiebig ist. Es befähigt uns, eine Organisation zu durchleuchten und zu analysieren. Man kann die gesamte Organisation oder den Stil eines einzelnen Managers betrachten und voraussagen, wie die verschiedenen Abteilungen innerhalb der Organisation funktionieren werden: Wird die Belegschaft rasch wechseln? Findet Ausbildung statt und welcher Art ist diese? Wie werden die Leute befördert und aus welchen Gründen? Wer könnte der nächste Direktor des Unternehmens sein und warum? Wer ist in Konflikt mit wem? Welcher Konflikt ist wünschenswert und welcher muß beigelegt werden?

Methodologie und Herkunft der Daten

Die Methodologie, mit der die Daten für dieses Buch beschafft wurden, war die eines teilnehmenden Beobachters: als Organisationsfachmann habe ich mit Führungskräften gearbeitet und meine Eindrücke dabei aufgezeichnet. Auch von Interviews wurde ausgiebig Gebrauch gemacht. Die Firmen, die ich beraten und studiert habe, hatten Umsätze zwischen einer Million und einer Milliarde Dollar und beschäftigten zwischen achtzig und 14.000 Menschen. Sie gehören den verschiedensten Branchen an wie Flugzeugbau, Versicherungen, Bankwesen, Theater sowie allen Bereichen des öffentlichen Dienstes und sie umfassen sowohl gewinnorientierte Unternehmen als auch gemeinnützige Organisationen.

Da mich meine Arbeit als Organisationstherapeut häufig ins Ausland führt, hatte ich auch Gelegenheit, mich über meine Erkenntnisse und Beobachtungen mit Führungskräften des Auslandes auszutauschen. Darüber hinaus ist unser Modell in allen Teilen der Welt in Schulungskursen für leitende Angestellte vorgestellt worden. Das Modell und seine theoretischen Voraussetzungen ist somit durch hunderte in der Praxis stehende Wirtschaftsführer als universell gültig und unabhängig von kulturellen oder technologischen Voraussetzungen bestätigt worden.
Der Schwerpunkt dieser Forschung unterscheidet sich insofern von der Arbeit von Psychologen wie Maslow, McCleland und Reading, als jene Bedürfnisse beschreiben und von diesen ausgehend Verhalten vorherzusagen suchen. Ich interessiere mich nicht dafür, *warum* ein bestimmtes Verhalten auftritt, sondern *welches* Verhalten auftritt und *wie* es sich auf die Organisation auswirkt. Diese Untersuchung konzentriert sich auf den Verhaltensstil des Managers als Determinante zur Vorhersage des Verhaltens der Organisation, und es wird der Versuch unternommen, Maßnahmen zur Änderung vorzuschlagen.
Ein weiterer methodologischer Punkt: in der Vergangenheit sind bereits mehrere Versuche gemacht worden, das Verhalten von Führungskräften auf der Grundlage von ein-, zwei- oder dreidimensionalen Analysen zu klassifizieren und kodifizieren (Blake und Mouton, Reddin, M. Maccoby, Fielder u. a.). Diese Untersuchungen und Theorien konzentrierten sich jedoch jeweils auf ein Individuum, dessen Verhalten und Wirksamkeit. Die Literatur über Management und Unternehmensführung konzentriert sich in ähnlicher Weise auf eine Person wie die mikroökonomische Theorie, die sich auf ein Individuum, den Unternehmer, oder »die Firma« beschränkt, welche die komplexen Entscheidungsprozesse einer Organisation personifizieren sollen.
Derselbe individualistische Ansatz ist in der Managementtheorie zu beobachten, die sich traditionell mit einem vorherrschenden Aspekt der Unternehmensführung befaßt hat. F. Taylor, einer der Pioniere auf diesem Gebiet, beschäftigte sich in erster Linie mit Produktivität, Spezialisierung und Effizienz (die **P**-Rolle).

Fayol und Urwick interessierten sich im Gegensatz dazu vorrangig für die Organisationsstruktur – Autorität, Kontrollbefugnisse, Delegation von Autorität und Personalbeziehungen (die E-Rolle). N. Weiner stellte die Dynamik des Wandels in den Mittelpunkt seiner Aufmerksamkeit und bezog später kybernetische Erkenntnisse ein (die **E**-Rolle). E. Mayo widmete dem menschlichen Aspekt seine besondere Aufmerksamkeit, und die Verhaltenswissenschaft und das Studium des individuellen Verhaltens in Organisationen wurden zum beherrschenden Element seiner Managementtheorie (die **I**-Rolle). Im Grunde beschäftigten sich alle diese Ansätze mit der Frage, was der einzelne Manager in einer der vier Rollen tut, die, wie oben dargelegt, zusammen den Managementprozeß bilden, das heißt, dieser schließt die jeweils drei anderen Rollen mit ein.

Umfassendere Theoretiker wie Drucker, Newman und Koontz versuchten, Effizienz (**P**), Struktur (**A**), Veränderung (**E**) und den menschlichen Faktor (**I**) zu einem Ganzen zu verschmelzen, das sie als den Prozeß oder die Funktionen des Managements bezeichneten. Im Brennpunkt ihres Interesses stand jedoch dasselbe Phänomen wie bei früheren Ansätzen: der einzelne Manager.

Im Gegensatz dazu glaube ich, daß zwar alle vier Rollen ausgefüllt werden müssen, aber daß diese Rollen auf verschiedene Personen verteilt sein sollten. Gutes Management kommt nur zustande, wenn man Menschen zusammen bringt, die auf verschiedene Weise denken und handeln. Statt von der *Führungspersönlichkeit* zu reden, die plant, organisiert etc., sollten wir vom *Führungsteam* sprechen, das diese Funktionen erfüllt. *Die Rollen des Produzenten, Administrators, Unternehmers und Integrators sollten von einem sich ergänzenden Team gespielt werden, da keine Einzelperson für alle diese Aufgaben verantwortlich sein kann.* Warum und wie dies zu geschehen hat, bildet den Inhalt dieses Buches.

Anmerkungen

1. Ichak Adizes, *Industrial Democracy*: Yugoslav Style (Erstausgabe, New York: Free Press, 1971; Taschenbuchausgabe, Los Angeles: MDOR Institute, 1977).
2. Ichak Adizes, »Administering for the Arts« in *California Management Review* 15 (1972), Nr. 2.
3. Ichak Adizes und Elizabeth Mann Borgese, *Self-Management: New Dimensions to Democracy* (Santa Barbara, Calif.: ABC/CLIO, 1977).

II.
Mismanagement – Stile

1. P---:
Der Einsame Kämpfer

Die Rolle, Resultate zu produzieren

Ein Mensch, der in seinem Beruf oder in seiner Arbeit aufgeht und der über das nötige Wissen auf seinem Gebiet verfügt, ist von unschätzbarem Wert für seine Organisation. Er ist fleißig und ein ausgezeichneter Produzent von Resultaten.
Als ein **P** – Produzent – ist er im Verkauf oder in der Entwicklung tätig, leitet den Fertigungsbereich oder arbeitet erfolgreich an Forschungsvorhaben. Er setzt sich dafür ein, daß die jeweiligen Aufgaben erledigt werden. Jede Organisation braucht Manager, die handlungsorientiert und resultatorientiert sind, auf deren Leistungen man sich verlassen kann.
Ein Produzent von Resultaten, ein Mensch, der seine Aufgaben gut erfüllt, hat ein starkes Bedürfnis, etwas zu leisten, Ergebnisse zu erzielen. Er reagiert ungeduldig auf den Aufschub von Bedürfnisbefriedigung. Als Verkäufer möchte er ein Geschäft so bald wie möglich abschließen. Als Ingenieur kann er es nicht erwarten, die Maschinen summen zu hören. Als Tennisspieler wärmt er sich selten lange auf, bevor er ein Spiel vorschlägt, und er verfolgt gewöhnlich genau den Spielstand.[1]
Um ein Produzent von Resultaten, ein Macher zu sein, muß der Betreffende ein ausgeprägtes Leistungsbedürfnis haben und über das nötige Wissen verfügen. Zwar ist die Wissenskomponente in

allen vier Rollen (**PAEI**) präsent, wir wollen uns hier jedoch auf die Bedeutung des Wissensfaktors für das Erzielen von Resultaten beschränken. Um Resultate zu erzielen, muß man die Technologie einer Disziplin beherrschen – man muß wissen, was zu kontrollieren ist und wie es zu kontrollieren ist.

Technologie ist hier im umfassenden Sinne des Wortes zu verstehen. Jedes Fachgebiet hat seine Technologie. Beim Marketing sind es die Käufer, die Konkurrenten, die Distributionskanäle usw. Bei der Produktion sind es die Maschinen, die Rohstoffe, der Personalfaktor usw.

Oft hört man die Behauptung, daß ein guter Manager alles managen könne, daß er oder sie von einer Technologie zur anderen wechseln und auch dort erfolgreich sein könne. Ein Spruch lautet: »Ob Schuhe oder Kaugummi, da ist kein Unterschied.« Man müsse lediglich das nötige Know-how haben, um zu planen, zu organisieren etc. Diese Behauptung bedarf einer kleinen Einschränkung. Man kann jede Technologie *nach einer gewissen Zeit* managen. Aber zuerst muß der Manager die Unterschiede der jeweiligen Technologien kennenlernen. Wodurch »läuft« die Organisation? Wie funktionieren die Märkte? Was ist an dem Produktionssystem einzigartig? Viele Unternehmen im Bereich der darstellenden Kunst hatten in künstlerischer Hinsicht ernste Probleme, da von der Annahme ausgegangen wurde, daß ein guter Manager alles managen könne. In ihren Vorständen saßen Leute, deren Erfahrung sich auf das Geschäftsleben beschränkte und die ein Theater so zu leiten versuchten, wie sie beispielsweise eine Seifenfabrik geführt hätten. »Man braucht nichts anderes zu tun«, behaupteten diese Leute, »als das zu produzieren, was die Kunden wollen, die Produktion zu finanzieren und schließlich zu verkaufen.«[2]

Aber ohne Kenntnis der Technologie, die nötig ist, um Resultate zu erzielen, ist die Fähigkeit eines Managers, Entscheidungen zu treffen, beeinträchtigt. Er kann Irrtümer in bezug auf das Was, Wann und Wie von Entscheidungen begehen. Der Zeitpunkt des Handelns und das Maß an Energie, das dafür mobilisiert wird, kann falsch sein.[3]

Ein Manager, der zwar die nötige Energie hat, aber nicht über das entsprechende Wissen verfügt, kann kein optimaler Produzent sein. Statt dessen ist er fast eine Drohne, stolpert ungeschickt von Aufgabe zu Aufgabe, arbeitet mit vollem Einsatz, aber erzielt nie wirklich befriedigende Ergebnisse. Er möchte etwas leisten, aber da sein Know-how begrenzt ist, macht er Fehler. Die Nebenwirkungen seiner Fehler können so verheerend sein, daß er am Ende mehr Arbeit hat als am Anfang – und auch an diese geht er falsch heran. Je mehr er arbeitet, desto weiter gerät er daher ins Hintertreffen. Das Ergebnis ist, daß er in vollem Tempo rückwärts marschiert.

Auf der anderen Seite wird ein Manager, der zwar viel weiß, aber nicht leistungsmotiviert ist, oft schließlich in einer untergeordneten Position landen. Er ist den ganzen Tag in seinem Büro, arbeitet, liest, lernt und überlegt. Wenn man dem kleinen Sachbearbeiter eine Frage stellt, wird man gewöhnlich eine höchst qualifizierte Antwort erhalten. Er weiß in der Regel eine Menge auf seinem Gebiet, aber er ist einfach nicht daran interessiert, daß die Aufgaben erledigt werden. Er mag den analytischen und intellektuellen Aspekt eines Produktionsvorganges, eines Mechanismus, einer Technologie oder eines Systems kennen, aber er macht sich nicht gern die Hände schmutzig. Es langweilt ihn, mechanisch eine Tätigkeit ausführen zu müssen, die er bereits restlos versteht.

Der optimale Produzent muß daher sowohl in seinem Fach beschlagen sein, um die richtigen Entscheidungen zu treffen, als auch das Leistungsbedürfnis haben, um diese Entscheidungen auszuführen. Er weiß, was zu tun ist und wie es zu tun ist, und dann geht er hin und macht es.

Wenn in diesem Buch künftig von der Wirksamkeit der Produzentenrolle (**P**) die Rede ist, dann gehe ich davon aus, daß die Person, die diese Rolle ausübt, sowohl in ihrem Fach Bescheid weiß als auch das Bedürfnis hat, etwas zu leisten. Wenn es heißt, daß jemand schwach in **P** sei, so bedeutet das, daß er entweder ein geringes Leistungsbedürfnis hat oder über seine Aufgaben nicht Bescheid weiß.

Der Stil des Einsamen Kämpfers

Überlegen wir einen Augenblick was geschieht, wenn ein Manager nur die Rolle des Produzenten ausübt. Wir wollen ihn nach dem **PAEI**-Code als einen **P**––– bezeichnen. Das bedeutet, daß er weder ein Administrator noch ein Unternehmer noch ein Integrator ist – er ist nur ein Produzent, wenn auch vielleicht ein hervorragender.

Was geschieht mit einem Manager, der nur ein Produzent ist? Er versäumt es, zu koordinieren, zu verwalten, zu delegieren, zu planen, nachzuhaken, zu kontrollieren usw. Er versäumt es, einen neuen Kurs oder eine neue Marschrichtung festzulegen, und er hat kein gutes Verhältnis zu den Leuten. Er baut kein Team auf, und er fördert nicht die Fähigkeiten anderer in seiner Umgebung – er ist vollauf damit beschäftigt, zu produzieren. Wenn ein neues Problem seine Aufmerksamkeit erregt, läßt er das fallen, was er gerade tut und stürzt sich kopfüber in die neue Aufgabe. Tatsächlich stellt sich bei näherer Beobachtung heraus, daß er ständig von einer Aufgabe zur anderen und von Krise zu Krise hastet. Je mehr er herumsaust, desto bessere Arbeit glaubt er zu leisten. Das ist der Grund, warum der einhundertfünfzigprozentige Produzent, **P**–––, oft als Einsamer Kämpfer oder als Feuerwehr bezeichnet wird.

Die Einstellung des Einsamen Kämpfers zur Zeit ist, daß man sie dazu nutzen sollte, die unmittelbaren Probleme einer Organisation zu lösen. Er verschwendet keinen Gedanken auf langfristige Planung, neue Zielsetzungen oder gar »die ferne Zukunft«.

Der Einsame Kämpfer ist in jeder Abteilung einer Organisation leicht auszumachen. Egal, welches sein Verantwortungsbereich ist – Rechnungswesen, Entwicklung, Verkauf, Produktion – er ist ständig damit beschäftigt, etwas zu tun, tun, tun. Er steht unter einem Zwang, alles selbst tun zu wollen. Er ist morgens der erste im Büro und verläßt abends als letzter das Haus. Er ist ein *Workaholic*, arbeitssüchtig, und wenn er keine Arbeit hat, zeigt er Anzeichen von Angst. Wenn er nichts hat, worüber er sich Sorgen machen kann, ... dann macht er sich Sorgen!

Wenn ich einen Manager sehe, der jede Aufgabe als seine eigene Verantwortung betrachtet, einen Manager, der sich dagegen sträubt, Autorität oder Verantwortung an seine Untergebenen zu delegieren, dann weiß ich, daß ich es mit einem Einsamen Kämpfer zu tun habe. Und in einer Organisation, die von einem Einsamen Kämpfer geführt wird, herrscht ein signifikantes Ungleichgewicht in der Arbeitsbelastung vor. Während der Manager überbeschäftigt ist, ist die übrige Belegschaft unterbeschäftigt. Besucht man eine solche Organisation, dann fällt einem ein Mangel an Spannung in der Atmosphäre auf. Die Leute scheinen unbegrenzt Zeit zu haben, sich dem Besucher zu widmen. Betritt man hingegen das Büro des Manager, so springt der Kontrast ins Auge. Die Atmosphäre ist gespannt; der Manager spricht rasch und abgehackt; das Telefon läutet ständig; Sekretärinnen kommen und gehen eilig.

Die Untergebenen eines solchen Managers sind kaum mehr als Zuschauer bei einer Vorstellung. Wenn der Manager eine Sekretärin hat, dann ist diese gewöhnlich mit einer Arbeitslast überhäuft, die unmöglich zu schaffen ist. Doch trotz der ständigen Klage des Einsamen Kämpfers, daß er überlastet sei, ist er am glücklichsten, wenn der Druck am größten ist. Dies mag auf seine Auffassung von seiner Rolle und seine darauf basierende Selbstbewertung zurückzuführen sein.

Der Einsame Kämpfer mißt seinen Erfolg und seinen Beitrag zu seiner Organisation daran, wie hart er arbeitet. Wenn man ihn fragt: »Wie läuft der Laden?«, dann wird er typischerweise antworten: »Wir haben ... umgesetzt« oder produziert oder was auch immer. Oder: »Ich habe in letzter Zeit bis Mitternacht gearbeitet.« Und »In letzter Zeit« kann sich in diesem Fall auf sein gesamtes Arbeitsleben beziehen!

Wenn man dem Einsamen Kämpfer nahelegt, seinen Arbeitsumfang zu reduzieren, hat er viele Ausreden bei der Hand, um zu zeigen, daß dies unmöglich wäre. Während er immer mehr Aufgaben übernimmt, wird er anfangen, bei einigen davon zu versagen, da er stets versucht, alles selbst zu tun.

Wenn man den Einsamen Kämpfer fragt, warum er nicht manche

seiner Aufgaben an andere abtritt, lautet seine typische Antwort: »Die können das nicht richtig.« Wenn man ihn fragt: »Warum bilden Sie die Leute nicht aus?«, dann wird er in der Regel antworten: »Ich habe keine Zeit, um Leute auszubilden.« So ist der Einsame Kämpfer in seiner eigenen Falle gefangen. Er überarbeitet sich und verwendet seine ganze Zeit darauf, Resultate zu produzieren. Dies läßt ihm keine Zeit, andere zu schulen, was wiederum bedeutet, daß er nicht über geschulte Leute verfügt, an die er Aufgaben delegieren kann; was wiederum zur Folge hat, daß er sich überarbeiten *muß*. Das Resultat ist, daß in der ganzen Organisation niemand so angestregt arbeitet wie er.
Die typische Klage des Einsamen Kämpfers lautet, daß der Tag zu kurz sei. Er wünscht sich eine Woche mit mindestens zwei Sonntagen, damit er mit seiner Arbeit nachkommt.
Der Einsame Kämpfer weigert sich auf Grund seines Selbstbildes, Arbeit zu delegieren. Wenn er delegiert, bleibt für ihn selbst weniger Arbeit übrig, und er kann sich dann nicht als gute Führungskraft ansehen. Er möchte unentbehrlich sein, möchte, daß ein Rattenschwanz von Problemen auf ihn wartet. Sein Schreibtisch ist ständig mit Papieren, mit unvollendeten Projekten überhäuft. Er ist immer unter Zeitdruck, und das gefällt ihm. Würde er Aufgaben delegieren, dann würde seine Arbeit den ganzen Reiz für ihn verlieren.
Aber da der Einsame Kämpfer nicht alles selbst tun kann, macht er ausgiebigen Gebrauch von »Handlangern« – das heißt von Leuten, die für ihn Gänge und kurzfristige Aufträge erledigen, aber keine dauerhafte, langfristige Verantwortung tragen. Diese Leute verbringen den größten Teil ihrer Zeit damit, auf ihren nächsten Auftrag zu warten, der sich in Form einer Krise einstellen wird, die bereits »gestern« hätte gelöst werden sollen. Häufig sind sie für die ihnen übertragene Aufgabe nicht geschult worden und der Manager präsentiert diese gewöhnlich als eine Bitte, »bei der Krisenbekämpfung mitzuhelfen.«
Der Einsame Kämpfer ist ein universelles Phänomen. Und auch die Untergebenen des Einsamen Kämpfers sind überall dieselben, obwohl sie in den einzelnen Ländern verschiedene Namen haben.

In den Vereinigten Staaten heißen sie »go-fors«. In Mexiko nennt man sie *inginiero ibeme*, was soviel wie »geh und hol mir was« bedeutet. In Israel heißen sie »Laufburschen«.
Diese Handlanger und Laufburschen sind nicht bloß subalterne Angestellte. In vielen Unternehmen sind die Vizedirektoren dieser Eigenschaft für einen Einsamen Kämpfer tätig. Sie sind Assistenten des Direktors, aber sie machen kaum etwas anderes, als für ihn Aufträge zu erledigen. Als eine Faustregel kann man annehmen, daß eine Organisation, in der der Generaldirektor oder Vorstandsvorsitzende von vielen »persönlichen Referenten« umgeben ist, von einem Einsamen Kämpfer geleitet wird. Er delegiert nicht; er hat Helfer, die ihm in der jeweiligen Krise beispringen.
Der Einsame Kämpfer respektiert Macher, leistungsstarke Tatmenschen, aber er betrachtet jeden, der ihm helfen möchte, seine Anstrengungen zu systematisieren oder der ihm Verwaltungsaufgaben abnehmen möchte, als einen bloßen »Akademiker«, einen Menschen, der »nichts zustande bringt«. Seine typische Reaktion auf administrative Versuche, die Planung, Kommunikation usw. durch Mitarbeiterbesprechungen zu verbessern, lautet: »Wir können es uns nicht leisten, zuviel Zeit auf längerfristige Dinge zu verschwenden. Es gibt zuviel Dringendes zu tun. Wenn wir heute keine Resultate erzielen, gibt es vielleicht kein Morgen für uns!« Vielleicht sagt er auch: »Es ist töricht, sich zuviele Sorgen um die Zukunft zu machen. Die Züge müssen rollen.« (Falls es sich um eine Eisenbahngesellschaft handelt). Und schon ist er wieder unterwegs, um einen Handel abzuschließen oder einen weiteren Anruf zu machen oder um einen der Brände zu löschen, die er ständig irgendwo ausbrechen sieht.
Während der Einsame Kämpfer damit beschäftigt ist, den täglichen Betrieb seiner Eisenbahn aufrechtzuerhalten, macht er sich wenige oder gar keine Gedanken über die Richtung, in die diese läuft. Er kümmert sich nicht darum, wo die Gleise sind oder woher er seine Ausrüstungen bezieht. Wichtig ist für ihn einzig und allein, wie die Eisenbahn *heute* funktioniert.
Seine Planung beschränkt sich oft auf eine Woche oder einen Mo-

nat. Es kann daher sein, daß der Einsame Kämpfer eine sehr effiziente Eisenbahn leitet, die aber in die falsche Richtung fährt, weil er keine Zeit hat, die Verlegung der Gleise zu beaufsichtigen, damit die Bahn ihr eigentliches Ziel erreicht.

The Peter Principle enthält eine interessante Beschreibung eines Managertyps, der ausschließlich **P** (nach unserem System **P**---) ist. Als Automechaniker war dieser Manager ein ausgezeichneter Mitarbeiter gewesen. Er war imstande, Motorenschäden zu diagnostizieren und arbeitete mit unerhörter Geduld an ihrer Beseitigung. Als er befördert wurde, war er selten an seinem Schreibtisch zu finden. Er war gewöhnlich in der Werkstatt und arbeitete an einem Motor. Der Untergebene, der das Auto eigentlich reparieren sollte, stand daneben und schaute ihm zu. Andere Mitarbeiter saßen herum und warteten darauf, neue Aufgaben zugeteilt zu bekommen. In der Werkstatt staute sich die Arbeit, und es wurden oft Termine überschritten.[4]

Der Einsame Kämpfer ist gern an vorderster Front. Er macht eine Arbeit lieber selbst, als anderen Anweisungen zu erteilen. In der Welt der Kunst findet man viele Exemplare dieses Typs. Viele solche Organisationen haben unter übereifrigen künstlerischen Leitern zu leiden, die lieber selber Stücke inszenieren möchten als zu planen, welche Stücke von anderen inszeniert werden sollen. Es ist vorgekommen, daß Gastregisseure wegen der ständigen Einmischung solcher künstlerischer Leiter mitten in den Proben aufgegeben haben. Der Intendant eines der führenden amerikanischen Opernhäuser dirigiert sehr gerne. Man erzählt sich, daß seine ständigen »Vorschläge« einen Dirigenten veranlaßten, seinen Taktstock auf den Boden zu werfen und wegzugehen.

Architekten klagen oft über die Tatsache, daß sie als Leiter eines Architekturbüros nicht mehr selbst entwerfen können. Solche Architekten machen sich häufig im Zeichenbüro zu schaffen, und wenn ihnen jemand eine Frage stellt, nehmen sie das zum Anlaß, sich an den Zeichentisch zu setzen und selbst Entwürfe zu machen. Verkaufsleiter im Außendienst und Ärzte, die in Krankenhäusern administrative Arbeiten übernommen haben, verhalten sich nicht selten in ähnlicher Weise.

Die Neigung des Einsamen Kämpfers, alles selbst zu machen, läßt sich sowohl an seinem Zögern ablesen, andere auszubilden, als auch an den Schulungsmethoden, die er benutzt. Von der systematischen Ausbildung seiner Untergebenen hält er nichts. Er bevorzugt das Lehrlingssystem, bei dem die Mitarbeiter lernen, indem sie der Reihe nach alle Aufgaben in der Organisation übernehmen und seine Arbeitsweise nachahmen. »Warum zeigen sie keine Motivation, warum entwickeln sie keine Initiative und zeigen mir, wozu sie imstande sind?« sagt er gewöhnlich. »Wer hat mich ausgebildet? Niemand! Ich habe es selbst gelernt! Warum lernen sie nichts? In diesem Geschäft gibt es keine Geheimnisse; es geht nur darum, daß die Arbeit gemacht wird. Wenn jemand bereit ist, sich einzusetzen, dann sollte es ihm nicht schwerfallen, die Aufgaben zu erledigen.«

Das Erfolgsrezept des **P**––– ist somit einfach: Einsatzfreude und blinder Arbeitseifer. Auch wenn jemand »versagt«, ist die Erklärung sehr einfach: Er hat sich nicht bemüht oder er war nicht bereit, fleißig genug zu arbeiten.

Der Einsame Kämpfer hat eine Abneigung gegen Untergebene, die keine Resultate produzieren; die Schuld dafür gibt er den Untergebenen, und er ist nicht bereit, ihren Klagen Gehör zu schenken, daß sie keine systematische Unterstützung erhielten (womit sie ihn meinen).

Ich lernte einmal ein klassisches Exemplar eines Einsamen Kämpfers kennen. Er war ein stellvertretender Direktor, der mehr Stunden pro Woche arbeitete als alle anderen. Seine Untergebenen waren unterbeschäftigt und schlecht ausgebildet. Er steckte ständig in irgendeiner Krise. Als ich mit einem seiner Mitarbeiter am Finanzierungsplan arbeitete (da er für solche Dinge keine Zeit hatte), steckte er den Kopf zur Tür herein und fragte: »Was machen Sie da?« »Wir arbeiten am Finanzierungsplan. Und Sie?« »Ich habe Umsatz gemacht, um all das bezahlen zu können!«, erwiderte er sarkastisch.

Das Unternehmen, das von einem Einsamen Kämpfer geleitet wird, kann sich nicht entwickeln, da er sich auch nicht entwikkelt. Er ist unflexibel und beschränkt. Er kann leicht »ausbren-

nen« und sich überleben, wie wir später sehen werden. Wenn er aus einer Firma ausscheidet, hinterläßt er ungeschulte Leute. Da er keine Zeit hat, um Mitarbeiter auszubilden, ist niemand da, an den er seine Verantwortung delegieren kann.
Der Einsame Kämpfer übt eine der notwendigen Rollen des Managements aus, aber diese Rolle allein ist nicht ausreichend.

Zusammenfassung eines Stils: Der Einsame Kämpfer

Persönlicher Stil
Ausschließliche Rolle: Produzent von Resultaten
Persönliche Stärke: leistet viel
Vorherrschendes Verhalten: zwanghaft aktiv
Hauptaugenmerk: die momentane Situation
Ausgeprägteste Eigenschaften: geht in seinem Gebiet völlig auf; enormer Arbeitseinsatz.
Selbstbewertung: je nachdem, wieviel er persönlich arbeitet.
Typische Klagen: der Tag ist zu kurz; zuviel zu tun; ich habe nicht genug Zeit.
Entscheidungsbildung: schießt aus der Hüfte; handelt erst, dann denkt er nach und hört zu.
Wenn er freie Zeit hat: findet er noch mehr Arbeit, die er selbst tun kann.
Bevorzugter Mitarbeitertyp: der stets bereite Laufbursche – persönliche Assistenten; Machertypen, die nicht nach der Richtung fragen; Leute seiner Art.

Die Untergebenen
Typus: Handlanger, Laufburschen
Untergebene werden befördert: wenn sie immer verfügbar sind und jeden Auftrag übernehmen und gut ausführen; wenn sie jede Aufgabe erledigen, ohne nach dem Wie oder Warum zu fragen.
Wofür die Untergebenen gelobt werden: Resultate.
Was ihm die Untergebenen verschweigen: wieviel sie wirklich leisten können.

Dysfunktionales Verhalten von Untergebenen: treiben Unfug, während sie auf den nächsten Auftrag warten.

Zeiteinteilung, Mitarbeiterbesprechungen und Führungspraktiken

Betritt und verläßt die Arbeitsstätte: kommt als erster und geht als letzter.

Untergebene kommen und gehen: kommen nach dem Manager und gehen früher als er.

Häufigkeit und vorherige Ankündigung von Mitarbeiterbesprechungen: hält selten Besprechungen ab und wenn, dann ruft er die Leute unvorhergesehen zu sich, gewöhnlich einzeln, im Stehen; behauptet, *keine* Zeit für Konferenzen zu haben.

Anwesender Personenkreis: von dem Problem diktiert; gewöhnlich sehr klein.

Agenda: Die jüngste Krise: Reaktion auf eine Situation, die bereits besteht oder in Kürze eintreten wird.

Wer spricht: Einzelgespräche; meistens werden von oben nach unten Aufträge erteilt.

Ausbildungsmethode: »Machen Sie es wie ich.«

Einstellung zu systematischem Management: herabsetzend; sagt, es koste zuviel Zeit, die man benötige, um »den Laden am Laufen zu halten«.

Einstellung zu Konflikten: ärgert sich darüber; meint, die Untergebenen sollten bloß ihre Arbeit machen.

Einstellung zu Veränderungen: wehrt sich dagegen, da er keine Zeit hat, noch mehr zu tun; akzeptiert Neuerungen, wenn sie rasch zu Resultaten führen.

Interessenschwerpunkt und Art von Informationen, die er schätzt: technische, fachliche Informationen; gibt sie nicht weiter; hat keine Zeit, um sie sich anzueignen.

Kreativität: auf die ganze Organisation verteilt.

Einstellung zu anderen Managern

Ausschließlicher Produzent (Einsamer Kämpfer, **P**---): Leute wie er; schätzt sie.

Ausschließlicher Administrator (Bürokrat, –A––): schätzt er gering.
Ausschließlicher Unternehmer (Brandstifter, ––E–): meidet er.
Ausschließlicher Integrator (Superangepaßter, –––I): schätzt er gering oder ignoriert er.
Drohnen (––––, oder keine Führungsrolle): verachtet er.

Anmerkungen

1. Ein Mensch ist nicht unbedingt in allen Lebenslagen P-orientiert. Man kann ein P bei der Arbeit und etwas anderes beim Sport sein. Der Verhaltensstil eines Menschen in einer bestimmten Umgebung wiederholt sich nicht notwendigerweise in einer anderen Umgebung.
2. Eine weitere Erörterung der Probleme von Rollenauffassungen und der Notwendigkeit von Fachkenntnissen auf dem Gebiet der Kunst findet sich in I. Adizes, »Boards of Directors in the Performing Arts: A Managerial Analysis«, in *California Management Review,* 15 (1972), Nr. 2, 109–117.
3. Das Verhältnis zwischen Technologie und dem Prozeß der Entscheidungsbildung wird behandelt in Joan Woodward, *Industrial Organization: Theory and Practice* (New York: Oxford University Press, 1965) sowie in den Schriften u. a. von Lou Davis und James Taylor, die sich mit sozialtechnischer Analyse und Organisationsplanung befassen.
4. Laurence J. Peter und Raymond Hull, *The Peter Principle* (New York: William Morrow, 1969), S. 23.

2. -A--:
Der Bürokrat

Die Rolle des Verwalters einer Organisation

Der Administrator ist ein Mensch, der die Einzelheiten im Auge behält. Er oder sie ist gut organisiert und kümmert sich um die Weiterverfolgung und Durchführung von Projekten. Er hat ein ausgezeichnetes Gedächtnis oder wird durch Speichersysteme unterstützt, so daß er sich nicht nur auf sein Gedächtnis zu verlassen braucht und er arbeitet darauf hin, daß das System so funktioniert, wie es funktionieren soll. Auf Grund seines methodischen Vorgehens und seiner ständigen Bemühung, Einzelheiten in Ordnung zu bringen, hat er die Aufsicht über das System, das innerhalb einer Organisation für geregelte Abläufe sorgt.

Für jede Organisation ist es wichtig, über eine effektive Administration zu verfügen. Gute Administration bedeutet reibungslose Abwicklung und Systematisierung. Wenn die Rolle des Produzenten (**P**) für Effektivität sorgt, dann ist die Rolle des Administrators (**A**) für Effizienz zuständig. Verwalten bedeutet, dafür zu sorgen, daß Leute, die in Hinblick auf festgelegte Prozesse und zugeteilte Ressourcen ernannt wurden, in der gewünschten Weise funktionieren.

Ein Manager sollte somit eine Person sein, die mehr tun kann als selbst Resultate zu produzieren. Er sollte auch imstande sein, andere zu verwalten und dafür zu sorgen, daß sie die gewünschten Ergebnisse systematisch und effizient hervorbringen.

Verwalten bedeutet »dienen«, während Management die Autorität einschließt, Ziele zu definieren und vorzugeben. Ein Administrator ist mit der Durchführung beschäftigt; er beaufsichtigt die Arbeit der Organisation, aber ist nicht selbst damit beschäftigt, die Resultate zu erzielen, für die die Organisation existiert oder auch nur zu definieren, welches diese Resultate sein sollten.

Der Begriff Administration hat im Gesundheits- und Bildungswesen, in der Kunst und im Hinblick auf öffentliche Einrichtungen die Bedeutung einer Dienstleistung. Personen, die in solchen Organisationen Managementrollen ausüben, werden als Administratoren bezeichnet. Ihre leitende Funktion würde bedeuten, daß sie auch die Ziele der Organisation bestimmen, was gewöhnlich nicht der Fall ist; in solchen Organisationen werden die Zielsetzungen durch Gremien wie beispielsweise das Ärzteteam oder das Professorenkollegium bestimmt.

Die Rolle der Administratoren ist es, diesen Zielen zu dienen, ihre Verwirklichung zu ermöglichen. Sie sind Administratoren im Gesundheitswesen, Krankenhausverwalter, Administratoren des Bildungswesens oder kultureller Einrichtungen sowie Administratoren des öffentlichen Dienstes. Diese Administratoren entscheiden nicht selbständig über die Ziele der jeweiligen Organisation. Sie stehen im Dienste dieser Ziele; sie verwalten für die Entscheidungsbefugten, für jene, deren Aufgabe es ist, Resultate zu produzieren.

Leider benutzen die meisten Autoren, die über diese Fragen schreiben, die Begriffe *Management und Administration* synonym. Ich ziehe es vor, den Begriff *Management* auf den ganzen Prozeß anzuwenden und den Terminus *Administration* auf den Teil der Führungsaufgabe zu beschränken, der die Durchführung und Organisation betrifft.

Der grundlegende Unterschied zwischen Administration und Management ist, daß in der Administration, insbesondere im öffentlichen Dienst, alles, was nicht ausdrücklich gestattet ist, als verboten gilt. Der Administrator *bekommt* die Vorschriften *in die Hand*, nach denen er zu verfahren hat.

Beim effektiven Management sind die Bedingungen umgekehrt:

alles, was nicht ausdrücklich verboten ist, gilt als erlaubt. Der Manager ergreift Initiativen, plant und handelt. Er setzt sich im Bereich des Möglichen und des Legalen selbst die Grenzen.

Eine Analyse der komplexen Elemente des Rechtsbruches, den wir mit dem Namen Watergate bezeichnen, liefert dazu eine interessante Analogie. Die feine Grenzlinie zwischen Administration und Management wurde in diesem Fall überschritten. Die Planer dieser Affäre verfuhren anscheinend so, daß sie die gewünschten Resultate definierten und dann handelten, um sie in die Tat umzusetzen. Die Planer von Watergate *dienten* nicht dem System, das heißt, dem amerikanischen politischen System; sie versuchten, es zu *managen.*

Auch würden die Initiativen, die jemand ergreift, der ein System zu managen versucht, das verwaltet werden sollte, wahrscheinlich die Richtlinien verletzen, die einem Administrator in der Regel keine Schwierigkeiten bereiten. Je zentralisierter ein System ist, desto administrativer sind die Aufgaben des mittleren Managements, das heißt, desto weniger Eigeninitiative ist erforderlich. Wird eine zentralistische Organisation dezentralisiert, dann müssen diejenigen, die in der Vergangenheit nur verwaltet haben anfangen, Risiken einzugehen und Entscheidungen zu treffen, statt lediglich »nach den Vorschriften zu verfahren«.[1]

Während die administrative Rolle also eine notwendige Komponente des Managementprozesses bildet, ist sie nicht mit diesem identisch. Was geschieht jedoch, wenn die administrative Rolle unter Ausschluß der übrigen Managementrollen ausgeübt wird?

Der bürokratische Stil

Eine Person, die nur die administrative Rolle ausfüllt, ist nicht auf betriebliche Resultate hin orientiert. Der Betreffende produziert keine Ergebnisse, ja er weiß nicht einmal, *wie* Ergebnisse zu erzielen sind. Unserem Modell entsprechend hat sein Verhalten den Code –**A**––. In dem Code, der seinen Stil kennzeichnet, ist somit ein »–« anstelle eines **P.** Ein solcher Mensch ist weder ein Unternehmer noch eine Integrationsfigur. Er handelt ausschließlich nach den Vorschriften. Er kennt alle einschlägigen Bestimmungen auswendig und er verfährt nach Anweisungen, die ihm gewöhnlich schriftlich vorliegen. Wir bezeichnen diese Art von Manager als einen Bürokraten.

Der Bürokrat ist leicht daran zu erkennen, daß er sich mehr um das *Wie* eines Vorganges als um das *Was* oder das *Warum* kümmert. Wenn man die Arbeitsräume eines Bürokraten betritt, sieht man jeden Mitarbeiter an seinem eigenen Schreibtisch, sorgfältig darauf bedacht, jeden Verstoß gegen »das System« zu vermeiden. Der Bürokrat und seine Mitarbeiter betreten und verlassen die Arbeitsstätte pünktlich zu festgesetzten Zeiten. Der Bürokrat hat eine Organisationstafel an der Wand hängen oder zumindest griffbereit. Es fällt ihm nicht schwer, jederzeit auf Anfrage Rechenschaft über die Vorschriften und Bestimmungen der Organisation zu geben.

Der Bürokrat hat einen Horror vor Zweideutigkeit. Er besteht darauf, daß alles schriftlich abgewickelt wird und alle Verantwortungsbereiche klar abgegrenzt sind. Er ist bis ins Letzte durchorganisiert und hat gewöhnlich ein fabelhaftes Gedächtnis für Einzelheiten. Er ist sehr loyal und wechselt nicht ohne Not den Arbeitgeber.

> Administration bedeutet die Ablehnung der Idee, daß Konflikt ein wünschenswertes Element der Gesellschaft sein könnte. Administration möchte Extreme unter einen Hut bekommen; sie möchte Unterschiede ausgleichen; sie möchte den besten Weg ausfindig machen und ausschließlich diesen Weg benutzen.
> Aus Charles Reich, *The Greening of America* (New York: Random House, 1970) S. 50

Der Bürokrat geht jeder Veränderung soweit wie möglich aus dem Weg. Der Einfallsreichtum, mit dem er Gründe vorbringt, um neue Projekte zu verhindern, macht ihn zu einem Obstruktionisten. Die Organisation muß ihre Ziele trotz seiner Existenz verwirklichen, und jene Mitarbeiter, denen es darum geht, daß Aufgaben erledigt werden, lernen, ihn in ihrem Bestreben, Veränderungen durchzusetzen, einfach zu umgehen.

Der Bürokrat überträgt seine Vorliebe für Struktur und Details auf eine Organisation oder eine Aufgabe, mit der er betraut ist. Er liebt es, Dinge zu organisieren. Bürokratische Tendenzen sind in erster Linie für den hierarchischen Aufbau vieler Organisationen verantwortlich.

Im Gegensatz zum Einsamen Kämpfer, der sich als überaktiver Leistungs- und Tatmensch mehr darum kümmert, *was* erreicht wird als *wie*, verbringt der Bürokrat ein Übermaß an Zeit damit, sich über administrative Details Sorgen zu machen. Er interessiert sich mehr dafür, *wie* Dinge getan werden, als *was* getan wird. Es ist ihm wichtiger, die Dinge richtig als die richtigen Dinge zu machen. Er tadelt seine Untergebenen, wenn sie die Vorschriften nicht befolgen, selbst wenn solche Übertretungen nötig sind, um Resultate zu erzielen. Er bringt stets Argumente vor – gewöhnlich solche, die sich streng an den Buchstaben des Gesetzes halten und keinen Bezug zu den Zielsetzungen der Organisation haben – um zu zeigen, warum das System intakt bleiben muß. Er betrachtet sich selbst als den Hüter des Systems, während die Mission des Systems von zweitrangiger Bedeutung für ihn ist. Der Bürokrat oder –**A**–– torpediert oft die Ziele einer Organisation durch sein Beharren auf den Buchstaben der Satzung in Fällen, wo Abweichungen davon entscheidend wären. Sein primäres und oft ausschließliches Engagement gilt der Durchführung eines Planes ohne Rücksicht auf dessen Klugheit, ja selbst ungeachtet seiner ethischen Rechtfertigung.

Die Argumentation, mit der sich Adolf Eichmann bei seinem Prozeß gegen die Anklage verteidigte, sechs Millionen Juden ermordet zu haben, ist ein makabres und extremes Beispiel einer solchen Verhaltensweise. Eichmann schilderte seine Rolle im Dritten Reich als die eines Administrators der Reichsbahn. An dem einen Ende der Bahnlinien befanden sich die Wohnungen der Opfer und am anderen Ende die Vernichtungslager. Aber er behauptete, die Folgen hätten ihn nicht beschäftigt. Er sei der Auffassung gewesen, seine Verantwortung habe sich darauf beschränkt, die pünktliche Einhaltung der Fahrpläne zu gewährleisten.

Administration ist eine wesentliche Komponente guten Managements, aber eine Überbetonung des administrativen Aspekts kann konterproduktiv sein.[2]

Anders als der Einsame Kämpfer (**P**---) der als erster am Arbeitsplatz eintrifft und diesen als letzter verläßt, kommt und geht der Bürokrat (-**A**--) pünktlich zur festgesetzten Zeit. Der Schreibtisch des Bürokraten ist stets sauber und ordentlich.

Der Einsame Kämpfer ist bereit, Verstöße eines Untergebenen gegen die Vorschriften zu akzeptieren, solange gute Ergebnisse erzielt werden. Dem Bürokraten geht es jedoch ausschließlich um die Methoden, mit denen die Resultate zustande kommen. Um den Unterschied zu verdeutlichen, wollen wir das Beispiel eines Verkäufers heranziehen, der äußerst günstige Abschlüsse getätigt hat. Wenn der Verkäufer für einen Einsamen Kämpfer arbeitet und ihm davon erzählen möchte, wird der Einsame Kämpfer sagen: »Großartig, großartig, aber erzählen Sie mir das später«, und der Verkäufer wird keine Gelegenheit erhalten, ihm die Einzelheiten zu berichten. Ein Bürokrat wird hingegen einen detaillierten Bericht darüber wollen, was der Verkäufer gemacht hat. Er wird nach irgendeiner Übertretung, einer Verletzung der Vorschriften Ausschau halten. Sobald er eine findet, spielt er ein Spiel das wir aus Bernes *Spiele der Erwachsenen* kennen. Es heißt »Jetzt habe ich dich endlich, Schurke«. Von diesem Augenblick an vergißt der Bürokrat die erzielten Ergebnisse und konzentriert sich auf die Übertretung: Wie kann es ein Verkäufer wagen, eine Vorschrift oder eine Bestimmung zu verletzen?

Leute, die für Bürokraten arbeiten, sind typische Jasager. Sie machen, was man ihnen sagt, und ergreifen nicht die Initiative. Sie stellen keine Fragen und stiften keine Unruhe. Sie kommen pünktlich, gehen pünktlich und tun dazwischen sehr wenig.

Hermann Wouks *Meuterei auf der Caine* enthält das extreme Beispiel eines Bürokraten (-**A**--) in Person des Captain Queeg, der in der Marine Karriere machte, nicht weil er ein Schiff oder eine Mannschaft führen konnte, sondern weil er Vorschriften befolgte. Er sagt das selbst: »Ich behaupte nicht, der klügste oder der umgänglichste Offizier zu sein... aber das eine kann ich Ihnen sagen, Sir, ich bin einer der hartnäckigsten. Ich habe schon schwierigere Kommandos hinter mir als dieses. Ich habe keine Popularitätswettbewerbe gewonnen, aber ich habe geknurrt und gemurrt und gebrüllt und geschimpft bis die Sachen erledigt wurden... *nach den Vorschriften«* (Hervorhebung durch mich).

Während eines Taifuns schien Captain Queeg eher bereit zu sein, das Schiff sinken zu lassen als vom vorgesehenen Kurs abzuweichen. Captain Queeg wollte auch nicht, daß die Leute um ihn herum selbst denken. Er war ein Bürokrat, der im Begriff war, zur Drohne zu werden (siehe Kapitel II/5).

Während der Einsame Kämpfer sich selbst danach bewertet, wie hart *er arbeitet* und welche Resultate er erzielt, beurteilt sich der Bürokrat danach, wie gut er das System *unter Kontrolle hat* und wie weit es ihm gelingt, Abweichungen von den Vorschriften zu eliminieren und Unsicherheit zu minimieren. Aus diesem Grund tendiert er dazu, ein Paradebeispiel von Parkinsons Gesetz zu sein.[3] Er veranlaßt eine zunehmende Zahl von Untergebenen, dieselbe Arbeit zu verrichten, ohne einen sichtbaren Produktivitätszuwachs zu erzielen. Die einzige wahrnehmbare Veränderung ist, daß mehr Leute in mehr Systemen tätig sind und daß mehr Kontrollmaßnahmen eingeführt werden, obwohl das Ganze bereits überkontrolliert zu sein scheint!

Die von einem Bürokraten geführte Abteilung wird über einen längeren Zeitraum hinweg dieselben Aufgaben ausführen, aber mit immer komplizierteren Prozeduren, um ein Maximum von Konformität und ein Minimum an Ungewißheit zu gewährleisten. Dieses Verhalten verhindert Veränderungen, denn auf Grund der wuchernden Bürokratie werden Veränderungen immer kostspieliger. Somit hemmen sowohl der Einsame Kämpfer als auch der Bürokrat das effektive Wachstum der Organisation. Der Einsame Kämpfer kann zusätzliche Aufgaben nicht wirksam ausführen, weil er nur jene Menge an Arbeit effizient bewältigt, die er allein machen kann. Der Bürokrat gestattet keine tiefgreifenden Veränderungen, wenn er sie als eine Gefahr für seine Kontrollbefugnisse ansieht.

Wenn der Bürokrat endlich aus einer Organisation entfernt wird, kann sie bereits so reglementiert sein, daß es ihr schwerfällt, sich an längst überfällige Veränderungen in ihrer inneren oder äußeren Umwelt anzupassen. Innovationen sind in einem bürokratischen System nicht leicht zu erreichen und es bedarf dazu oft »chirurgischer Eingriffe«. Leute werden entlassen und »frisches Blut« wird hereingeholt. Manche Organisationen brauchen lange Zeit, um sich von solchen Veränderungen zu erholen. Ein neuer Manager kann große Schwierigkeiten haben, die gewohnten Verfahrensweisen zu verändern, und er muß sich möglicherweise sogar an diese anpassen.

Freie Zeit wird sowohl vom Einsamen Kämpfer als auch vom Bürokraten verschwendet. Wenn der Einsame Kämpfer überschüssige Zeit hat (ein ziemlich seltenes Ereignis), dann begibt er sich zurück in die »Feuerlinie« oder an das Zeichenbrett bzw. er tätigt einen Abschluß oder macht einen Anruf. Der Bürokrat verbringt seine freie Zeit damit, irgendeinen Regelverstoß aufzudecken, der ihm bisher verborgen geblieben ist. Dann entwirft er eifrig ein neues Formular, verfaßt einen Bericht oder führt ein neues Verfahren ein, das eine Wiederholung des Verstoßes verhindert. Der Bürokrat führt den Laden »nach den Vorschriften« und er benutzt seine freie Zeit dazu, diese zu verfassen!

Die Untergebenen des Bürokraten verhalten sich anders als die Mannschaft des Einzelkämpfers. Die Assistenten des Einsamen Kämpfers »albern rum«, während sie auf einen Auftrag oder eine Aufgabe warten. Aber was die Jasager-Typen des Bürokraten tun, ist noch etwas gefährlicher. Diese Untergebenen versuchen häufig, dem System ein Schnippchen zu schlagen, ohne erwischt zu werden. Dabei können sie so weit gehen, zu lügen, zu desinformieren und Berichte zu fälschen, um sich selbst und ihrem Manager zu beweisen, daß das System nicht kontrollierbar ist.

Der Einsame Kämpfer hält kaum je Mitarbeiterbesprechungen ab. Die wenigen Konferenzen, die er einberuft, sind informell und umfassen wenige Teilnehmer. Sein typisches Verfahren besteht darin, jemandem zu sagen, was »jetzt gleich« zu geschehen hat.

Die Einstellung des Bürokraten zu Konferenzen und Anweisungen ist ganz anders. Er hält regelmäßig anberaumte Besprechungen ab, an denen jeder teilnehmen muß. Die Tagesordnungen sind lang; Sekretärinnen führen Protokoll, und es wird über die Schlußfolgerungen der letzten Konferenz diskutiert und abgestimmt. Es herrscht Ordnung und zugleich Langeweile über die endlosen Details, die der Bürokrat behandelt wissen will. Die meisten der Anwesenden messen den Dingen, die da erörtert werden, nur geringe Bedeutung bei, aber für den Bürokraten ist alles von höchster Wichtigkeit. Nichts kann ausgeklammert werden, ohne zu riskieren, in irgendeiner Hinsicht zu versagen. Es wird zwar über Aufträge gesprochen, aber statt ihren Sinn und Zweck hervorzuheben, konzentriert sich die Diskussion auf die Art der Durchführung.

Der Bürokrat schätzt Ausbildungsprogramme. Am liebsten würde er jedermann programmieren und alles zu einer Routine machen. Strategische Planung beinhaltet gewöhnlich eine Analyse von Gefahren und Chancen. Aber unter dem Bürokraten ist die strategische Planung bestenfalls eine Übung in Prognose, und nicht selten konzentriert man sich dabei auf die Vergangenheit. Der Bürokrat sieht kaum irgendwelche günstigen Gelegenheiten, und er empfindet jede Veränderung als bedrohlich. Der Einsame Kämpfer nimmt im Gegensatz dazu weder strategische Gefahren noch Chancen wahr.

Der Bürokrat hat einen Horror vor Konflikten und Wandlungen. Er fürchtet, daß persönliche Konflikte »Unruhe stiften« und seine Kontrolle über das System gefährden könnten und hält sich deshalb aus diesen heraus. Aber gegen die Möglichkeit einer Änderung des Verfahrens oder gegen einen Kurswechsel ist er nicht gefeit. Solche Veränderungen empfindet er als überaus bedrohlich, und er hält deshalb ein unerschöpfliches Arsenal von Gründen bereit, warum diese abzulehnen sind.

Ein Unternehmensberater erzählte mir einmal, als er für einen Computerfachmann und einen Bilanzbuchhalter gearbeitet habe, sei ihm jede Budgetänderung wie eine Geburt erschienen. Es dauerte jedesmal Monate, die Sache durchzuziehen, und die »Entbindung« sei jedesmal von starken Wehen begleitet gewesen.

Der Bürokrat monopolisiert alle Informationen administrativer Art. Diese Informationen betreffen hauptsächlich »die korrekte Abwicklung der Dinge«. Die Aufstellung eines Haushaltsplanes kann hundert verschiedene Schritte erfordern; Dutzende Maßnahmen und Dutzende Formulare können erforderlich sein, um jemand einzustellen oder zu entlassen; und so weiter.

Falls es in der Organisation Kreativität geben sollte, wird sie vom Bürokraten abgewürgt. Er stellt Leute ein, die so sind wie er – Leute, die rechtzeitig kommen, rechtzeitig gehen und keine Schwierigkeiten machen.

Administration ist ein durchaus notwendiges Element des Managementprozesses – notwendig, aber nicht für sich genommen ausreichend für eine effektive Unternehmensführung. Der Leser wird aus eigener Erfahrung Manager kennen, die ausgezeichnete Administratoren sind, die dafür sorgen, daß ihre Untergebenen ihre Aufgaben erfüllen und daß die Vorschriften eingehalten und die gesteckten Ziele erreicht werden. Dennoch können diese Leute inkompetente Manager sein. Sie führen zwar die Pläne aus, die man ihnen in die Hand gibt, doch fehlt es ihnen an der Initiative, neue Ziele zu bestimmen und neue Horizonte anzupeilen. Für eine Form des Managements, die Initiativen entwickelt, muß die Unternehmerrolle E ausgefüllt werden.[4]

Zusammenfassung des bürokratischen Stils

Persönlicher Stil

Ausschließliche Rolle: Ausführendes Organ, Verwalter.

Persönliche Stärke: Bringt und hält die Dinge in Ordnung.

Vorherrschendes Verhalten: Überwachung der Durchführung.

Hauptaugenmerk: Wie die Arbeit ausgeführt wird.

Ausgeprägteste Eigenschaften: Hervorragend organisiert, langsam und sorgfältig, besonnen, konservativ.

Selbstbewertung: Davon abhängig, wie friedlich und wie gut unter Kontrolle das Büro ist.

Typische Klagen: Jemand hat eine Regel oder Vorschrift verletzt.

Entscheidungsbildung: Hält sich an bereits getroffene Entscheidungen.
Wenn er freie Zeit hat: Tüftelt neue Formulare, Kontrollmaßnahmen etc. aus.
Bevorzugter Mitarbeitertyp: Anpassungsbereite Jasager oder Leute wie er selbst.

Die Untergebenen
Typus: Absolute Jasager.
Untergebene werden befördert: Wenn sie gut organisiert erscheinen und keine Regeln verletzen.
Wofür Untergebene gelobt werden: Für den geordneten Ablauf, ohne daß groß nach den Resultaten gefragt wird.
Was ihm die Untergebenen verschweigen: Organisatorische Regelverstöße.
Dysfunktionales Verhalten von Untergebenen: Dem System ein Schnippchen schlagen, um zu beweisen, daß es nicht kontrolliert werden kann.

Zeiteinteilung, Mitarbeiterbesprechungen und Führungsstil
Betritt und verläßt die Arbeitsstätte: Auf die Minute genau.
Untergebene kommen und gehen: Auf die Minute genau.
Häufigkeit und vorherige Ankündigung von Mitarbeiterbesprechungen: Häufig, regelmäßig und planmäßig.
Anwesender Personenkreis: Anwesenheit ist vorgeschrieben, wird durch namentlichen Aufruf überprüft und notiert.
Agenda: Lang, detailliert, festgelegt, minutiös.
Wer spricht bei den Konferenzen: Einer zu vielen, meist von »oben« nach »unten«; einige Fragen werden gestellt, wie Aufgaben zu erledigen sind; die Einzelheiten werden erschöpfend diskutiert.
Ausbildungsmethode: Übertrieben, zu detailliert.
Einstellung zu systematischem Management: Macht einen Fetisch daraus und hat Spaß daran, solange es mehr Kontrolle und Vorschriften bedeutet, betrachtet es jedoch hauptsächlich als Instrument der Prognostik; sieht mehr Gefahren als Chancen.

Einstellung zu Konflikten: Ignoriert sie oder bekämpft sie, je nachdem, ob sie seine Kontrollfunktion bedrohen.
Einstellung zu Veränderungen: Wehrt sich dagegen, weil er einen Verlust seiner Kontrollmacht befürchtet.
Interessenschwerpunkt und Art von Informationen, die er schätzt: Administrativ; nicht zur Weitergabe bereit.
Kreativität: Auf die Organisation verteilt; wird abgewürgt, sobald sie auftaucht.

Einstellung zu anderen Managern
Ausschließlicher Produzent (Einsamer Kämpfer, **P**---): qualifizierte Kritik.
Ausschließlicher Administrator (Bürokrat, -**A**--): Zustimmung.
Ausschließlicher Unternehmer (Brandstifter, --**E**-): Abscheu.
Ausschließlicher Integrator (der Superangepaßte, ---**I**): Mißtrauen.
Drohne (----): Nichtbeachtung.
Lehrbuch-Manager (**PAEI**): Qualifizierte Zustimmung.

Anmerkungen

1. Die Entwicklung in Jugoslawien liefert Anschauungsmaterial über die Schwierigkeiten und Ängste, die auftreten, wenn sich bisher strukturierte Positionen verändern und der freien Entscheidungsbildung größerer Spielraum gewährt wird. Vgl. I. Adizes, *Industrial Democracy: Jugoslav Style* (New York: Free Press, 1971; Neuauflage Los Angeles: MDOR Institute, 1977).
2. Die Literatur enthält zahllose Beispiele, wie durch bürokratisches Management die Produktivität gebremst und gehemmt wird. So ist es beispielsweise, wie Berliner schreibt, sowjetischen Betriebsdirektoren unmöglich, ihre offiziellen Produktionsquoten einzuhalten, ohne ständig gegen staatliche Gesetze, Produktionsvorschriften und die Parteilinie zu verstoßen. Vgl. Joseph S. Berliner, *Factory and Manager in the USSR* (Cambridge, Mass.: Harvard University Press, 1957).
   Francis und Stone weisen darauf hin, daß dasselbe Ungleichgewicht zwischen **A** und **P** in einer amerikanischen Bürokratie existiert, in der

das Arbeitsethos mit der Tendenz zu sinnloser Überreglementierung in Konflikt steht. Vgl. Roy. G. Francis und Robert C. Stone, *Service and Procedure in Bureaucracy: A Case Study* (Minneapolis: University of Minnesota Press, 1956).
Wie im Text dargelegt, lernen produktionsorientierte Untergebene bald, den Bürokraten zu umgehen, um Aufgaben erledigen zu können. Blau und Page haben die Existenz von »Schnellverfahren« dokumentiert, die mit den offiziellen Dienstwegen koexistieren und es den Untergebenen ermöglichen, ihre Ziele zu erreichen und der lähmenden Wirkung des ausschließlichen **A**–Führungsstils zu entgehen. Siehe Peter M. Blau, *The Dynamics of Bureaucracy* (Chicago: University of Chicago Press, 1956).
3. C. Northcote Parkinson, *Parkinson's Law* (Boston: Houghton Mifflin, 1960).
4. Vgl. die Erörterung von bürokratischer Kontrollausübung in Dwight Waldo, Hsg., *Ideas and Issues in Public Administration* (New York: Mc-Graw-Hill, 1963), insbesondere erster Teil. Über die Rolle des Managers als Administrator und Unternehmer siehe Peter F. Drucker, *Management: Tasks, Responsibilities, Practices* (New York: Harper & Row, 1973), S. 45 ff.

3. --E-:
Der Brandstifter

Die Unternehmerrolle

In einer sich wandelnden Umwelt brauchen Organisationen neue Ideen, um zu überleben. Chancen und Gefahren tauchen auf, denen die Unternehmen gewachsen sein müssen.
In einer sich wandelnden Umwelt muß ein guter Manager mehr tun, als Resultate hervorzubringen und dafür zu sorgen, daß andere Resultate produzieren. Er oder sie muß auch ein Unternehmer sein, das heißt er muß Initiative entfalten und von sich aus Veränderungen in Gang setzen, damit das Unternehmen oder die Organisation mit den Veränderungen der Umwelt Schritt halten kann.[1]
Ein Unternehmer analysiert die Umwelteinflüsse, soweit diese die Organisation betreffen. Er analysiert die Stärken und Schwächen des Betriebes und bestimmt dann den Kurs, der den veränderten Umweltbedingungen am besten entspricht.
Unternehmertum ist nicht auf die Geschäftswelt beschränkt. Zwar gibt es in der Tat ökonomisch orientierte Unternehmer (Geschäftsleute), die aus den Marktchancen finanziellen Gewinn zu ziehen suchen. Aber in unserer postindustriellen Gesellschaft gibt es auch einen anderen Typus von Unternehmer, dessen Bedeutung im Steigen begriffen ist. Dazu zählen die gesellschaftlichen Organisatoren, die im sozialen und politischen Bereich Um-

wälzungen in Gang setzen, sowie die Manager im Bereich der Kunst und des Bildungswesens, die durch ihre Tätigkeit existierende ästhetische Bedürfnisse befriedigen bzw. neue schaffen. Während der Administrator Pläne in die Hand bekommt, die er auszuführen hat, oder Beschlüsse, die er in die Tat umsetzen muß, legt der Unternehmer seine Marschroute selbst fest. In einer sich verändernden Umwelt führt das Versäumnis eines Unternehmers, Initiativen zu ergreifen und Risiken einzugehen, früher oder später dazu, daß sein Betrieb oder seine Firma gegenüber agileren Konkurrenten ins Hintertreffen gerät.

Während der administrative Aspekt der Führungsaufgabe also keine Risiken enthält, sollte ein Manager, der die Unternehmerrolle ausfüllt, bereit sein, Risiken einzugehen, und er sollte genügend kreativ sein, um mögliche Handlungsstrategien festzulegen.

> Man kann nicht erwarten, den Jackpot zu gewinnen, wenn man nicht ein paar Groschen in den Schlitz wirft.
>
> Flip Wilson

Wenn ein Unternehmer nicht kreativ ist, endet er vielleicht schließlich als Administrator, der sich sagen lassen muß, welche Initiativen er ergreifen soll. Wenn er unfähig ist, Risiken auf sich zu nehmen, findet er sich vielleicht eines Tages als Angestellter, als Unternehmensberater oder als Hochschuldozent wieder, der zwar neue Wege weisen, sie aber nicht selbst einschlagen kann.

> Keine Verantwortung übernimmt, wer kein Risiko eingeht, und jedes Risiko enthält die Möglichkeit des Scheiterns.
>
> M. Polanyi

Da Kreativität und Risikobereitschaft komplementäre Attribute sind, können wir uns kreative Personen vorstellen, die keine Risiken eingehen, und risikofreudige Personen, die nicht kreativ sind. Unternehmensberater können kreative, aber risikoscheue Menschen sein. Sie können anderen Leuten Ideen liefern, die sie selbst nicht zu realisieren wagen. Risikofreudige, aber unkreative Personen agieren auf der anderen Seite mehr wie Spieler als wie unternehmerische Planer. Erfolg in der Unternehmerrolle erfordert sowohl Kreativität als auch die Fähigkeit, Risiken in Kauf zu nehmen.

Der Brandstifter–Stil

Mit voller Kraft voran – im Leerlauf.

Unternehmertum – Kreativität und die Bereitschaft, Risiken einzugehen – ist die dritte Rolle in unserem **PAEI**-Modell. Was geschieht jedoch, wenn der Unternehmerpart unter Ausschluß der übrigen drei Rollen gespielt wird – mit anderen Worten, wenn ein Manager im **E**– Stil vorgeht? Mit diesem Führungsstil haben wir es zu tun, wenn sich die Anstrengungen eines Managers ausschließlich auf Innovation richten, das heißt, wenn er auf jedes Ziel losstürmt, das an seinem Horizont auftaucht.
Für die Untergebenen eines solchen Managers ist der Montagmorgen oft die hektischste Zeit der ganzen Woche. Über das Wochenende hat der Manager neue Pläne ausgeheckt, und am Montagmorgen setzt er neue Prioritäten. Er erteilt neue Aufträge (und vergißt dabei seine früheren) und er erwartet von seinen Untergebenen, daß diese sofort ausgeführt werden.
Er versucht alle Chancen zu nutzen, wann immer sich diese ergeben, und überfordert damit sowohl sich selbst als auch seinen Betrieb. Er kommt in eine Organisation mit neuen Ideen und neuen Methoden und versucht gleichzeitig das »Was« und das »Wie« von Aufgaben zu verändern.
Wenn man den **P**–––, den Einsamen Kämpfer, als Feuerwehr bezeichnen kann, dann könnte der ––**E**– ein Brandstifter genannt werden. Wenn der Einsame Kämpfer Magengeschwüre bekommt, dann hat er sie dem Brandstifter zu verdanken.
Der Brandstifter genießt den Aufruhr, der durch seine Initiativen entsteht. Er liebt die Atmosphäre von Hektik, und es gefällt ihm, wenn seine Untergebenen ein- und ausrennen und die Krisen zu meistern versuchen, die er vom Zaun gebrochen hat. Er will ein

Maximum an kurzfristiger Wirkung erzielen, und das schafft er, indem er Krisen heraufbeschwört.
Unter solchen Theaterintendanten beginnen die Proben für ein neues Stück, wenn es bereits fast zu spät ist. Der schöpferische Prozeß muß dann unter Druck stattfinden; die Mitarbeiter sind gezwungen, in zwei bis drei Schichten zu arbeiten; und wichtige Einzelheiten bleiben bis zur Premiere offen. Leute, die eine festgefügte Umwelt schätzen, fühlen sich durch dieses Verhalten stark frustriert.
Ein Brandstifter hat wenig Gespür dafür, was Leute leisten können. Er regt sich auf, wenn bestimmte Aufgaben nicht bereits »gestern« erledigt wurden. Er ist so beflügelt von seinem eigenen kreativen Schwung, daß er nur wenig Geduld gegenüber mäßigen Leistungen aufbringt.
Die Untergebenen gewöhnen sich rasch ab, den Brandstifter bei der Lösung der Probleme, die er ihnen aufgeladen hat, um Hilfe zu bitten. Falls sie es tun, versucht er nicht, die Schwierigkeiten zu lokalisieren, sondern ändert den ganzen Auftrag ab und lädt seinen Mitarbeitern dabei nur neue Probleme auf. Die Mitarbeiter meiden sowohl den Brandstifter als auch den Bürokraten, aber aus verschiedenen Gründen. Der Bürokrat wird von seinen Untergebenen gemieden, weil er ihnen ständig sagt, was sie *nicht* tun *sollten.* Dem Brandstifter gehen die Untergebenen aus dem Weg, weil er ihnen ständig neue Aufgaben überträgt und dabei die Aufgaben vergißt, die er ihnen früher zugewiesen hat und durch die ihre Zeit bereits voll in Anspruch genommen ist.
Selbst einem bereitwilligen Mitarbeiter wird es sehr schwer fallen, die Anweisungen und Instruktionen des Brandstifters zu befolgen. Der Brandstifter drückt sich bei seinen Aufträgen gewöhnlich recht vage aus. Er hat eine Idee, aber er lehnt es ab, sich um die Einzelheiten zu kümmern. Das überläßt er seinen Untergebenen. Eine von Will Rogers berichtete Geschichte veranschaulicht dieses Verhaltensmuster:

Im ersten Weltkrieg wußten die Alliierten nicht, was sie gegen die deutschen U-Boote unternehmen sollten. Die Marine zog einen

Berater bei. Der Berater studierte die ganze Situation und empfahl dann, den Atlantik auf eine Temperatur von 80 Grad zu erhitzen. Er erklärte, dies werde die Deutschen zwingen, mit ihren U-Booten aufzutauchen, die man dann leicht abschießen könne. Die Marine hielt dies für eine gute Idee, wußte aber nicht, wie sie den Atlantik erhitzen sollte. Als man ihn danach fragte, erwiderte der Berater: »Ich bin ein Planer. Das sind Einzelheiten. Ich habe die Planung durchgeführt. Über die Einzelheiten müssen Sie sich den Kopf zerbrechen.«

Der Brandstifter hat in der Regel phantastische Einfälle und erwartet dann von allen anderen, Möglichkeiten zu finden, wie diese zu verwirklichen sind. Wenn man genauere Anweisungen von ihm fordert, wird er wütend.

Eine von einem Bürokraten geführte Organisation kann ihre Ziele trotz ihres Managers erreichen, da die Leute ihn zu umgehen lernen. Je mehr sich der Brandstifter hingegen in den Betrieb einmischt, desto weiter fällt seine Organisation zurück. Während der Brandstifter damit beschäftigt ist, alle mit Aufträgen zu überhäufen, tritt die Organisation auf der Stelle. Der Brandstifter wechselt zu oft die Richtung, und seine Mitarbeiter kooperieren im Grund nicht mit ihm. Der Brandstifter scheitert, weil eine Organisation nicht ständig die Richtung wechseln kann.

Wir können eine Organisation als ein ineinandergreifendes Getriebe betrachten. Der Manager ist ein großes Zahnrad, das von vielen kleinen Rädchen umgeben ist. Seine Mitarbeiter und deren Untergebene sind durch immer kleinere Rädchen repräsentiert. Sooft sich das große Rad ein bißchen dreht, sind die kleineren Rädchen gezwungen, sich schnell zu drehen.

Wenn das große Rad ein Brandstifter ist, dann ändert es häufig die Richtung, während die kleineren Räder in Bewegung sind. Früher oder später greifen die kleineren Räder nicht mehr und das große Rad dreht sich allein. Die typische Klage des Brandstifters lautet deshalb: »Nie wird hier etwas erledigt.« Leider macht er sich nicht bewußt, daß er für den Zusammenbruch verantwortlich ist.

Man findet eine Menge über den Stil eines Managers heraus, indem man sich das Verhalten seiner Untergebenen ansieht. Bei der Konferenz, auf der ein Brandstifter seine neuesten brillanten Ideen vorträgt, sitzen die Mitarbeiter gewöhnlich da und sehen einander verstohlen mit wissendem Lächeln an. Sie haben gar nicht die Absicht, zu tun, was der Manager sagt. Warum sollten sie? Der Chef wird bald wieder einen anderen Kurs einschlagen.

Die Untergebenen des Brandstifters haben gelernt, daß er nicht allzu ernst zu nehmen ist. Keine Aufgabe, die er delegiert, soll tatsächlich ausgeführt werden; in sehr kurzer Zeit wird er sich anders besinnen. Aber die Untergebenen des Brandstifters haben auch gelernt, seine Aufträge nicht offen zurückzuweisen, weil sich der Brandstifter in einem solchen Ausmaß mit seinen Ideen identifiziert, daß er ihre Ablehnung als eine persönliche Zurückweisung empfindet. Die Mitarbeiter halten es also für sinnlos, zu versuchen, die Aufträge des Brandstifters auszuführen, sie können aber die Annahme nicht verweigern. Ihr Ausweg ist, die Aufträge anzunehmen, aber sehr wenig zu ihrer Verwirklichung zu tun und dann kreative Ausreden vorzubringen, warum sie sie nicht erledigt haben – das heißt, sie versuchen, kooperativ zu erscheinen, ohne es tatsächlich zu sein. Die Mitarbeiter eines Brandstifters erklären immer, warum ein Auftrag nicht ausgeführt werden *konnte* und nicht, warum er gar nicht hätte in Angriff genommen werden sollen.

Die Untergebenen eines Brandstifters müssen an der Arbeit sein, bevor er erscheint, und sie gehen gleich nach ihm. Wann immer der Brandstifter in Sichtweite ist, tun sie so, als seien sie mit seinem Lieblingsprojekt beschäftigt. In Unternehmen, die von Brandstiftern geführt werden, sitzen die stellvertretenden Direktoren manchmal in ihren Büros und »schauen ihren Nägeln beim Wachsen zu«, während sie darauf warten, daß der Boss nach Hause geht, damit auch sie gehen können. Wenn der Brandstifter seinen Kopf in das Büro eines Untergebenen steckt und ihn fragt, wie er vorankomme, lautet die typische Antwort: »Wahnsinnig viel zu tun.« (Wenn man einem Brandstifter nicht versichert, daß man viel zu tun hat, dann *gibt* er einem was zu tun.)

Die Untergebenen eines Brandstifters versuchen, ihn durch ihr enormes Engagement für seine Projekte zu beeindrucken, und sie legen Diensteifer an den Tag, wann immer er zuschaut. Aber wenn er nach einem Auftrag nicht nachfragt oder das Büro verläßt, dann lassen sie ihn liegen. Die Situation erinnert mich an eine andere Kriegsgeschichte.

Im Ersten Weltkrieg stieg ein italienischer Hauptmann in einer Samtuniform und mit Federn am Hut aus dem Schützengraben. Er zog dramatisch seinen Säbel, fuchtelte damit in der Luft herum und brüllte so laut er konnte: »A–V–A–N–T–I!« Die Soldaten in den Gräben klatschten dazu leise in die Hände und flüsterten: »Bravoooooooo.« Der Hauptmann wurde sichtlich nicht ernst genommen. Dasselbe gilt für den Brandstifter.

Die Untergebenen des Einsamen Kämpfers kommen nach ihm zur Arbeit und gehen oft vor ihm nach Hause. Während der Arbeitszeit warten sie gewöhnlich darauf, von ihm zu irgendeiner Besorgung losgeschickt zu werden. Sie lernen, daß sie sich lange Pausen gönnen können, wenn sie nur jederzeit abkömmlich sind, »um Sachen erledigen zu helfen«. Die Untergebenen des Bürokraten lernen, daß ihr Job solange nicht in Gefahr ist, als sie pünktlich kommen, pünktlich gehen, alle Vorschriften einhalten und nicht zuviele Fragen stellen.

Die Mitarbeiter des Brandstifters müssen beschäftigt aussehen, sooft er sich blicken läßt. Es weiß aber niemand, wann ein Brandstifter zur Arbeit kommen oder weggehen wird. Es kann vorkommen, daß er um sieben Uhr abends erscheint. Seine Mitarbeiter versuchen deshalb vorherzusagen, wann er auftauchen wird, damit sie vor ihm da sein können – nicht, weil sie etwas zu tun haben, sondern als eine Defensivstrategie gegen weitere Aufträge.

Der Brandstifter hält seine Untergebenen in Trab, aber er beschwert sich über ihre Untüchtigkeit. Er weigert sich einzusehen, daß sein ständiger Kurswechsel an ihrer Ineffektivität schuld ist. Solange seine Mitarbeiter den Eindruck erwecken, seine Pläne ausführen zu wollen, ist er jedoch zufrieden.

Wenn die Untergebenen des Einsamen Kämpfers (**P**–––) Laufburschen und die Mitarbeiter des Bürokraten (–**A**––) Jasager sind, dann ist der typische Mitarbeiterstab des Brandstifters (--E-) eine Claque. (Claqueure sind bezahlte Zuschauer in Opernhäusern, die zu klatschen beginnen, sobald ein Sänger eine Arie beendet hat, um die Zuschauer zum Mitklatschen zu animieren.)

Die Untergebenen des Brandstifters müssen seinen Ideen zustimmen, zumindest sollten sie sich nie vor anderen dagegen aussprechen. Ein Brandstifter reagiert auf öffentlichen Widerspruch ähnlich wie ein Opernsänger auf einen enttäuschten Zuhörer, der ihn ausbuht, wenn er gerade sein hohes C singt. Der Brandstifter wird einen Groll gegen den Dissidenten hegen; er wird diese Bedrohung seines Egos nicht so schnell vergessen.

Eine Möglichkeit, wie ein Mitarbeiter mit einem Brandstifter (--E-) umgehen kann, wenn er einen Auftrag für unklug hält, ist, zu warten, bis die Besprechung zu Ende ist, um dann den Brandstifter in seinem Büro aufzusuchen. Dort sollte der Untergebene in aller Ruhe die *Auswirkungen* der Vorschläge des Brandstifters erörtern, und je detaillierter seine Fragen sind, desto besser, da Brandstifter im allgemeinen eine große Abneigung gegen Details haben. Um den neuen Auftrag zu erledigen, muß die Organisation Prioritäten setzen. Jede neue Unternehmung hat ihren Preis. Dies sind »alternative Kosten« – d.h., wenn die Ideen mit Ressourcen verwirklicht werden sollen, die bereits voll genutzt werden, dann muß man dafür auf etwas anderes verzichten. Der Untergebene kann dann den Brandstifter bitten, eine Entscheidung zu treffen, was dem Brandstifter ebenfalls äußerst zuwider ist. Er zieht es vor, die Dinge in der Schwebe zu halten.

Sobald der Brandstifter überzeugt ist, daß sich ein Mitarbeiter für eine Aufgabe engagiert, daß er »das Feuer hütet«, läßt er ihm gewöhnlich freie Hand. Der Brandstifter interessiert sich nicht dafür, ob die Aufgabe erledigt wird und auch nicht dafür, wie sie erledigt wird, vielmehr geht es ihm darum, daß alle zustimmen, daß sie in Angriff genommen werden *sollte*. Er interessiert sich für den Prozeß, das Neue, nicht unbedingt für die Resultate. Es geht im um das »Warum«, während es dem Einsamen Kämpfer um das »Was« und dem Administrator um das »Wie« geht.

> Nichts ist unmöglich für den Mann, der es nicht selbst tun muß.
> Aus Thomas L. Martin, Jr., *Malice in Blunderland* (New York: McGraw-Hill, 1973) S. 103

Wenn ein Untergebener eines Einsamen Kämpfers ein Problem hat und den Chef um Hilfe bittet, dann wird ihn der Chef wahrscheinlich auffordern, die Lösung des Problems ihm zu überlassen. Aber der Mitarbeiter wird lange nichts mehr vom Chef darüber hören, und inzwischen wird sich das Problem verschlimmern. Der Mitarbeiter tut also gut daran, selbst irgendeine Lösung zu improvisieren.

Wenn der Mitarbeiter eines Bürokraten ein Problem hat, muß er es seinem Chef als einen Regelverstoß präsentieren. Nur dadurch wird es als Problem anerkannt. Dann muß der Mitarbeiter eine Lösung vorschlagen, die auf einem halben Dutzend Präzedenzfällen beruht. Er muß argumentieren, daß die von ihm empfohlene Lösung schon früher angewandt wurde und daß sie deshalb wieder angewandt werden kann. Dann muß er das alles schriftlich festhalten. Solange der Bürokrat »gedeckt« ist, wird er zustimmen.

Der Brandstifter hingegen hat kein Sitzfleisch für lange Darlegungen. Bevor der Mitarbeiter das Problem beschrieben hat, wird der Brandstifter eine Lösung bei der Hand haben, die nicht selten größere Schwierigkeiten mit sich bringt als das ursprüngliche Problem.

Ein leitender Angestellter empfiehlt folgendes Verfahren beim Umgang mit einem Brandstifter-Boß. »Zuerst schildert man ihm das Problem. Man muß sich sehr kurz und prägnant fassen, damit er einen bis zu Ende anhört. Dann schlägt man eine mögliche Lösung vor, die man parat hat. Dabei baut man *absichtlich* einen oder zwei offenkundige Fehler in die Lösung ein. Er wird sich auf die Fehler stürzen, sie richtigstellen und ein oder zwei Ideen hinzufügen, die man später ignorieren kann, und schon ist man wieder draußen. Er *muß* den Vorschlag abändern, den man ihm macht, warum also ihm nicht die Chance lassen, es so zu machen, wie man will?«

Gegenüber einem Einzelkämpfer (**P**---) oder einem Bürokraten (-**A**--) wäre die Methode mit dem »absichtlichen Fehler« für den Untergebenen katastrophal. Der **P**--- würde sagen: »Ich wußte, daß man sich nicht darauf verlassen kann, daß Sie irgend etwas richtig machen. Lassen Sie die Sache auf meinem Schreibtisch, und ich werde sie *heute abend* in Ordnung bringen.«

Der Mitarbeiter würde keine weiteren Probleme zu lösen bekommen. Der -**A**-- würde seinen Untergebenen wegen der »offenkundigen Fehler« wahrscheinlich zur Schnecke machen.

Ein Brandstifter ist gewöhnlich sehr sympathisch, da er anregend, unternehmungslustig und voller Energie ist. Die Zusammenarbeit mit ihm kann sehr stimulierend sein, bis man draufkommt, daß der Brandstifter, egal, was man tut, immer unzufrieden ist, weil er ständig neue Projekte ausheckt, bevor die alten abgeschlossen sind.

Der Brandstifter ist selbst kein Produzent von Resultaten, obwohl er auf die Schwächen seiner Mitarbeiter sehr kritisch reagiert. Während sich der Einsame Kämpfer danach beurteilt, wie hart *er* arbeitet, und nach den Resultaten, die *er* erzielt, und der Bürokrat sich nach der *Kontrolle* bewertet, die er auszuüben glaubt, beurteilt sich der Brandstifter danach, wie emsig seine Untergebenen zu arbeiten *scheinen.* Er erhält seine Verstärkung durch den Anschein von Produktivität, das bienenstockartige Gewusel, das vom Einfluß seiner kreativen Ideen zeugt.

Wenn die Untergebenen eines Einsamen Kämpfers alle friedlich an ihren Schreibtischen zu arbeiten schienen, dann würde er sie nicht bemerken; er wäre zu sehr mit seiner eigenen Arbeit beschäftigt. In derselben Situation würde ein Bürokrat nach einem kleinen Detail oder Problem Ausschau halten, das er unter Kontrolle bringen könnte – ein Zigarettenstummel auf dem Fußboden oder eine ausgebrannte Glühbirne. Er würde seine Mitarbeiter fragen: »Ist alles in Ordnung?« und sie würden antworten: »Jawohl, Chef.«

Aber der Brandstifter würde nervös werden. Der Frieden würde ihn beunruhigen. Wenn keine Krise vorhanden ist, würde er eine anzetteln.

Ein Brandstifter ist wie ein Schauspieler – er zieht ständig eine Schau ab. Er braucht unbedingt ein Publikum und haßt es gewöhnlich, allein zu sein. Deshalb beruft er auch ständig und ohne Vorwarnung Konferenzen ein. Wenn alle schwer beschäftigt sind oder Anstalten machen, nach Hause zu gehen, heißt es: »Mitarbeiterbesprechung!« Und wer redet als einziger bei dem Treffen? Natürlich der Brandstifter. Die Tagesordnung umfaßt nur ein Thema, und die Präsentation erfolgt durch freie Assoziation. Der Brandstifter hält den Ball in Bewegung, während die Untergebenen still dasitzen und Zustimmung signalisieren.

Der Brandstifter fordert uneingeschränkte Loyalität. Für ihn gibt es keine Wochenenden oder Ferien, und er mißgönnt sie auch seinen Untergebenen. Ein guter Mitarbeiter ist für ihn jemand, der niemals einen Urlaub nimmt. Er erwartet von seinen Leuten, daß sie für ihn verfügbar sind, wann immer er sie braucht.

Für den Brandstifter bedeutet Planung nicht, das Unternehmen auf einen bestimmten Kurs festzulegen. Planung ist für ihn die Formulierung von Wunschvorstellungen. Seine Einstellung zur Planung ist ganz anders als die des Bürokraten, der Planung als »Prognose« versteht und das Budget des nächsten Jahres errechnet, indem er den Etat des vergangenen Jahres um einen geringen Prozentsatz erhöht. Wenn der Brandstifter ein Budget hat, dann ist es gewöhnlich unrealistisch. Häufig weiß er gar nicht, was im letzten Jahr passiert ist, und trotzdem erwartet er eine *drastische Änderung* im kommenden Jahr. Außerdem findet er, daß sehr hohe Zielsetzungen eine gute Methode sind, um seine Untergebenen auf Trab zu bringen.

Das Verhältnis des Brandstifters zur Planung unterscheidet sich auch von dem des Einsamen Kämpfers. Dieser sieht gewöhnlich weder Chancen noch Gefahren, weil er zu sehr von den Tagesgeschäften in Anspruch genommen ist. Er ist also sehr damit beschäftigt, Brände zu löschen, daß er nicht merkt, was um ihn herum vorgeht. Der Brandstifter wittert im Gegensatz dazu gewöhnlich soviele Chancen, daß er, falls überhaupt, nur wenige Gefahren wahrnimmt. Er bringt sogar die Organisation dadurch in Gefahr, daß er zuviele günstige Gelegenheiten gleichzeitig zu nutzen versucht. Wie ein jugoslawisches Sprichwort sagt: »Was er während des Tages aufbaut, das verbrennt er am Abend.« Das heißt, er ist imstande, alle mühsam angehäuften Gewinne des Unternehmens durch ein paar unüberlegte Projekte zu verschleudern.

> Die längste Reise beginnt mit einem einzigen falschen Schritt.
> Charles Christopher Mark

Die Geschäftsführung sollte die Gefahren und Chancen einer sich wandelnden Umwelt erkennen. Dann sollte sie die Stärken des Unternehmens zu nutzen versuchen und seine schwachen Bereiche ausbauen (mit anderen Worten, Gelegenheiten beim Schopfe packen und Gefahren vorbeugen). Keiner der bisher geschilderten Managementstile ist imstande, das zu leisten. Der Einsame Kämpfer, der Bürokrat und der Brandstifter sind alle drei durch unzureichende Fähigkeit zur Planung gekennzeichnet.
Ein Untergebener hat einen Brandstifter folgendermaßen beschrieben:

> »Ich sehe ihn sehr ungern in Urlaub gehen, und der Montagmorgen ist gewöhnlich genauso schlimm. Ich weiß, daß er bei seiner Rückkehr neue Prioritäten verkünden wird... Bei uns ist ständig alles im Fluß. Mein Titel, meine Position und mein Verantwortungsbereich ändern sich zu häufig, als daß ich mich einarbeiten könnte. Wenn man irgendeine seiner Ideen in Frage zu stellen versucht, überschüttet er einen mit Daten, Zahlen und Zitaten – was Sie wollen – um zu beweisen, daß er recht hat. Er ist phantastisch im Jonglieren, er wirft mit den Fakten herum wie ein Zauberer, um zu beweisen, daß sein neues Lieblingsprojekt unschlagbar ist und daß man selbst schuld ist, wenn man nicht versteht, wie es mit dem letzten Projekt zusammenhängt. Später, nach der Pleite, ist es dann unser Fehler, daß wir ihn nicht verstanden haben, und bevor man sich versieht, zählt er alle Argumente dagegen auf, die man ihm vorgehalten hat, als er das Projekt vorschlug. Das Schlimmste, was

man dann tun kann, ist, ihn daran zu erinnern, daß das genau das sei, was man von allem Anfang an gesagt habe...
Wenn man selbst ein Projekt vorschlägt, nennt er hundert Gründe, warum es nicht realisierbar ist. Aber eine Woche später tischt er einem dieselbe Idee auf. Dieses Mal präsentiert er sie als *seinen* Einfall und als Projekt von höchster Dringlichkeit, das bereits gestern hätte in Angriff genommen werden sollen; er wird ärgerlich sein, daß noch niemand auf diese Idee gekommen ist....
Er will, daß sich die Leute um ihn herum seine Ideen wohlwollend anhören; wenn sie gehen, ist er gekränkt. Er braucht immer ein Publikum, sei es seine Sekretärin oder der stellvertretende Direktor. Er hält seine Zuhörer noch lange nach Ende des Arbeitstages fest. Das ist der Preis, den wir bezahlen müssen, um ihm zu zeigen, daß wir seine Ideen ernst nehmen. Viele seiner Untergebenen haben sich scheiden lassen oder werden es bald tun, wegen der uneingeschränkten Loyalität, die er von ihnen fordert...
Immer wieder brütet er fünf oder sechs neue Ideen aus und macht damit die Runde durch die Büros, trägt sie den Leuten vor. Man muß sich entscheiden, gegen welche man sich wehren will, und wie. Nach einer Weile hat er noch zwei Ideen übrig, die er dann durchsetzt. Man läßt dann ein paar Memoranden los, um ihm zu zeigen, daß man versucht hat, sich darum zu kümmern, und dann wappnet man sich für den nächsten Sack voll Ideen. Dabei darf man sich aber nicht zu sehr engagieren und begeistern; wenn er am nächsten Tag mit den nächsten Ideen ankommt, kann er sehr ungemütlich werden, wenn er feststellen muß, daß man zu beschäftigt ist, um sich auf sein neuestes Vorhaben einzulassen...
Er ist sehr charismatisch. Er gibt einem oft das Gefühl, mit sich selbst über Kreuz zu sein. Wenn man bei einem Auftrag versagt, dann führt er einem vor Augen, daß man seinen Genius mißverstanden hat. Immer ist man selbst der Dumme... seine Idee war doch im Grunde so einfach....
Man sollte ihm immer Erfolge melden. Wenn man ihm ein

Problem schildert, wird er einen anhören, aber wenn er einem geholfen hat, dann hat man wahrscheinlich zehn neue Projekte an der Hand, die zehnmal problematischer sind als das ursprüngliche«.

Der Mitarbeiter eines Brandstifters in Washington (noch dazu im öffentlichen Dienst) ergänzte:

»Sprechen Sie sich nie gegen eine Idee von ihm aus. Wenn Sie das tun, dann können Sie fast sicher sein, daß er Sie fragen wird, wie weit Sie damit gekommen sind. Gerade in diese Idee wird er sich verbeißen. Um ihn von einem Plan abzubringen, den Sie für schlecht halten, müssen Sie sich entgegengesetzt verhalten. Beginnen Sie daran zu arbeiten und bringen Sie ihm einen detaillierten Plan, so detailliert, daß er sich nicht durchfindet. Er wird Ihnen dann wahrscheinlich nahelegen, in der Sache einige Zeit kürzer zu treten. Er haßt Details. So treiben Sie ihm die Idee aus.«

Einer meiner Freunde ist ein typischer Brandstifter. Er wechselt häufig den Arbeitsplatz, beginnt sich rasch zu langweilen und schätzt Herausforderungen. Eines Tages ging ich mit ihm Tennis spielen. Seine Frau weigerte sich, mitzukommen. »Er macht mich schrecklich nervös«, sagte sie. »Bei ihm kann man nicht gewinnen, egal, was man macht.«
Mir wurde bald klar, was sie meinte. Bei *seinem Spiel* war er unschlagbar. Er spielte nicht, um zu gewinnen; er zählte nicht einmal die Punkte. Wichtig war nur, *wie* er den Ball schlug. Und er schlug jeden anders. Nachdem er den Ball über den Zaun geschmettert hatte, blieb er grinsend stehen und sagte: »Hast du das gesehen? Hübsch, nicht?« Jedes Volley war ein neues Experiment. Ich war bloß dazu da, um ihm die Bälle zu servieren. Seine Frau hatte recht – wir spielten verschiedene Spiele.
Der Einsame Kämpfer ringt dagegen im Schweiße seines Angesichts um jeden Punkt. Gewöhnlich ruft er einem nach jedem Ballwechsel den Spielstand zu. Er flucht, wenn er daneben haut und er versteht zu fluchen. Ein Bürokrat spielt nach dem Lehr-

buch. Er führt jede Bewegung so aus, wie sie ihm beigebracht wurde. »Gehört das so?« fragt er einen.

Der Brandstifter gleicht dem Einzelkämpfer in seinem Individualismus, aber der Einzelkämpfer führt Beschlüsse aus, die *für ihn gefaßt* wurden, während der Brandstifter *Beschlüsse faßt, die andere ausführen sollen.*

Der Individualismus des Brandstifters bewirkt eine Zentralisierung der Entscheidungsbildung, aber es sind Entscheidungen mit einem interessanten Dreh. Die Entscheidungen des Brandstifters sind äußerst vage, und trotzdem erwartet er, daß die Einzelheiten in exakter Übereinstimmung mit Wünschen ausgearbeitet werden, die er nie richtig erklärt hat und die ihm anfangs wahrscheinlich gar nicht bewußt waren.

Da der Brandstifter ständig »träumt«, ändert er immer wieder seine Pläne. Trotzdem erwartet er von seinen Untergebenen, daß sie mit seinen neuesten Ideen vertraut sind, obwohl er sie selbst nicht sehr gut beschreiben kann (da er sie nicht bis ins Letzte durchdacht hat). Das versetzt die Untergebenen in eine schwierige Situation. Sie werden für Entscheidungen verantwortlich gemacht, die sie nicht ganz überblicken können. Das bedeutet, daß es ihnen im Grunde an den Befugnissen fehlt, diese Entscheidungen in die Tat umzusetzen. Aus dieser Verantwortung können sie sich aber auch nicht davonstehlen, denn für den Brandstifter beweist die Vernachlässigung eines Projekts einen Mangel an Loyalität, der an Hochverrat grenzt.

Der Untergebene des Brandstifters muß daher sein Verantwortungsbewußtsein durch Schuldbekenntnisse und Reue manifestieren. Er muß die Verantwortung dafür übernehmen, daß Aufträge unabgeschlossen geblieben sind, und er muß nachweisen, daß ihn unkontrollierbare Gründe davon abhielten. Tief drinnen weiß er jedoch, daß es nicht seine Schuld war, und daß die Aufgaben leicht hätten erledigt werden können, wenn der Chef vernünftig gewesen wäre, das heißt, wenn er nicht ständig neue Feuer gelegt hätte, wenn er sich nicht immer wieder anders besonnen hätte und wenn er genau erklärt hätte, was er wollte.

All dies bewirkt, daß die Mitarbeiter des Brandstifters in einem

ständigen Konflikt leben. Sie äußern in der Öffentlichkeit ganz andere Gefühle als unter vier Augen oder auf der Couch des Psychiaters.
Obwohl der einsame Kämpfer ebenso wie der Brandstifter alle Entscheidungen allein trifft, wirken sich diese anders auf das Unternehmen aus. Seine Beschlüsse sind gewöhnlich taktischer Natur, so daß sie nur minimale Konsequenzen haben. Außerdem delegiert er sowohl Aufgaben *als auch* die Autorität, sie auszuführen, wenn auch letzteres nur notgedrungen – das heißt, er erklärt nicht und kümmert sich nicht darum, wie sie erledigt werden. Er möchte, daß sie erledigt werden, punktum. Die Folge ist, daß seine Untergebenen improvisieren. Sie nehmen die Autorität selbst in die Hand und sorgen dafür, daß die Aufträge erledigt werden.
Der Brandstifter gleicht insofern dem Bürokraten, als ihm auch das »Wie« wichtig ist. Der Unterschied ist, daß der Brandstifter über das »Wie« Bescheid wissen möchte, damit er günstige Gelegenheiten monopolisieren und Prozesse verändern kann. Er möchte, daß seine Ideen nach seiner neuesten Methode ausgeführt werden. Das Interesse des Bürokraten am »Wie« entstammt dagegen dem Wunsch, Prozesse unverändert zu erhalten und dafür zu sorgen, daß Aufgaben »nach den Vorschriften« durchgeführt werden. Er ist dazu da, über das System zu wachen, nicht, es zu verändern.
Der Brandstifter liebt Konflikte. Er führt sie oft selbst herbei, sie sind für ihn ein Mittel, um den Betrieb in hektische Aktivität zu versetzen. Aus dem gleichen Grund liebt er den Wechsel.
Man könnte erwarten, Kreativität über das ganze von einem Brandstifter geleitete Unternehmen verteilt zu finden, aber das Gegenteil ist gewöhnlich wahr. Der Brandstifter monopolisiert die Kreativität des Unternehmens. Er betrachtet alle anderen Unternehmerpersönlichkeiten als Rivalen, die eliminiert werden müssen. Ein von einem Brandstifter geführtes Unternehmen ist keine kreative, flexible Struktur, sondern ein Sklavenschiff – eine beifallspendende Claque. Der Brandstifter bestimmt den Kurs, wechselt die Richtung, ergötzt sich am Leiden seiner Untergebenen und schreibt alle Erfolge sich selbst zu.

Der Brandstifter bringt dem Einzelkämpfer eine gewisse Sympathie entgegen, da sich der **P**––– für das Unternehmen abschuftet, aber seine Zustimmung hat Grenzen, da der Einzelkämpfer keine Zeit hat, dem Brandstifter zuzuhören, der wie gesagt ein Publikum braucht. Der Brandstifter kommt ausgezeichnet mit dem Superangepaßten zurecht, den wir im folgenden Kapitel kennenlernen werden.
Der Brandstifter hinterläßt ebenso wie der Einsame Kämpfer und der Bürokrat seinem Nachfolger einen schlecht geführten Betrieb. Der Einsame Kämpfer (**P**–––) verfügt nicht über entsprechend ausgebildete Mitarbeiter, die die Betriebsführung übernehmen könnten. Die Untergebenen des Bürokraten (–**A**––) sind nicht kreativ und scheuen sich, Risiken einzugehen.
Wenn der Brandstifter weg geht, ist die Organisation in einem chaotischen Zustand und die Mitarbeiter sind erschöpft. Sie meinen, daß jeder andere besser wäre als der Brandstifter. Sie sehnen sich nach Ruhe und Frieden und einer gewissen Stabilität. Die Folge ist, daß sie gewöhnlich bei einem Bürokraten landen und zwar, weil sie ihn sich selbst aussuchen.

Zusammenfassung des Brandstifter-Stils

Persönlicher Stil
Ausschließliche Rolle: Innovator, Initiator.
Persönliche Stärke: Aushecken von Ideen und neuen Projekten.
Vorherrschendes Verhalten: Lanciert neue Projekte.
Hauptaugenmerk: Was wird *Neues* gemacht, und wie könnte man die Dinge anders machen.
Ausgeprägteste Eigenschaften: Enthusiastisch, anregend, charismatisch, kreativ und aufregend.
Selbstbewertung: Positiv, wenn es zugeht wie in einem Bienenstock und der Anschein von Produktivität vorherrscht, der sich gewöhnlich in einer Krise manifestiert.
Typische Klagen: »Hier wird nichts erledigt«; *»Sie setzen die falschen Prioritäten«;* »Sie verstehen nicht, was ich will, gesagt habe oder sagen wollte«.

Entscheidungsbildung: Kurzfristig, keine Festlegungen auf Dauer; entscheidungsfreudig, aber ohne nachzufassen.
Wenn er freie Zeit hat: Stürzt er das Unternehmen in ein neues Projekt oder eine neue Krise.
Bevorzugter Mitarbeitertyp: Claqueure, Leute, die jederzeit bereit sind, sich alles anzuhören, nicht Leute wie er selbst; Bewunderer, die seine neuesten Ideen begeistert aufnehmen und sie sofort zu begreifen scheinen.

Die Untergebenen
Typus: Claqueure.
Untergebene werden befördert: Wenn sie die Anweisungen begeistert zu befolgen scheinen, und wenn sie sich sehr für seine Aufträge zu engagieren scheinen.
Wofür die Untergebenen gelobt werden: Den Anschein fleißiger Arbeit.
Was ihm die Untergebenen verschweigen: Warum Projekte nicht unternommen werden sollten.
Dysfunktionales Verhalten von Untergebenen: Erfinden von Ausreden für mangelnde Leistungen.

Zeiteinteilung, Mitarbeiterbesprechungen und Führungsstil
Betritt und verläßt die Arbeitsstätte: Zu wechselnden Zeiten.
Die Untergebenen kommen und gehen: Kommen vor ihm und gehen nach ihm; sollen jederzeit verfügbar sein.
Häufigkeit und vorherige Ankündigung von Besprechungen: Häufig und improvisiert.
Anwesender Personenkreis: Teilnahme ist Pflicht.
Agenda: Seine neueste Idee ist der erste Tagesordnungspunkt; der Rest sind freie Assoziationen.
Wer spricht bei den Konferenzen: Einer zu vielen, von oben nach unten; es werden keine Fragen gestellt und keine Einzelheiten analysiert.
Ausbildungspraxis: Findet Ausbildung akzeptabel, wenn sie nicht auf Kosten seines jüngsten Lieblingsprojekts geht.
Einstellung zu systematischem Management: Hat einen Horror davor; will sich auf nichts festlegen.

Einstellung zu Konflikten: Benutzt diese, um die Untergebenen zu hektischer Aktivität anzuspornen; bricht sie häufig selbst vom Zaun.
Einstellung zu Veränderungen: Liebt Abwechslung und floriert dabei, wenn er diese selbst herbeigeführt hat; wehrt sich gegen Änderungen, die von anderen ausgehen.
Interessenschwerpunkt und Art von Informationen, die er schätzt: Informationen über Chancen und Gefahren; gibt sie nicht weiter.
Schwerpunkt der Kreativität: Von ihm monopolisiert.

Einstellung zu anderen Führungskräften
Ausschließlicher Produzent (Einsamer Kämpfer **P**---): Beschränkte Zustimmung.
Ausschließlicher Administrator (Bürokrat -**A**--): Reagiert mit Horror.
Ausschließlicher Unternehmer (Brandstifter --**E**-): Reagiert mit Abneigung.
Ausschließlicher Integrator (Superangepaßter ---**I**): Findet er sympathisch.
Drohne (----): Ignoriert er.

Anmerkungen

1. Eine Definition von Unternehmertum (*entrepreneurship*) findet sich in Joseph Schumpeter, *Business Cycles* (New York: McGraw-Hill, 1939) S. 102 ff; und in Peter F. Drucker, *Management: Tasks, Responsibilities, Practices* (New York: Harper & Row, 1973). 10. Kap.

4. ---I: *Der Superangepaßte*

Die Rolle, Leute zu integrieren

Wir haben die Bedeutung der Fähigkeit gesehen, Resultate zu erzielen und Aufgaben zu erledigen – **P**; der Fähigkeit, zu verwalten, zu organisieren und Aufgaben planmäßig einzuteilen – **A**; sowie der Fähigkeit, günstige Gelegenheiten zu erkennen und zu nutzen – **E**. Ich bin der Auffassung, daß dies noch nicht alle Aspekte des Managementprozesses abdeckt.
Mit vielen Unternehmen, die von einem **PAE–** geführt wurden, ist es rapid bergab gegangen, sobald dieser Manager starb oder die Firma verließ. Da die Lebenserwartung eines Unternehmens größer ist als die einzelner Personen, muß ein guter Manager ein *Team von Leuten* aufbauen, um Kontinuität zu gewährleisten.
Organisationen bestehen aus Menschen, und ein Manager muß für die Bedürfnisse dieser Menschen aufgeschlossen sein. Es ist deshalb wichtig, daß ein Betriebs- oder Abteilungsleiter die Fähigkeit besitzt, Leute zu integrieren.[1] Die Leute müssen zusammengebracht werden und Gelegenheit erhalten, ihre Gefühle und Gedanken zu äußern. Dazu bedarf es eines Katalysators, der einen Konsens oder zumindest einen Kompromiß herbeiführen kann. Der Integrator ist jener Manager, der sich um die Leute kümmert, der es sich angelegen sein läßt, das Funktionieren des Systems mit den Interessen der Mitarbeiter in Einklang zu brin-

Eine Organisation, die den anhaltenden Erfolg ihrer Aktivitäten einer einzigen Person verdankt, wird in eine große Krise schlittern, sobald diese Person weggeht oder stirbt. Viele Unternehmen geraten in ernste Schwierigkeiten, wenn ein Spitzenmanager, der ein ausgezeichneter Produzent, Administrator oder Unternehmer ist, weggeht, bevor ein Teamgefühl – ein Corpsgeist getragen von effektiven Zielsetzungen – entstanden ist. Integration, die Gruppenengagement bewirkt, ist für das effektive, langfristige Funktionieren jedes Unternehmens notwendig.

Der Integrator gewährleistet nicht nur die künftige organisatorische Stabilität eines Unternehmens, sondern, was noch wichtiger ist, er oder sie sorgt auch dafür, daß dieses in der Gegenwart reibungslos funktioniert. Die Geschäftsführung ist ständig mit widersprüchlichen Forderungen konfrontiert, die von außen an sie herangetragen werden. Außerdem entstehen innerhalb einer Organisation Reibungen auf Grund der unterschiedlichen Persönlichkeiten und Perspektiven der einzelnen Manager. Innerbetriebliche Störfaktoren werden im X. Kapitel noch detaillierter erörtert werden. Im Augenblick ist es wichtig, sich klarzumachen. Er ist fähig, Leuten zuzuhören und ihre Ideen einzubeziehen.

> Zusammenkommen ist ein Beginn.
> Zusammenbleiben ist ein Fortschritt.
> Zusammenarbeiten ist Erfolg.
>
> Henry Ford I

Integration bedeutet die Fähigkeit eines Menschen, Entscheidungen zu treffen, die von den Mitarbeitern mitgetragen werden, welche diese Entscheidungen in die Tat umzusetzen haben oder davon betroffen sind. Integration verwandelt individuelles Unternehmertum in Gruppenunternehmertum.

Wenn ein Manager nicht integriert, wenn er die Gruppeninitiative nicht fördert, dann wird er in extremen Fällen der einzige sein, der weiß, was zu tun ist und wie es zu tun ist, und er wird der einzige sein, der Initiativen ergreifen kann.

chen, daß die **I**–Rolle nötig ist, um solche Konflikte nützlich und erträglich zu machen.
Integration wird erreicht durch Klärung offener Fragen, durch Herausfinden der Übereinstimmung in grundlegenden, nicht in oberflächlichen Dingen sowie durch Analyse kontrastierender Werte und einander widersprechender bzw. divergenter Annahmen und Erwartungen.
Wie weit erstreckt sich die Integration, die ein Integrator (**I**) zu erreichen sucht? Konzentriert er sich auf seine Beziehung zu einzelnen oder zu kleineren oder größeren Gruppen? Dies hängt davon ab, welche anderen Rollen er oder sie zu spielen wünscht. Ein integrierender Manager wählt häufig die Form von Einzelgesprächen, um Mitarbeitern näherzukommen bzw. Informationen zu sammeln, um sie beeinflussen zu können, aber das Hauptgewicht wird er auf den Umgang mit kleinen Gruppen legen (Kleingruppendynamik). Die ausschließliche Orientierung auf Zweierbeziehungen ist charakteristischer für den Produzenten-Integrator (**P**--**I**).
Ein Mensch kann nicht durch persönlichen Einsatz eine Gesellschaft integrieren. Ideen und Ideologien verbinden eine Gesellschaft. Die Unternehmerrolle (**E**) ist unabdingbar für denjenigen, der Menschen zu integrieren wünscht, mit denen er nicht in persönlichem Kontakt steht. Man stellt daher fest, daß die Großgruppenorientierung für den Unternehmer-Integrator charakteristisch ist. Die ausschließliche Ausübung der **E**-Rolle ist nicht geeignet, eine Gesellschaft zu integrieren, da der Brandstifter Ideen ausheckt, die nur in seiner Wahrnehmung der Realität entsprechen und oft Spaltungen und Konflikte unter seinen Mitarbeitern auslösen. Die **EI**-Kombination ist es, was einem Menschen über das Kleingruppenformat hinausgehende Führungsqualitäten verleiht. Diese Rollenkombination wird im Anhang noch ausführlicher erörtert werden. Hier konzentrieren wir uns auf das Einfühlungsvermögen des Integrators, seine Fähigkeit, die Wünsche und Hoffnungen seiner Umgebung festzustellen, und sein Geschick, einen Kurs zu steuern, der die Menschen vereint.
Ein erfolgreicher Integrator macht sich entbehrlich. Er wird Un-

tergebene haben, die imstande sind, ihn zu ersetzen. Der Zusammenhalt der Gruppe wird so stark sein, daß fast jedes Mitglied Handlungen initiieren, Programme verwalten und Resultate erzielen kann. Um ein militärisches Beispiel zu benutzen: wenn jeder Soldat eines Bataillons den Platz des Unteroffiziers einnehmen kann, falls dieser fällt, dann beweist dies, daß der Unteroffizier ein guter Integrator war. Wenn sich das Bataillon auflöst, sobald der Befehlshaber ausfällt, dann zeigt dies, daß er die Einheit ungenügend integriert hatte, obwohl er in anderer Hinsicht ein fähiger Kommandant gewesen sein mag.

Die Integrationsrolle hat verschiedene Komponenten, durch die sie erst funktioniert. Der Integrator ist sensibel gegenüber anderen – (d. h. einfühlsam), und er ist fähig zu deduktivem Denken – (d. h. er kann aus dem, was die Leute sagen, darauf schließen, was sie sagen wollen). Er hat selbst keine Ich-Probleme und ist deshalb imstande, mit den Erwartungen, Problemen und Bedürfnissen anderer Menschen umzugehen.

Die Rolle der Integration hat zwei Dimensionen (passiv und aktiv) und wirkt sich in drei Richtungen aus (nach oben, horizontal und nach unten).

Ein passiver Integrator kann sich selbst in eine Gruppe integrieren. Ein aktiver Integrator kann eine Gruppe untereinander integrieren. Vom Management *muß* aktive Integration ausgehen. Nachdem das **PAEI**-Modell das Management betrifft, befaßt es sich nur mit aktiver Integration.

Integration nach oben ist die Fähigkeit (aktiv), sich mit Leuten zu integrieren bzw. (passiv) sich integrieren zu lassen, die ihrem Status, ihrer Autorität, ihrem Rang. etc. nach höhergestellt sind. Horizontale Integration ist die Fähigkeit, sich selbst (passiv) mit Gleichgestellten zu integrieren oder Gleichgestellte (aktiv) zu einer festgefügten Gruppe zu verschmelzen.

Integration nach unten ist die Fähigkeit, mit rangniedrigeren Personen zusammenzuarbeiten. In der passiven Form schafft es der Integrator, von seinen Untergebenen akzeptiert zu werden. In der aktiven Form führt er, indem er unter seinen Mitarbeitern einen Zusammenhalt herstellt.

Der Handlungsmodus des Integrators wechselt je nach der Gruppe, mit der er oder sie arbeitet. Sehr effektive horizontale Integratoren üben die Integrationsfunktion nach unten oft nur mangelhaft aus. Ihren Untergebenen gegenüber neigen sie vielleicht zur Arroganz. Es ist ungewöhnlich, daß jemand ein aktiver Integrator nach allen Richtungen ist.[2]
Obwohl die **I**-Rolle für das adäquate Funktionieren des Managementprozesses notwendig ist, reicht sie für sich genommen nicht aus. Wie ist der Führungsstil eines Menschen beschaffen, der nur die Fähigkeit der Integration besitzt?

Der Superangepaßte

Der ausschließliche Integrator ist weder ein Unternehmer noch ein Produzent noch ein Administrator – er vereinigt lediglich Menschen im Dienste einer Sache. Ich nenne diesen Managertypus den Superangepaßten, weil er herauszufinden versucht, welcher Plan für die größte Zahl von Leuten akzeptabel ist, und weil er dann trachtet, sie auf diesen Plan einzuschwören. Das heißt, er führt im Grunde nicht – er folgt anderen.
Der ausschließliche Integrator hat keine eigenen Ideen, die er verwirklichen will (kein **E**), keine konkrete Resultate, die er erzielen möchte (kein **P**). Ebenso wie der Bürokrat, dem es gleichgültig ist, was er produziert, solange alles nach den Vorschriften läuft, macht sich auch der Superangepaßte wenig Sorgen darüber, was oder wie er integriert, solange der Anschein eines Konsens, einer »geschlossenen Front« besteht. Er ist nicht auf ein bestimmtes System festgelegt (kein **A**); er ist bereit, sich jedem System unterzuordnen, das einen *Anschein* von Übereinstimmung erzielt.
Ein Integrator beschäftigt sich ausschließlich mit den Interaktionen anderer. Als solcher ist er nicht durch die Grenzen seiner eigenen organisatorischen Einheit gebunden. Ein Integrator, der sich ernsthaft für andere interessiert, wird dieses Interesse sowohl innerhalb als auch außerhalb seiner Organisation an den Tag legen. Auf der anderen Seite bringt ein Integrator, der dazu neigt,

andere zu manipulieren, »Dinge mit Leuten zustande«, ob er diese Leute mag oder nicht.

Der ---**I**-Führungsstil ist in dem Koordinatensystem von Blake und Mouton im Bereich der niedrigen Aufgaben mit hohem Sozialfaktor angesiedelt.[3] Dieses Koordinatensystem hat zwei Achsen – Aufgabe und Orientierung auf Menschen. Blake und Mouton benutzen dieses System zur Darstellung von Managementverhalten. Ihrem Modell zufolge reagiert der Typus des Integrators äußerst sensibel auf die Meinungen anderer und möchte ihre Zustimmung gewinnen. Um Ablehnung zu vermeiden, vermeidet er es, andere abzulehnen. Er zieht es vor, die Meinungen, Haltungen und Ideen anderer zu akzeptieren, statt seine eigenen

Sam Rayburns Regel If you want to get along, go along!

durchzusetzen. »Die Folge ist«, schreiben Blake und Mouton, »daß die Überzeugungen, die er äußert, eher Reflexionen der Gedanken und Wünsche seines Chefs, seiner Kollegen oder seiner Untergebenen sind als seine eigenen Wünsche und Meinungen. Er hat in Fragen, die positive Führungsqualitäten erfordern, selten die Rolle des Initiators inne.«

Der Superangepaßte ist bei Konferenzen leicht zu identifizieren. Man stelle sich eine Konferenz vor, bei der die vier verschiedenen Managertypen vertreten sind – der Einsame Kämpfer (**P**---), der Bürokrat (-**A**--), der Brandstifter (--**E**-) und der Superangepaßte (---**I**). Der --**E**- redet am meisten. Typischerweise widerspricht ihm der Bürokrat (-**A**--) und erklärt, warum seine Pläne nicht durchführbar sind. Der Einzelkämpfer (**P**---) ist unruhig und geht entweder alle paar Minuten hinaus, um einen Anruf zu machen oder er erledigt Korrespondenz, während er den Vorgängen, die er als »Zeitverschwendung« betrachtet, nur teilweise Aufmerksamkeit widmet. Der Superangepaßte (---**I**) hört aufmerksam zu. Wer sagt was? Wo ist die Macht konzentriert? Er sucht nach den verborgenen Argumenten, bemüht sich die Motive aller Anwesenden und die Basis jeder Behauptung herauszufinden. Er bringt selten wirklich neue Alternativen ins Spiel und zögert nicht, seine Vorschläge abzuändern, solange sie eine zunehmende Zahl von Leuten akzeptabel finden.

Wenn es nicht gelingt, einen alle zufriedenstellenden Beschluß zu fassen, wird der Superangepaßte, wenn er den Vorsitz führt, einen Unterausschuß einsetzen, der das Problem weiter studieren soll. Er wird die Entscheidung auf ein anderes Mal verschieben, in der Hoffnung, daß sich bis dahin ein Konsens oder ein Kompromiß ergibt.

Wenn die Untergebenen des Einsamen Kämpfers Laufburschen sind, die des Bürokraten Jasager und die des Brandstifters Claqueure, dann sind die Mitarbeiter des Superangepaßten »Informanten« und »Öler«. Ihre Aufgabe besteht darin, den Chef auf dem Laufenden zu halten und ihm zu helfen, die Maschine »zu schmieren«. Es ist ihre Pflicht, den Chef über alle »Neuigkeiten« zu informieren. Sie müssen stets auf dem neuesten Stand sein und ihr Wissen über Leute, Positionen, Einstellungen und Meinungen mit ihm teilen.

Wenn der Superangepaßte freie Zeit hat, verbringt er sie mit gesellschaftlichen Kontakten, er hört sich Beschwerden an und versucht, die Unzufriedenen davon zu überzeugen, daß die Situation nicht so schlimm sei wie sie scheine.

Die Untergebenen informieren den Superangepaßten nicht über wirklich tiefreichende Konflikte. Er ist nicht imstande, mit Situationen fertigzuwerden, in denen er einen eigenen Standpunkt beziehen muß; dazu fehlt es ihm gewöhnlich an Rückgrat.

Der Superangepaßte möchte oberflächliche Konflikte beseitigen. Diese gehen sicherlich nicht von ihm aus. Er fühlt dadurch den Anschein von Einigkeit bedroht, der ihm so wichtig ist. Er interpretiert die Spannungen, von denen Konflikte begleitet sind, als Ablehnung seiner Person. Er bemüht sich, Spannungen abzubauen, um, wenn auch nur kurzfristig, Einigkeit zu erzielen, gleichgültig, welcher langfristige Preis dafür zu bezahlen ist. Dieses Verhalten wurde auch von Blake und Mouton beobachtet, die dazu bemerken, daß ein solcher Mensch selten Konflikte vom Zaun bricht und daß er, falls es dennoch zu Konflikten zwischen ihm selbst und anderen oder zwischen anderen kommt, die Erregung zu glätten versucht. Wann immer Spannungen zwischen Leuten auftreten, bemüht sich der Superangepaßte, sie abzubauen.[4]

Der Wunsch, Konflikte beizulegen, ist nicht in jedem Fall hilfreich. Eine Verhaltensweise, die zwar geeignet ist, ein kurzfristiges Bedürfnis zu befriedigen, mag für die Organisation auf längere Sicht gesehen nicht von Vorteil sein. Ein zwischen bestimmten Mitgliedern einer Organisation herbeigeführter Konsens kann deren unmittelbare Interessen auf Kosten der Interessen des Gesamtunternehmens befriedigen, dem auch Gruppen angehören, die nicht in den entscheidungsbefugten Gremien vertreten sind. Eine wichtige Rolle des Managers besteht darin, künftige Interessen zu vertreten. Der Superangepaßte interessiert sich weniger für diese als für die Interessen seiner augenblicklichen Gefolgschaft. Bell bezeichnet einen Menschen, der diesen Stil manifestiert, als den »Gefälligen«.[5] Der oder die Gefällige ist eifrig darum bemüht, die Sympathien der anderen zu erringen. Er hat ein starkes Bedürfnis, akzeptiert zu werden und sucht Beziehungen, die frei von Konflikten sind. Deshalb liebt er es nicht, Entscheidungen allein zu treffen. Er verläßt sich lieber auf die Gruppe als auf sich selbst.

Der Gefällige ist ein netter Mensch, der soziale Aufgaben gut erfüllt. Er setzt Humor und Witz ein, um Spannungen zu entschärfen. Er ist freundlich zu anderen und hat eine Antenne für ihre Gefühle. Wegen seines Wunsches, anderen gefällig zu sein, wechselt er rasch und leicht seine Meinung; das heißt, er hängt seine Fahne nach dem Wind. Bell zitiert einen Gefälligen, der während einer Vorstandssitzung sagte: »Ich bin wirklich der Meinung, daß wir uns eine neue Finanzquelle durch eine Aktienemission erschließen sollten.« Während er sprach, wurde bei anderen Direktoren Widerspruch laut. Fast ohne innezuhalten, setzte der Sprecher hinzu: »Aber ich bin nicht hundertprozentig überzeugt von dieser Lösung.«[6]

Der Gefällige kümmert sich wenig um die Effizienz einer Organisation. Die Arbeitsmoral seiner Untergebenen ist in der Regel gut, obwohl es ihm an Entschlossenheit, Zielstrebigkeit und Mut fehlt. Ein von einem Gefälligen geleitetes Unternehmen paßt sich typischerweise selektiv an seine Umwelt an. Dennoch erzielt es auf Grund seiner Zwanglosigkeit und seines fehlenden Bedachts auf Effizienz nur unterdurchschnittliche Resultate.

Es existiert der Ausspruch, daß sich ein Politiker um die nächste Wahl, ein Staatsmann hingegen um die nächste Generation Sorge mache. In diesem Kontext ist der Superangepaßte zweifellos ein Politiker. Er ist nicht bereit, ein Risiko einzugehen bzw. den nötigen Kampf für ein langfristiges Programm auf sich zu nehmen, der den kurzfristigen Konsens gefährden könnte. Der Staatsmann ist ein Führer, dessen gegenwärtige Strategie auf kurze Sicht gesehen nicht unbedingt Beifall erntet. Um einen Konsens herbeizuführen, der künftigen Generationen zugute kommen wird, müssen Projekte in Angriff genommen werden, deren Ausgang ungewiß ist. Das bedeutet Risiken, und der Superangepaßte (---**I**) geht keine Risiken ein.

Kurzlebige Interessengruppen florieren unter dem Superangepaßten, weil er ihnen nicht die Zielsetzungen des gesamten Unternehmens vor Augen hält, sondern das als Ziel ansetzt, was zu einem bestimmten Zeitpunkt von einem Konsens der am Entscheidungsprozeß Beteiligten gewünscht wird. Der Superangepaßte versucht nicht, sich über die kurzfristigen Interessen der Organisation zu stellen und die Richtung zu bestimmen, die die Organisation *einschlagen sollte.* Er stellt keinen existierenden Konsens in Frage. Er scheut die Konfrontation mit seinen Untergebenen. Er will nicht die Aggressionen auf sich lenken, die entstehen, wenn einer bestimmten Gruppe die Richtung nicht paßt. Er versucht, sich *mit* einer Richtung zu identifizieren, die das Unternehmen bereits akzeptiert hat, statt *für* das Unternehmen die Richtung festzulegen, die angesichts aller Voraussetzungen, mit denen das Unternehmen konfrontiert ist, am günstigsten wäre. Er fragt ständig: »Worüber sind wir uns einig?« Statt eigene Vorschläge zu machen, zitiert er andere: »Soundso meinte, daß... und soundso ist ebenfalls der Auffassung, daß...«

Jeder der bisher behandelten Managementstile war durch charakteristische Klagen gekennzeichnet. Der Einsame Kämpfer beklagt sich, daß er nie genügend Zeit habe. Der Bürokrat klagt, daß Vorschriften mißachtet werden. Der Brandstifter beklagt sich, daß seine eigentlichen Prioritäten nie berücksichtigt werden. Wenn sich der Superangepaßte überhaupt beklagt, dann gewöhnlich, um zu sagen, daß ihn jemand nicht richtig verstanden habe.

Die Reaktion der Untergebenen auf diese Form von Management kann von Begeisterung bis zu Apathie oder Rebellion reichen. Diejenigen, die von der Organisation alles bekommen, was sie wollen, werden den Superangepaßten akzeptieren. Auf der anderen Seite kann es zur Revolte kommen, wenn das Unternehmen einen Kurs verfolgt, der von einer Minorität als katastrophal erkannt wird.

Im Falle eines Machtkampfes zwischen Angehörigen der Organisation wird der Superangepaßte festzustellen versuchen, welche Seite wahrscheinlich gewinnen wird. Er wird sich dann auf die Seite des Siegers schlagen und an die Spitze der Bewegung zu setzen versuchen. Er wird sich bemühen, Einigkeit zu erzielen, indem er den beteiligten Parteien Kompromisse nahelegt. Er wird keine Unterstützung für eine umstrittene Alternative mobilisieren – speziell, wenn diese Konzessionen seitens der dominanten Gruppe erfordert.

Unter dem Superangepaßten können Machtkämpfe sehr unproduktiv sein. Die Leute streiten miteinander, während er sie alle ausmanövriert. Man vergleiche dies mit den anderen Managementstilen: Unter dem Einsamen Kämpfer gibt es kaum Machtkämpfe. Falls es sie gibt, ist er zu beschäftigt, um sich in sie einzumischen. Der Brandstifter manipuliert Machtkämpfe, entweder, indem er sie auslöst oder indem er sie für sein neuestes Projekt ausnutzt. Der Bürokrat wird einen Machtkampf ignorieren, solange dieser seine Kontrolle nicht gefährdet, und falls dies geschieht, wird er sich mit all seiner Macht dagegen wehren. Der Superangepaßte zieht Vorteile aus einem Machtkampf, den er kontrollieren kann. Da er keine langfristige, sinnvollere und Einigkeit stiftende Alternative präsentiert, sondern vielmehr für die vorherrschende, kurzfristige, akzeptable Alternative eintritt, wenn die Leute aneinandergeraten, ist die von ihm gespielte eini-

gende Rolle unentbehrlich und seine Position in der Organisation von zentraler Bedeutung.
Der Superangepaßte vereint die Mitarbeiter nicht wirklich. Zur Einigkeit ist eine tiefe Durchdrungenheit von gemeinsamen Zielen notwendig. Er interessiert sich mehr für den unmittelbaren Anschein von Einigkeit, der keine echte Einigkeit ist. Auf längere Sicht gesehen herrscht in der Gruppe keine Einigkeit – daher ihr dysfunktionales Verhalten.
Der Führungsstil eines Superangepaßten hat auch noch andere langfristige Auswirkungen. Da die Organisation je nach ihren inneren Machtverlagerungen entweder ihren Kurs wechselt oder unbeweglich wird, fehlt es ihr an einer einheitlichen und konsequenten, bewußt betriebenen langfristigen Politik. Die Organisation schwankt entweder von einer Richtung in die andere oder hält ungeachtet ihrer wirklichen Bedürfnisse stur an einem Kurs fest. Beide Entwicklungen sind für die planvolle, effektive Anpassung einer Organisation an ihre Umweltbedingungen nicht wünschenswert.
Der Superangepaßte bildet gern Leute aus, aber er konzentriert sich dabei vorwiegend auf die zwischenmenschlichen Beziehungen. Er will wissen, wer was über wen denkt, und er möchte, daß sich alle über alles einig sind. Er heißt jede Art von Ausbildung willkommen, die entweder die Fähigkeit, die menschliche Natur zu verstehen, verbessert oder zu dem Anschein von Einigkeit beiträgt.
Die Untergebenen des Superangepaßten durchschauen sehr bald seine Seichtheit. In seiner Gegenwart geben sie sich friedfertig und aufgeschlossen, weil sie wissen, daß der Superangepaßte Leute mag, die von anderen gemocht werden. Sie wissen, daß sie, um befördert zu werden, von anderen akzeptiert werden müssen. Früher oder später verbergen seine Untergebenen ihre wahren Gefühle vor ihm, da sie sich emotional ausgenutzt oder manipuliert fühlen. Um seine Aufmerksamkeit zu erregen, streuen die Untergebenen des Superangepaßten manchmal Gerüchte aus, daß die Einigkeit in Gefahr sei. Solche Gerüchte erfüllen nicht nur den Zweck, die sofortige Aufmerksamkeit des Superangepaßten

zu wecken, sie dienen auch dazu, »auf die sanfte Tour« einen Kollegen loszuwerden.
Die Zielsetzungen des Einsamen Kämpfers und des Bürokraten sind sehr kurzfristig. Der Einsame Kämpfer möchte, daß die Arbeit getan wird, und der Bürokrat möchte das System lückenlos intakt halten. Langfristige Ziele sind in den Unternehmungen des Brandstifters zu finden. Diese Ziele sind jedoch häufig verstreut. Der Superangepaßte *hat* eigentlich keine Ziele für die Organisation. Er sucht ständig den Konsens, und sein zielgerichtetes Verhalten könnte man mit dem eines Fischschwarmes vergleichen, der in der Richtung der vorherrschenden Strömung schwimmt. Die »Strömung« bestimmt auch die Richtung des Superangepaßten. Er ist ein Führer, weil er sich an der Spitze des »Schwarmes« befindet. Wenn der ganze Schwarm die Richtung ändern, fragt er: »Wohin soll ich euch führen?«

> Es wird berichtet, daß Robespierre während der französischen Revolution eines Nachmittags in einem Bistro saß, als eine Gruppe von Jakobinern vorbeistürmte. Schnell trank er seinen Wein aus, mit der Bemerkung: »Da laufen meine Leute. Ich muß ihnen folgen und schauen, wo sie hinlaufen, denn ich bin ihr Anführer.«

Die Art und Weise, wie in einer Organisation Entscheidungen zustande kommen, liefert Hinweise auf den vorherrschenden Führungsstil. Die Entscheidungen des Einsamen Kämpfers basieren gewöhnlich auf technischem Wissen. Er will im Grunde nicht viel Zeit auf das Fassen von Beschlüssen verschwenden, da es ihn drängt, an die Arbeit zu gehen und sie in die Tat umzusetzen. Der Bürokrat hingegen ist nicht sehr entscheidungsfreudig. Er möchte, daß Beschlüsse *schriftlich* abgefaßt werden, damit er anderen die Verantwortung für irgendwelche Normverstöße zuweisen kann. Dies steht in scharfem Kontrast zum Vorgehen des Brandstifters, der seinen Beschluß so unverbindlich wie möglich halten möchte. Das heißt, er will ihn nicht schriftlich fixieren. Er möchte nicht durch unumstößliche Beschlüsse behindert oder eingeengt werden. Der Superangepaßte neigt dazu, Entscheidungen so weit wie möglich zu vermeiden. Wenn Beschlüsse existieren, sucht er ihnen die allgemeine Zustimmung zu sichern. Er trifft selten persönlich eine Entscheidung.

Der Managementprozeß erfordert eine Reaktion auf die Chancen und Gefahren der Umwelt. Der Einsame Kämpfer steckt so tief in der Arbeit, daß er weder Gefahren noch günstige Gelegenheiten wahrnimmt. Der Brandstifter ist dagegen so von sich bietenden Gelegenheiten in Anspruch genommen, daß er unmittelbare Gefahren nicht erkennt. Der planerische Zeithorizont des Einsamen Kämpfers erstreckt sich oft nicht weiter als bis zur nächsten Woche. Er muß zuviele Brände löschen, um sich darüber den Kopf zerbrechen zu können, was diese auslöst. Der Brandstifter auf der anderen Seite hat eine Abneigung gegen Planung, da diese bedeutet, daß er sich zu etwas verpflichten muß. Er möchte sich alle seine Optionen offenhalten, er möchte ungebunden sein, um nach Belieben die Richtung wechseln zu können. Planung bedeutet für ihn hauptsächlich Ideen aushecken, Meinungen austauschen und sich in Begeisterung versetzen. Sie besteht für ihn in der Diskussion nicht des Machbaren, sondern des Wünschenswerten.

Der Bürokrat sieht in der Planung einen Mechanismus, um seinen Normenkatalog fest zu etablieren. Für ihn ist Planung im Grunde dasselbe wie das Aufstellen von Terminplänen, das Koordinieren von Details, die Schaffung von Kontrollpunkten und die Einführung eines Berichterstattungssystems.

Der Superangepaßte möchte die Planung als ein Instrument zur Integration verwenden. Er benutzt sie als Mittel zum Austausch von Ansichten, als bewußtseinsbildende Erfahrung, bei der die Leute ihre individuellen Hoffnungen und Erwartungen äußern, als Gelegenheit zur Identifizierung von Konflikten, die er danach lösen kann. Er sagt etwa: »Träumen Sie mal... Welche Phantasien haben Sie? Welche Szenarien schweben Ihnen für die Zukunft vor?« Sobald die einander widersprechenden Hoffnungen und Erwartungen geklärt sind, versucht er sie oberflächlich zu integrieren, da ihm die Qualitäten fehlen, die zur Lösung tiefsitzender Differenzen nötig sind.

Wenn ein Superangepaßter eine Organisation verläßt, kann die von ihm herbeigeführte oberflächliche Integration zerfallen. Verschiedene Manager der mittleren Ebene beginnen dann wahrscheinlich in verschiedene Richtungen zu ziehen und drohen, die Organisation zu zerreißen. Oft wird ein Administrator hinzugezogen, um das Problem zu lösen. An die Stelle der Integration von Menschen und der Bemühung um geeignete Kompromisse tritt dann ein Katalog von Vorschriften, der ungeachtet seines Werkes für die Organisation in einer sich wandelnden Umwelt Ordnung erzwingen soll.

Das gemeinsame Charakteristikum

Trotz all ihrer Unterschiede haben die vier Managementstile (**P---**, **-A--**, **--E-** und **---I**) ein Charakteristikum miteinander gemein. Sie sind alle inflexible Stereotypen. Menschen, die diese Stile repräsentieren, sind im Hinblick auf ihre Bedürfnisse oder ihr Verhalten keine ausgewogenen Persönlichkeiten. Sie sind eindimensional und eingleisig. Sie haben eine begrenzte Wahrnehmung dessen, was sie sind und was ihre Aufgabe im Leben ist.[7] Inflexibles, eindimensionales Verhalten ist für ein Unternehmen dysfunktional, da es Mismanagement verursacht. Aber, was noch wichtiger ist, Inflexibilität hat negative Auswirkungen auf die Person und ihre Fähigkeit, in der Organisation zu funktionieren. Jeder, der ausschließlich einen Führungsstil repräsentiert, wird aus diesem Grund zu einer Drohne (----), einem Fanatiker oder einem Märtyrer, falls er Glück hat. Die Drohne wird im nächsten Kapitel dargestellt.

Zusammenfassung des Superangepaßten-Stils

Persönlicher Stil
Ausschließliche Rolle: Die Integration von Menschen.
Persönliche Stärke: Erzielt Übereinstimmung, schließt Kompromisse.

Vorherrschendes Verhalten: Kompromisse herbeiführen, die Ideen anderer Leute integrieren.
Hauptaugenmerk: Ob das, was passiert, allgemein akzeptiert wird.
Ausgeprägteste Eigenschaft: Verbindlich, einfühlsam, menschen-orientiert, verständnisvoll; dankbar, in die Geheimnisse der Organisation eingeweiht zu werden.
Selbstbewertung: Hängt davon ab, wie zentral seine Rolle im Machtspiel ist.
Typische Klage: Wir kommen nicht so gut miteinander aus wie wir sollten.
Entscheidungsbildung: Nur wenn ein Gruppenkonsens vorhanden ist.
Wenn er freie Zeit hat: Macht er neue Konflikte ausfindig (manchmal auch eingebildete), die nur er lösen kann; verbreitet Gerüchte oder sammelt Informationen, die die Existenz solcher Konflikte bestätigen.
Bevorzugter Mitarbeitertyp: Leute, die sich unterordnen; Leute, die nicht im Zentrum von Cliquen stehen wie er selbst.

Die Untergebenen
Typus: »Verbreiter von Sonnenschein«.
Untergebene werden befördert: Wenn sie sich vertragen.
Wofür Untergebene gelobt werden: Verträglichkeit.
Was ihm die Untergebenen verschweigen: Ihre wahren Gefühle, falls diese einen Konsens zerstören.
Dysfunktionales Verhalten von Untergebenen: Streuen Gerüchte aus, um Aufmerksamkeit zu erregen.

Zeiteinteilung, Mitarbeiterbesprechungen und Führungsstil
Betritt und verläßt die Arbeitsstätte: Zur angemessenen Zeit; wie man es von ihm erwartet.
Untergebene kommen und gehen: Mit ihm.
Häufigkeit und vorherige Ankündigung von Mitarbeiterbesprechungen: Regelmäßig; wie es erwartet wird.
Anwesender Personenkreis: Anwesenheit ist erwünscht.

Agenda: Nicht vorgeschrieben; was den Leuten auf den Nägeln brennt.
Wer spricht bei den Konferenzen: Jeder, der möchte, und jeder, der ein menschliches Problem hat.
Ausbildungsmethode: Schwerpunkt liegt auf den zwischenmenschlichen Beziehungen.
Einstellung zu systematischem Management: Ist diesem gegenüber mißtrauisch; ist abgeneigt, wenn es die Konflikte institutionell löst; bekämpft es, wenn er dadurch die Pseudoeinigkeit bedroht sieht, die er herbeiführt, oder wenn es ihn entbehrlich macht.
Einstellung zu Konflikten: Mag sie, wenn ihm die Lösung übertragen wird.
Einstellung zu Veränderungen: Akzeptiert sie, wenn sie seine Rolle als Konfliktlöser festigen und die Einigkeit nicht gefährden.
Interessenschwerpunkt und Art von Informationen, die er schätzt: Informationen darüber, wer über welche Fragen wie denkt; gibt sie nicht weiter.
Schwerpunkt der Kreativität: Durch ihn integriert.

Einstellung zu anderen Führungskräften:
Ausschließlicher Produzent (Einsamer Kämpfer **P**---): Akzeptiert er.
Ausschließlicher Administrator (Bürokrat -**A**--): Mag er nicht.
Ausschließlicher Unternehmer (Brandstifter --**E**-): Arbeitet er zu.
Ausschließlicher Integrator (Superangepaßter ---**I**): Mißtraut er.
Drohne (----): Mag er.

Anmerkungen

1. Über die Rolle der Integration siehe P. R. Lawrence und J. W. Lorsch, »New Managerial Job: The Integrator«, *Harvard Business Review,* 45 (November 1967), 142–51.

2. Die I-Komponente ist, wie bereits dargelegt, für gutes Management auf allen Ebenen wesentlich, weil sich der Manager zur Erreichung betrieblicher Ziele anderer bedienen muß. Dort, wo es dem Management gelungen ist, die einzelnen Betriebsangehörigen in eine Gruppe zu integrieren, können wir eine stärkere Identifizierung mit der Firma, größere Befriedigung durch die Arbeit und bessere Leistungen erwarten. Die Bedeutung zwischenmenschlicher Beziehungen für den erfolgreichen Betrieb eines Unternehmens ist in der Literatur wiederholt demonstriert worden. Argyris stellte fest, daß das Können des Arbeiters und sein Stolz auf seine Arbeit in direkter Beziehung zu seinen Freundschaften am Arbeitsplatz stehen. Vgl. Chris Argyris, »The Fusion of an Individual with the Organization«, *American Sociological Review* 19, (1954), 145–67; und derselbe, »Personality vs. Organization«, *Organizational Dynamics,* 3 (1974) Nr. 2, 2–17.
   Ein ähnlicher Zusammenhang zwischen Kompetenz und Grad der Integration im Betrieb wurde von Blau in einer Untersuchung von Beamten der Exekutive berichtet. Siehe Peter M. Blau, »Pattern of Interaction among a Group of Officials in a Government Agency«, *Human Relations,* 7 (1954), 337–48.
3. Robert Blake und Jane Mouton, *The Managerial Grid* (Houston: Gulf Publishing 1964). S. 75
4. Ebenda
5. Gerald Bell, *The Achievers* (Chapel Hill, N. C.: Preston Hill, 1973), 7. Kapitel.
6. Ebd, S. 77
7. Ich bin Bob Tannenbaum von UCLA zu Dank verpflichtet, der mich auf dieses gemeinsame Charakteristikum aufmerksam machte.

5. ----: *Die Drohne*

Der Drohnen-Stil

Was passiert, wenn ein Manager keine der vier genannten Rollen gut spielt? Er ist kein Integrator, weil er nicht über die soziale Sensibilität oder die Fähigkeit zur Kommunikation verfügt. Er ist kein Unternehmer, weil er weder kreativ ist, noch fähig, Risiken einzugehen. Er ist kein Administrator, weil er nicht organisieren, delegieren, koordinieren und motivieren kann oder was auch immer sonst notwendig ist, um eine bestimmte Aufgabe zu erfüllen. Er scheitert auch als Produzent, weil er technisch nicht genügend versiert oder resultatorientiert ist.

Eine Person, die sich in einer leitenden Position befindet, aber keine der Führungsrollen ausübt, ist eine Drohne (----). Wie kann eine Drohne ein Manager sein? Nepotismus ist eine Erklärung – Leute gelangen auf Grund familiärer Beziehungen in Stellungen. Aber solche Fälle sind weniger häufig als die im Betrieb gezüchtete Drohne. Bevor wir jedoch analysieren, wie ein Unternehmen eine Drohne hervorbringt, wollen wir erst einmal deren Verhalten beschreiben.

Verhalten

Die Drohne ist apathisch. Sie wartet darauf, daß man ihr sagt, was sie tun soll. Sie produziert nicht; sie verwaltet nicht; sie sprüht keine Funken wie der Brandstifter, und sie beteiligt sich nicht an

Machtintrigen wie der Superangepaßte. Wenn sie irgendwelche guten Ideen oder Meinungen über andere hat, so behält sie diese für sich.
Die Drohne macht sich in erster Linie darüber Sorgen, ob und wie sie sich bis zur Pensionierung halten kann. Ihr Ziel ist, die kleine Welt zu beschützen, die sie sich geschaffen hat. In ihrer freien Zeit sieht sie sich nach Erfolgen um, die sie auf ihr Konto verbuchen kann. Veränderungen sind eine ernste Gefahr für sie. Sie weiß, daß jeder Wandel ihre Position gefährdet. Um ihre Überlebenschancen zu maximieren, wehrt sie sich gegen Veränderungen, schreibt Erfolge anderer sich selbst zu und vermeidet es, irgend etwas Neues zu beginnen (Aufgaben, Projekte etc.).
Die Einstellungspraktiken der Drohne sind von ihrer Überlebensstrategie geprägt. Sie bevorzugt nicht allzu intelligente Untergebene und geht sogar so weit, diejenigen zu befördern, die weniger leisten als sie selbst. Die von der Drohne ausgehende Hauptgefahr ist deshalb, daß sich unter ihr weitere Drohnen ansammeln. Untergebene, die weiterkommen und sich entwickeln wollen, sind völlig frustriert von einem Drohnen-Chef. Sie gehen weg, und die Zurückbleibenden werden zu Drohnen. Auf diese Weise kann ein Drohnen-Manager ein krebsartiges Ungleichgewicht in er Firma hervorrufen.
Die Drohne kennt keine Klagen. Sie meint, daß Klagen ein schlechtes Licht auf sie werfen, deshalb versichert sie immer: »Alles läuft ausgezeichnet; wir machen sehr gute Fortschritte.« Die Firma kann inzwischen Pleite machen.
Die Drohne bildet Leute aus, aber sie ist nicht mit ganzem Herzen bei der Sache. Warum sollte sie ihren eigenen Nachfolger ausbilden? Wozu die Eile? Sie tut also nur so, als bilde sie Leute aus.
Die Drohne hat Angst vor Konflikten, die Veränderungen mit sich bringen könnten. Sie versucht deshalb, Konflikte zuzudekken und als bloße Mißverständnisse hinwegzuerklären.
Planen, Organisieren und Kontrollieren sind nur Worte für die Drohne. Sie bedeuten mehr Arbeit. Da sie kein Produzent, kein ausführendes Organ, kein Unternehmer und keine Integrationsfigur ist, bleibt der Managementprozeß ein bloßes Ritual für sie.

Dieses Ritual vollzieht sie mit Hingabe, aber nur um ihres eigenen Überlebens willen.
Früher einmal hat die Drohne vielleicht einem der vier obengenannten Typen angehört, und sie weist auch noch Spuren ihrer damals vorherrschenden Persönlichkeitsmerkmale auf. Von Zeit zu Zeit erinnert sie immer noch an den begeisterten Brandstifter oder den pedantischen Bürokraten, der sie einmal war. Aber sobald sie zur Drohne geworden ist, zeichnet sie sich vor allem durch ihren reduzierten Stoffwechsel aus. Der Betreffende raucht oder trinkt viel. Er hustet, summt und nickt zustimmend mit dem Kopf, er vertraut einem an, wie erfolgreich er ist oder früher einmal war oder künftig sein wird, aber man spürt, daß nicht viel von ihm zu erwarten ist.
Er ist jedoch sehr umgänglich, freundlich und ungefährlich. Man mag ihn, so wie man einen freundlichen alten Onkel mag, aber man respektiert ihn nicht. Die Leute finden sich mit ihm ab und wollen ihn nicht verletzen. Inzwischen hat aber das Unternehmen darunter zu leiden.
Die Drohne hat gewöhnlich keinen Anschluß an das Informationsnetz. Erhält sie einmal Zugang zu Informationen, dann freut sie sich darüber und macht sobald wie möglich von diesen Gebrauch. Sie mögen ohne Bezug zu der Situation sein, aber ihr Besitz beweist dem Rest der Firma, daß sie noch nicht ganz abgehängt ist und noch Lebenszeichen von sich gibt.

Borens Gesetze
Erstes Gesetz: Wenn Du Macht hast, überlege.
Zweites Gesetz: Wenn Du Probleme hast, delegiere.
Drittes Gesetz: Wenn Du Zweifel hast, murmle.
Aus Thomas L. Martin, Jr., *Malice in Blunderland* (New York: McGraw-Hill, 1973) S. 74.

Bell identifiziert und beschreibt einen Persönlichkeitsstil, den er »den Vermeider« nennt.[1] Der Vermeider hat Ähnlichkeit mit unserer Drohne. Er drückt sich vor Entscheidungen und läßt andere die Aufgaben und Zielsetzungen bestimmen. Wenn möglich,

wählt er Aufgaben, deren Ziele feststehen und die relativ leicht zu erfüllen sind. Bells Vermeider hat eine niedrige Toleranzschwelle für Kritik oder Herabsetzungen. Er wendet daher viel Energie dafür auf, Schwierigkeiten aus dem Weg zu gehen.
Eine von einem Vermeider geführte Organisation hat die Tendenz zu schrumpfen. Statt sich an die Erfordernisse der jeweiligen Situation anzupassen, ignoriert er sie und verliert dadurch den Kontakt zur Außenwelt. Wie Bell schreibt: »Unter seiner Leitung wird seine Abteilung allmählich unsichtbar.« Das Schlimmste, was passieren kann, ist, eine Drohne an der Spitze eines Unternehmens zu haben. Es bedeutet, daß das ganze Unternehmen eingehen wird. Obwohl eine solche Betriebsführung sich manchmal als konservativ zu tarnen versucht, ist sie moribund. Manchmal handelt es sich um einen alten »Leitenden«, der müde ist und nicht mehr arbeiten oder produzieren will. Er will sich nicht mehr ändern; er ist zufrieden mit dem, was er in der Vergangenheit geleistet hat.

Rangnekars Regeln für das Vermeiden von Entscheidungen

1. Regel: Wenn Du eine Entscheidung vermeiden kannst, dann tu es.
2. Regel: Wenn Du eine Entscheidung vermeiden kannst, dann sag' es ohne Zögern.
3. Regel: Wenn Du jemand anderen dazu bringen kannst, eine Entscheidung zu vermeiden, dann vermeide sie nicht selbst.
4. Regel: Wenn Du einen einzelnen nicht dazu bringen kannst, die Entscheidung zu vermeiden, dann ernenne einen Ausschuß.

Aus Thomas L. Martin Jr., *Malice in Blunderland* (New York: McGraw-Hill, 1973) S. 77 und 78.

Ursprünge

Wie wird man zu einer Drohne? Jeder Manager, der einen der vier genannten Stile »rein« verkörpert, kann wegen seiner Inflexibilität und Einseitigkeit zu einer Drohne werden. Die eindimensionale Persönlichkeit brennt entweder sich selbst aus oder das Unternehmen.

Nehmen wir beispielsweise den Einsamen Kämpfer (**P**---). Die meisten arbeitenden Menschen produzieren durch ihre Arbeitsleistung durchschnittliche Ergebnisse, aber manche scheinen zu Superleistungen fähig zu sein. Immobilienhändler schildern ihren »Starverkäufer« etwa folgendermaßen: »Der Typ ist ein phantastischer Selbststarter. Er ist ständig auf Achse. Er ist nie im Büro, sondern immer unterwegs, um neuen Interessenten Häuser zu zeigen oder Häuser ausfindig zu machen, die er verkaufen könnte. Als er in unsere Firma eintrat, war er innerhalb von drei Monaten (maximal nach einem Jahr) der beste Verkäufer. Er verdiente Geld wie Heu!« Aber nach zwei, drei Jahren ist ein solcher Verkäufer ausgebrannt. Sein Stern sinkt, und er wird zum Durchschnitt oder, noch schlimmer, zur Drohne.

Man kann sein **P** aus verschiedenen Gründen verlieren. Der übliche Grund ist psychische Erschöpfung, aber auch eine plötzliche Änderung der Technik, Resultate zu erzielen, kann einen Einsamen Kämpfer (**P**---) in eine Drohne (----) verwandeln.

Außerdem ist der **P**--- ja de facto bereits zu drei Viertel eine Drohne. Wenn er sein **P** verliert, wird er zu einer kompletten Drohne.

Ein **P**--- ist so damit beschäftigt, den Abschluß zu tätigen, daß er keine Zeit hat, das Ganze im Auge zu behalten. Er hat kein Gespür für Veränderungen des Marktes; er nimmt wirtschaftliche Trends nicht wahr; er gibt sich keine große Mühe, Kunden zu pflegen, die in späteren Jahren wiederkommen werden. Schließlich nimmt auch sein persönlicher Vorzug, die Fähigkeit zu verkaufen, ab. Es wird zunehmend schwieriger für ihn, die Resultate zu erzielen, die zu erzielen er gewohnt ist, deshalb arbeitet er noch angestrengter und nimmt seine Umwelt noch weniger wahr. Der Prozeß setzt sich fort, bis er ausgepumpt ist. Dieses Phänomen ist so verbreitet, daß viele Immobilienmakler erklären, durchschnittliche Verkäufer seien ihnen in ihrer Firma lieber als sogenannte Starverkäufer.

Da der Einsame Kämpfer fast ausschließlich auf kurzfristige Resultate hin orientiert ist, hat er keine Zeit, andere auszubilden. Was noch schlimmer ist, er hat auch keine Zeit, sich selbst weiterzubilden. Im Laufe der Zeit wird er eine obsolete Drohne. Ein Mensch, der sich etwas auf seine zwanzigjährige Erfahrung zugute hält, hat oft bloß dieselben Erfahrungen zwanzig Jahre lang wiederholt. Wenn jemand nichts anderes tut, als Jahr für Jahr dieselben Methoden zu praktizieren, dann überlebt er sich mit der Zeit selbst.

Das Schicksal des Einsamen Kämpfers, der zur Drohne wird, hat etwas Tragisches an sich. Der Einsame Kämpfer ist, wie man sich erinnern wird, ein sehr fleißiger Mensch. Er widmet sein Leben der Firma und vernachlässigt gewöhnlich seine Familie. Auf Grund seiner Kurzsichtigkeit ist er so damit beschäftigt, »etwas zu tun«, daß er keine Zeit hat, neue Dinge zu lernen und sich weiterzuentwickeln. Jahre später arbeitet er immer noch hart, aber die Resultate sind nicht mehr das, was sie einmal waren. Er ist jetzt passé. Wenn der Augenblick kommt, da die Leistungsschwachen gefeuert werden, ist der Einsame Kämpfer vielleicht der erste, der gehen muß. Und er versteht gewöhnlich nicht, warum das Unternehmen so undankbar ist.

Ähnliche Probleme ergeben sich mit dem –**A**––. Statt auf Ergebnisse hinzuarbeiten, richtet der ausschließliche **A** sein Hauptaugenmerk auf die Einführung von Kontrollmaßnahmen. Auch er verliert das Gesamtbild aus den Augen. Seine Bemühungen, das vorhandene System unter Kontrolle zu halten, machen ihn so rigide, daß er einer drastischen Umgestaltung des Systems nicht gewachsen ist. Ein unerwarteter Umbruch der internen oder externen Umwelt reduzieren den –**A**–– zu einem ––––. Das Ausbrennen des **A** hat weiterreichendere Auswirkungen als das des **P**. Die Abteilung des **A** erleidet einen Zusammenbruch ähnlich wie ein schlecht synchronisierter Motor, der den Dienst verweigert. Plötzlich ist sie bewegungsunfähig; nichts läuft; nichts geschieht. Zu einer solchen Situation kommt es häufig, wenn die Abteilung eines Bürokraten einen neuen Computer erhält. Wenn die alten Regeln, nach denen der Bürokrat die Abteilung führte, Makulatur werden, kann er sich nicht anpassen; er wird zur Drohne oder unbrauchbar. Die A-Fähigkeit kann auch verlorengehen, wenn »neue Richtlinien in Kraft treten.« Unternehmen fusionieren oder gehen in neue Hände über. In den meisten solchen Fällen werden alte Leiter des Rechnungswesens oder Administratoren, die keine neuen Abläufe mehr lernen können, ausgesiebt.

Der typische Brandstifter (--E-) läuft Gefahr, zur Drohne zu werden, weil er sich ständig übernimmt. Bevor man sichs versieht, ist er überall und nirgends. Irgendwann geht ihm das Bargeld oder das Arbeitskapital aus. Dann macht sein Unternehmen pleite und wird von einer anderen Firma aufgekauft. Wenn der Brandstifter verkaufen muß, mag ihn der Käufer (mit einem Tritt nach oben) »befördern«. Er wird für einige Jahre einen Beratervertrag erhalten. Man wird ihm jedoch die Möglichkeit nehmen, irgend etwas Neues anzufangen.

Der Brandstifter kann auch zur Drohne werden, wenn auf Grund seines ständigen Kurswechsels »die Räder zusammenbrechen«. In diesem Fall kann der Brandstifter paranoide Züge entwickeln. Einerseits versichern ihm seine Untergebenen ständig, wie hart sie arbeiten, und sie scheinen auch hart zu arbeiten. Andererseits werden seine Projekte nicht verwirklicht und seine Anweisungen nicht befolgt. Er kommt zu der Überzeugung, daß es zwei Realitäten gibt – die eine, die er beobachtet, und eine andere, deren Existenz er argwöhnt. Wenn das geschieht, verliert er sein Selbstvertrauen und beginnt, sich in nichts aufzulösen.

Der Superangepaßte (---I) verliert an Bedeutung, wenn die Leute nicht mehr auf ihn hören. Entweder bietet er ihnen nicht mehr, was sie suchen, oder sie bekommen sein immer gleiches Vorgehen satt oder der Konflikt wird zu groß, als daß er ihn durch seine üblichen oberflächlichen Maßnahmen beilegen könnte. Auch kommt es irgendwann einmal soweit, daß sich neue Leute nicht mehr »der Gruppe« anschließen und der Superangepaßte somit in seiner Integrationsfunktion versagt.

Ein Superangepaßter (---I) kann auch zur Drohne (----) werden, wenn eine Führungspersönlichkeit mit stärkerem Charisma in das Unternehmen eintritt. Die Leute laufen dann nicht mehr hinter dem »Supermitläufer« her, und er wird ein ganz gewöhnlicher Mitläufer.

Der **P**---, -**A**--, --**E**- und ---**I** sind somit alle zu drei Vierteln Drohnen. Die Fähigkeiten dieser Leute sind weder weitgespannt noch flexibel genug, um ihnen die Anpassung an neue Situationen zu ermöglichen. Sie werden unfähig, zu produzieren, zu verwalten, unternehmerisch zu wirken oder zu integrieren, wie es nötig wäre. Sie brennen aus.

Obwohl das Phänomen des Ausbrennens in vielen Varianten auftritt, wurde es von Ralph Ablon treffend in seiner allgemeinsten Form beschrieben:

> Wenn tatsächlich einmal der günstige Fall eintritt, daß der richtige Mann zur richtigen Stunde erscheint, beginnt sich die Situation von da an zu verschlechtern, da sich die Zeit ändert, der Mann sich aber nicht ändern will. Früher oder später wird der Mann zu einem Anachronismus, weil er nicht mehr der Situation entspricht. Er kann sich nicht im gleichen Maße ändern, deshalb will er die Tatsache nicht akzeptieren, daß sich die Zeit geändert hat. Er verdammt die Welt, weil sie nicht zu seiner Stunde stehenblieb.

Veränderungen können also Drohnen hervorbringen, die sich mit der Zeit vermehren. Da sich die Drohne nicht beklagt, kann es sein, daß der »wuchernde Krebs« erst bemerkt wird, wenn es zu spät ist. Wenn Unternehmen nicht in einem Tempo, das zumindest dem der Umwälzungen entspricht, denen sie ausgesetzt sind, in Fortbildungs- und Entwicklungsprogramme investieren, werden sie Gefahr laufen, krebsartige Elemente (dysfunktionale Wucherungen) zu entwickeln, an denen sie früher oder später zugrunde gehen.

Wenn eine Drohne aus einem Unternehmen entfernt wird (sie geht gewöhnlich nicht freiwillig, sondern stirbt im Dienst, wird gefeuert oder geht in Rente) vermißt sie niemand, aber bis es endlich soweit ist, ist gewöhnlich auch die Firma am Ende. Es ist keine sinnvolle Aktivität, keine Kreativität und keine Integration der Mitarbeiter mehr zu verzeichnen.

P---, -A--, --E- und ---I können zu Drohnen (----) werden. Aber die eigentliche Gefährlichkeit solcher Manager liegt woanders. Dreivierteldrohnen bringen komplette Drohnen hervor. Die Laufburschen, die für den Einsamen Kämpfer arbeiten, und die Jasager-Typen, mit denen sich der Bürokrat umgibt, werden zu Drohnen. Die Claqueure, die dem Brandstifter zuarbeiten, lernen mit der Zeit, ihren eigenen Ehrgeiz zu unterdrücken und in seinem Schatten zu leben. Sie gewöhnen sich daran, »wenig zu tun, aber viel Lärm darum zu machen« – sie werden zu Drohnen. Auch die Untergebenen des Superangepaßten werden Drohnen. Sie wissen nicht, was *wirklich* zu tun ist. Sie werden des politischen Spiels überdrüssig, deshalb geben sie auf und folgen nur noch ihm nach. Wohin? Nirgendwohin, da der Superangepaßte keine Richtung weist.

Zusammenfassung des Drohnen-Stils

Persönlicher Stil

Ausschließliche Rolle: Kann nichts wirklich gut.

Persönliche Stärke: Hält sich aus Schwierigkeiten heraus.

Vorherrschendes Verhalten: Wartet, daß man ihm sagt, was er als nächstes tun soll.

Hauptaugenmerk: Kein ausgeprägtes Interesse, außer an seinem eigenen Überleben.

Ausgeprägteste Eigenschaften: Unterwürfig, freundlich, ungefährlich, nachgiebig, zustimmungsbereit.

Selbstbewertung: Hängt davon ab, wie erfolgreich er sich in der Organisation hält und wie weit er akzeptiert wird.

Typische Klagen: Keine.

Entscheidungsbildung: Meidet er.

Wenn er freie Zeit hat: Hält nach Erfolgen Ausschau, die er auf sein Konto verbuchen kann; dokumentiert Leistungen, die er sich zuschreiben kann.

Bevorzugter Mitarbeitertyp: Mäßig intelligente Leute, die keine

Gefahr für ihn darstellen; andere Drohnen; er befördert niemanden; stellt Leute seiner Art ein.

Die Untergebenen

Typus: Drohnen oder Leute, die keine Dauerstellung suchen.

Untergebene werden befördert: Wenn sie nichts tun; wenn sie keine Schwierigkeiten machen und keine Arbeitsrekorde brechen; meist werden sie nicht befördert – er blockiert alle Aufstiegsmöglichkeiten.

Wofür Untergebene gelobt werden: Alles, was sein Prestige vergrößert.

Was ihm die Untergebenen verschweigen: Alles; er wird gewöhnlich ignoriert.

Dysfunktionales Verhalten von Untergebenen: Sie tun in keiner Hinsicht viel; gerine Anstrengungen; keine Resultate; hohe Fluktuation; sie gehen, bevor es zu spät ist.

Zeiteinteilung, Mitarbeiterbesprechungen und Führungsstil

Betritt und verläßt die Arbeitsstätte: Wie es für sein Überleben nötig ist.

Untergebene kommen und gehen: Wie sie wollen.

Häufigkeit und vorherige Ankündigung von Besprechungen: Regelmäßig, aber in großen Abständen.

Anwesender Personenkreis: Hohe Absenzrate.

Agenda: Frühere irrelevante Erfolge.

Wer spricht bei den Konferenzen: Irgend jemand spricht; wenige, wenn überhaupt jemand, hören zu.

Ausbildungspraxis: Tut nur so, als ob, ohne wirklich etwas zu vermitteln.

Einstellung zu systematischem Management: Die Rituale ohne die Realität.

Einstellung zu Konflikten: Fürchtet sie aus denselben Gründen, warum er Veränderungen fürchtet; tarnt sie als bloße Mißverständnisse.

Interessenschwerpunkt und Art von Informationen, die er

schätzt: Alle Informationen, deren er habhaft werden kann; gibt sie nicht weiter.
Kreativität: keine

Einstellung zu anderen Führungskräften
Ausschließlicher Macher (Einsamer Kämpfer, **P**---): Benutzt er und beutet er aus.
Ausschließlicher Administrator (Bürokrat, -**A**--): Paßt sich an.
Ausschließlicher Unternehmer (Brandstifter, --**E**-): Hat eine Heidenangst davor.
Ausschließlicher Integrator (Superangepaßter, ---**I**): Mag er.
Drohne (----): Fühlt sich in seiner Gesellschaft wohl.

Anmerkungen

1. Gerald Bell, *The Achievers* (Chapel Hill, N. C.: Preston Hill, 1973), 4. Kapitel.

6. PAEI: *Der Lehrbuch-Manager*

Der Lehrbuch-Manager (PAEI)

Wie verhält sich der ideale Manager? Der Lehrbuch-Manager (**PAEI**) bringt Resultate hervor, er ist ein ausgezeichneter Administrator, Unternehmer und Integrator. Er oder sie ergreift systematisch Initiativen und integriert die menschlichen Leistungsquellen zu diesem Zweck. Er delegiert Verantwortung und er entwickelt kontinuierlich und systematisch die Absatzmärkte, die Produktionsmittel, die Kapitalgrundlage und die menschlichen Möglichkeiten des Unternehmens. Anders als der Einsame Kämpfer bewertet er sich nach den Leistungen *der Gruppe,* die ihm unterstellt ist, das heißt, inwieweit die Gruppenmitglieder gemeinsam und individuell ihre jeweiligen Ziele erreichen und wieweit er organisatorisch und durch seine Unterstützung zur Erreichung ihres Zieles *beigetragen* hat.

Wann immer es die Zeit gestattet, hört er sich aufmerksam an, was die Mitarbeiter sagen und was sie *nicht* sagen. Er ist sich der Notwendigkeit des Wandels bewußt. Er führt Veränderungen behutsam, selektiv und systematisch in planmäßiger Weise ein. Er scheut sich nicht, überdurchschnittlich intelligente und herausfordernde Leute einzustellen; er hält Ausschau nach menschlichem Potential und ist fähig, dieses zu erkennen. Er ist genügend selbstsicher und selbstverwirklicht, um Leute zu respektieren,

die so handeln wie er selbst. Er zeigt keine Anzeichen von Angst, indem er sich beklagt. Stattdessen äußert er konstruktive Kritik. Er bildet systematisch Leute aus. Er löst Konflikte auf staatsmännische Weise, indem er den Konsens durch Erhöhung des Erwartungshorizonts der Menschen herbeiführt und an ihr soziales Gewissen appelliert. Er ist sowohl zur Analyse fähig als auch handlungsorientiert; sensibel, aber nicht übermäßig emotional. Er strebt Ergebnisse an, aber nicht auf Kosten des Arbeitsablaufs. Er bemüht sich um maximale Harmonie des Ablaufs, aber nicht auf Kosten der nötigen kurzfristigen Resultate. Informationen monopolisiert er nicht und benutzt sie nicht als Machtquelle. Seine Untergebenen fürchten sich nicht, Mißerfolge zu berichten. Sie wissen, daß er vernünftig und unterstützend reagieren wird. Er befördert Leute mit Managementpotential und ermutigt konstruktive Kreativität. Sein Betrieb ist eine gut integrierte, zielorientierte Organisation, deren Mitglieder gut zusammenarbeiten, sich gegenseitig voll akzeptieren und dem Urteil der Betriebsleitung vertrauen. Seine Untergebenen legen kein dysfunktionales Verhalten an den Tag.
Sind sie je einem Manager begegnet, der der obigen Beschreibung entspricht? Haben Sie je die Funktionen eines **PAEI** ausgeübt?
Ich bezeichnete den **PAEI** als Lehrbuch-Manager, weil er nur in Lehrbüchern vorkommt.[1] Was inzwischen klargeworden sein sollte, ist, daß sich kein einzelner Mensch wie ein **PAEI** verhält. Die Lehrbücher, die sich mit Management befassen, gehen von einem vollkommenen Menschen aus, der nicht existiert.

> Die meisten Leute halten alle übrigen für inkompetent.
> Wandspruch im Büro von Professor Robert B. Andrews, UCLA.

McClelland vertritt die These, daß es drei grundlegende menschliche Bedürfnisse gebe: Das Bedürfnis nach Leistung (b/Lei), das Bedürfnis nach Macht (b/Ma) und das Bedürfnis nach Anschluß (b/An).[2] McClelland zufolge haben Leute mit einem starken Leistungsbedürfnis und einem heftigen Verlangen nach Erfolg eine ebenso starke Angst zu scheitern und suchen die Herausforderung. Sie setzen sich selbst schwierige Ziele, haben eine realistische Einstellung zu Risiken, ziehen es vor, persönlich die Verantwortung für Aufgaben zu übernehmen, schätzen spezifisches und promptes Feedback, neigen zur Ruhelosigkeit, mögen lange Arbeitszeiten, machen sich keine übertriebenen Sorgen, daß etwas schiefgehen könnte und schmeißen gern ihren eigenen Laden.[3]

Das Bedürfnis nach Macht korreliert mit der Neigung, Einfluß und Kontrolle auszuüben. Leute mit einem starken Bedürfnis nach Macht streben Führungspositionen an. Sie sind gute Gesprächspartner, diskutierfreudig, energisch, freimütig, durchsetzungsfähig und anspruchsvoll, sie unterrichten gern und sind gute Redner.[4]

Das Bedürfnis, sich an andere anzuschließen, ist bei Leuten vorhanden, denen es große Freude bereitet, geliebt zu werden, und die jede Ablehnung zu vermeiden suchen. Diesen Leuten ist es meist sehr wichtig, angenehme gesellschaftliche Kontakte aufrecht zu erhalten, und sie genießen das Gefühl der Intimität und des gegenseitigen Verständnisses. Sie sind bereit, Menschen in Schwierigkeiten zu helfen und sie zu trösten und sie genießen freundliche Interaktionen mit anderen.[5]

Man könnte die These vertreten, daß sich Leute mit einem starken b/Lei wie **P**--- verhalten, das heißt, das Bedürfnis, Resultate zu erzielen, könnte mit dem Bedürfnis, etwas zu leisten, gleichgesetzt werden. In ähnlicher Weise korreliert das Bedürfnis nach Macht (b/Ma) mit der administrativen Rolle und das Bedürfnis nach Anschluß (b/An) mit der Integrationsfunktion.

Früher hat McClelland die Auffassung vertreten, daß das Leistungsbedürfnis der wichtigste Indikator für den zu erwartenden Erfolg und die Leistungen eines Managers sei.[6] In einem kürzlich zusammen mit David Burnham veröffentlichten Artikel kam er jedoch zu etwas anderen Schlußfolgerungen:

> Während man meinen könnte, daß jeder ein besonderes Leistungsbedürfnis haben sollte, bewirkt dies de facto, wenn man von der Leistungsmotivation ausgeht, wie sie von Psychologen definiert und gemessen wird, daß sich die Leute auf ganz be-

stimmte Weisen verhalten, die nicht unbedingt einen guten Führungsstil kennzeichnen.

Zum einen wollen leistungsmotivierte Leute, weil es ihnen um persönliche Leistungssteigerung zu tun ist, möglichst viele Dinge selbst tun. Zum anderen wollen sie konkrete, prompte Rückmeldungen über ihre Leistung, damit sie wissen, wie gut diese sind. Doch der Manager, insbesondere in einer großen komplexen Organisation, kann nicht alle für den Erfolg nötigen Aufgaben selbst ausführen. Er muß andere so führen, daß sie bereit sind, sich für das Unternehmen einzusetzen. Auch kann das Feedback über die Leistungen seiner Untergebenen vager und mit größerer Verzögerung eintreffen, als es der Fall wäre, wenn er alles selbst täte.

Der Job des Managers scheint eher jemanden zu erfordern, der Leute beeinflussen kann, als jemanden, der die Dinge besser selbst erledigt. In Motivationsbegriffen ausgedrückt ist daher eher zu erwarten, daß der erfolgreiche Manager ein größeres »Machtbedürfnis« als Leistungsbedürfnis aufweist.[7]

Das alles klingt recht vertraut, nicht wahr? In diesem Artikel rückte McClelland drastisch von seinem früheren Standpunkt ab, daß das Leistungsbedürfnis die ausschließliche Meßlatte zur Identifizierung guter Führungskräfte sei. Der Spitzenmann mit einem ausschließlichen b/Lei erweist sich als Einsamer Kämpfer. McClelland vertritt jetzt die Ansicht, eine Kraft mit b/Ma, die institutionell orientiert ist, werde sich als besserer Manager erweisen als ein b/Lei. Nach unserem Code ist der Betreffende ein **PA?I**, jemand, der die Befolgung von Richtlinien zum Nutzen des Unternehmens und nicht aus Prestigesucht durchsetzt.

Wenn man die in verschiedenen Lehrbüchern enthaltenen Beschreibungen des Managers betrachtet, muß man sich wirklich fragen, wieviele Führungskräfte diesen Darstellungen in der Realität entsprechen. So fordern die Lehrbücher beispielsweise, daß ein guter Manager eine ausgewogene Persönlichkeit haben solle, was vorsichtig ausgedrückt, eine Seltenheit ist. Darüberhinaus soll er kenntnisreich, kreativ und ein logischer Denker sein; leistungsorientiert, menschenbezogen und unternehmensorientiert; intuitiv und dennoch rational; abstraktionsfähig und dabei detailbewußt; aufgeschlossen für die Bedürfnisse der Mitarbeiter und gleichzeitig bedacht auf die Erfordernisse der Firma; und so weiter und so weiter.

Solche Beschreibungen scheinen weniger dem Leben als einer Suche nach Vollkommenheit zu entspringen, die uns nicht sagt, was wir sein können, sondern was wir sein sollten.

Aber in der Realität scheint der **PAEI** nicht zu existieren. Wenn die Aufgabenorientierung im Modell von Blake und Mouton[8] dem **PE** entspricht und die Menschen-Prozeß-Orientierung dem **AI**, wieviele Personen erzielen dann eine Wertung von 9,9? Hersey und Blanchard zählen die Eigenschaften eines guten Managers auf und erklären gleichzeitig, daß Leute mit diesen Eigenschaften selten seien.[9] Die Psychologen und die Managementschulen versuchen, **PAEI**s hervorzubringen, aber dieses Unterfangen scheint zum Scheitern verdammt zu sein. Das einzige, was durch Ausbildung erreicht werden kann, ist, die Bindestriche aus dem **PAEI**-Code auszumerzen.

> Ich finde es sehr gefährlich, an Genialität zu glauben. Ich fürchte, sie ist äußerst selten. Wenn es sie gibt, dann im Hinblick auf die persönlichen oder individuellen Leistungen eines Menschen, sei es in der Malerei oder Musik oder was auch immer. Sicher gibt es so etwas nicht in einem Unternehmen. Jedes Unternehmen wäre äußerst gefährdet, wenn es davon abhinge, was ein einzelner zu tun vermag, selbst wenn man annimmt, daß es sich um eine außergewöhnlich fähige Persönlichkeit handelt.
>
> *Ralph Ablon*

Kein einzelner Mensch kann alle Fähigkeiten haben, die für eine effektive Unternehmensführung notwendig sind. Der optimale Manager, der Manager ohne Fehler, der **PAEI**, existiert nicht. Die Suche nach Persönlichkeiten, die alle Eigenschaften, Charakterzüge, Bedürfnisse und Verhaltensstile aufweisen, die für effektives Management erforderlich sind, muß fehlschlagen. Sie muß fehlschlagen, weil zuviele Persönlichkeitsmerkmale notwendig sind, um alle Managementrollen gleichermaßen gut auszufüllen und weil einige der erforderlichen Merkmale mit einander unvereinbar sind.

Peter Drucker hat dies erkannt. Er stellt fest:

> Ein besonderes Charakteristikum des Topmanagements ist, daß es die verschiedensten Fähigkeiten und vor allem Temperamente erfordert. Dazu zählen das Vermögen zu analysieren, zu denken, Alternativen abzuwägen und Meinungsverschiedenheiten auszugleichen. Aber dazu zählen auch die Fähigkeit, rasch und entschlossen zu handeln, Kühnheit und intuitiver Mut. Man muß mit abstrakten Ideen, Konzepten, Kalkulationen und Zahlen umgehen können. Man muß eine Antenne für Menschen, ein entwickeltes Bewußtsein, Einfühlungsvermögen und insgesamt ein lebhaftes Interesse an seinen Mitmenschen und Respekt für diese haben. Manche Aufgaben erfordern, daß der Betreffende selbst und auf sich gestellt arbeitet. Daneben gibt es Repräsentationspflichten und Public-Relations-Aufgaben, die man nur erfüllen kann, wenn man Spaß an Menschenmengen und Protokoll hat (wie im Falle von Politikern.)

»Die Aufgaben des Topmanagements«, schreibt Drucker, »erfordern zumindestens vier verschiedene Persönlichkeitstypen.« Drucker identifiziert diese als Denker, Macher, Menschenführer und Repräsentant.« Diese entsprechen sichtlich den Verhaltensstilen des **PAEI**-Modells. Drucker ist sich der Unvereinbarkeit der Charakteristika dieser vier Persönlichkeitstypen bewußt, denn er bemerkt, »diese vier Temperamente sind fast nie in ein und derselben Person vorhanden«.[10]

Obwohl Drucker nur über die temperamentmäßigen Voraussetzungen des Topmanagements spricht, bin ich der Auffassung, daß dieselben Anforderungen an alle Führungspositionen innerhalb einer Organisation gestellt werden müssen. Auch der (oder die) leitende Angestellte muß beispielsweise über sein Fach Bescheid wissen (**P**); muß administrative Fähigkeiten haben (**A**);

muß flexibel, anpassungsfähig und innovativ sein (**E**); und muß gut mit Menschen zurechtkommen (**I**). Bestenfalls besitzen einige wenige leitende Angestellte alle diese Qualifikationen. Das Management muß auf jeder Ebene gleichzeitig und mit demselben Grad an Perfektion auf die inneren und äußeren Umweltbedingungen, technologischen Probleme und Menschen reagieren. Aus diesem Grund ist der Lehrbuch-Manager auf allen Managementebenen eine Notwendigkeit.

> Lord Actons Gesetz
> Macht korrumpiert, und absolute Macht korrumpiert absolut.
> Aus Thomas L. Martin, Jr., *Malice in Blunderland,* (New York: McGraw-Hill 1973), S. 104.

Ein Unternehmen, an dessen Spitze eine Person steht, deren Stil dysfunktional ist, kann leicht in die falsche Richtung treiben. Joel Ross und Michael Kami sind der Auffassung, wenn Großunternehmen scheitern, sei dies die Folge eines Ein-Mann-Regimes.[11] Viele Multis verdanken ihren anfänglichen Erfolg der Führung durch einen Mann, durch den Boß, der alles zu wissen glaubte. Der Kollaps dieser Konzerne erfolgte rasch und dramatisch. Ross und Kami führen ihr Scheitern auf denselben Faktor zurück, der ihren ursprünglichen Erfolg bedingte. Es war keine Evolution zu einer längerfristigen Strategie erfolgt, und kein einzelner Mensch kann alles können.

Kein Mensch kann alle **PAEI**-Rollen gleichermaßen hervorragend spielen, da diese Rollen, wie bereits bemerkt, einander widersprechende Persönlichkeitsmerkmale erfordern. **A** und **E** stehen in Konflikt zueinander, weil **A** konservativ ist und Kontrolle wünscht, während **E** Veränderungen will. **P** und **E** stehen ebenfalls in Widerspruch, weil **P** in kurzen Zeiträumen denkt und daher rasche Rückmeldungen braucht, während **E** längerfristige Resultate anstrebt und Zeit benötigt, um sich zu entwickeln. **E** und **I** widersprechen einander, weil **E** reden möchte und **I** zuhören muß. Sehr wenige Menschen können gut reden *und* gut zuhören – mit anderen Worten, gut kommunizieren.

Die vier Rollen schließen sich zwar nicht gegenseitig aus, aber sie hemmen sich wechselseitig. Die Fähigkeit, eine der vier Managementfunktionen wirksam auszufüllen, behindert den Betreffenden häufig bei der Ausübung einer anderen.
So ist dem Machertyp, der sich gern an den funktionellen Arbeitsabläufen beteiligt, oft um die Zeit schade, die er mit Verwaltungskram zubringen muß. Beispielsweise würden viele Theaterintendanten lieber selbst inszenieren, als dazu andere Leute zu engagieren. Leiter von Architektenbüros äußern oft Widerwillen, daß sie verwalten, neue Aufträge an Land ziehen und andere motivieren müssen, die Entwürfe zu machen, an denen sie am liebsten selbst arbeiten würden. Auch die Leitung des Fachbereichs einer Universität fordert Wissenschaftlern, die gern in der Forschung tätig sind, persönliche Opfer ab. Hingegen leiden Professoren, die sich in der Administration wohlfühlen, an »Rückkehrdepressionen«, wenn ihr Mandat abläuft. Es fällt ihnen schwer, sich wieder in die Forschung einzuarbeiten, nachdem sie die Befriedigung kennengelernt haben, die ihre Machtbefugnisse ihnen gewährten.
Der Administrator, dem es Freude bereitet, ein System intakt zu halten, fühlt sich durch Umwälzungen bedroht und ist daher für die Rolle des Unternehmers nicht sonderlich geeignet. Der kreative Unternehmer läßt sich seinerseits nicht gern in ein System einspannen. Und der Integrator mit seinem Interesse für Menschen fühlt sich unwohl, wenn er Veränderungen initiieren soll, weil seine Leute vielleicht nicht bereit sind, diese zu akzeptieren.
Es ist deshalb höchst unwahrscheinlich, daß ein einzelner alle Qualitäten aufweist, die ihn für hervorragende Leistungen in allen vier Rollen prädestinieren.
Da der vollkommen effektive Manager nicht existiert, sind Untersuchungen, die sich mit den Merkmalen befassen, welche den *einzelnen* befähigen sollen, ein Unternehmen zu führen, auf der falschen Spur. Während sie die Merkmale des Leitenden studieren, ignorieren sie die komplementären Merkmale der von ihm Geführten.
Was wir uns stattdessen ansehen sollten, sind die *Führungsteams*.

Da kein einzelner ein **PAEI** sein kann, muß dies durch eine Kombination von Personen, eine »Management-Mix« zustandekommen. Dieses Mix besteht aus Leuten, die weder Mismanager noch **PAEIs** sind – es sind einfach Menschen.
Die Tatsache, daß jemand nicht ein **PAEI** ist, bedeutet nicht, daß er ein Mismanager sein muß. Zwischen einem Manager und einem Mismanager bestehen graduelle Unterschiede. Ein Leitender ohne Bindestriche in seinem Code – das heißt, eine Person, die imstande ist, alle vier Managementrollen auszuüben, selbst wenn sie nicht in allen glänzt – ist ein potentiell guter und nützlicher Manager, ohne ein **PAEI** zu sein. Was wir somit brauchen, sind Persönlichkeiten, die alle diese Rollen zu spielen vermögen, wenn auch mit unterschiedlichem Erfolg, und die gleichzeitig mit den anderen Mitgliedern des Führungsteams gut zusammenarbeiten können (Siehe ..... Kapitel).
Welche Rolle jemand übernehmen soll, wird von dem jeweiligen Betrieb, der Aufgabenstellung und den herrschenden Bedingungen abhängen. Sie ist auch durch die speziellen Fähigkeiten der anderen Mitglieder des Führungsteams bedingt. Weiter wäre zu erwarten, daß in den verschiedenen Entwicklungsstadien der Organisation unterschiedliche Anforderungen existieren. Wie sich das Verhalten einer Organisation im Laufe der Zeit verändert, wird im .... Kapitel dargestellt.

Zusammenfassung des Lehrbuch-Manager-Stils

Persönlicher Stil
Ausschließliche Rolle: Alle Rollen; Produzent, Administrator, Unternehmer und Integrator.
Persönliche Stärke: Fördert die persönliche Entfaltung ebenso wie die Entwicklung des Unternehmens.
Vorherrschendes Verhalten: Initiiert, innoviert, integriert, delegiert systematisch, entwickelt sich selbst und die Organisation, prognostiziert und adaptiert.
Hauptaugenmerk: Die langfristige Selbstbehauptung des Unternehmens.

Ausgeprägteste Eigenschaften: Reif, durchsetzungsfähig, selbstverwirklicht, selbstsicher, flexibel, analytisch, handlungsorientiert, kommunikativ, aufgeschlossen für die Bedürfnisse der Mitarbeiter und fähig, diese Bedürfnisse mit den Erfordernissen des Unternehmens in Einklang zu bringen.
Selbstbewertung: Hängt ab vom langfristigen Erfolg der Firma und von der guten Zusammenarbeit des Teams.
Typische Klagen: Möchte, daß die Leute unfruchtbares Nörgeln durch konstruktive Vorschläge ersetzen.
Entscheidungsbildung: Beteiligt andere; strategisch; teilt Resultate anderen mit. Tatkräftig.
Wenn er freie Zeit hat: Hört zu und denkt nach, bevor er handelt, plant für die Zukunft.
Bevorzugter Mitarbeitertyp: Leute, die etwas Zuwege bringen, das Unternehmen voranbringen, kooperieren und gute Teammitglieder sind; Leute wie er selbst.

Die Untergebenen
Typus: Unterschiedlich, aber alle sind Teammitglieder.
Untergebene werden befördert: Wenn sie Führungsqualitäten besitzen, durch Planung und Organisation ihrer Arbeit Resultate erzielen, kreativ und auf konstruktive Weise kritisch sind; wenn sie gute Teammitglieder sind.
Wofür Untergebene gelobt werden: Wenn sie etwas zum Arbeitsablauf und zu den Resultaten des Unternehmens beitragen.
Was ihm die Untergebenen verschweigen: Haben keine Angst, ihm über alles, einschließlich Mißerfolge, zu berichten.
Dysfunktionales Verhalten von Untergebenen: Ist leicht zu bemerken und wird von ihm konstruktiv behandelt.

Zeiteinteilung, Mitarbeiterbesprechungen und Führungsstil
Betritt und verläßt die Arbeitsstätte: Zu geregelten Zeiten bzw. wie es der Entscheidungsbildungsprozeß erfordert.
Untergebene kommen und gehen: Wie es ihre Aufgaben erfordern.
Häufigkeit und vorherige Ankündigung von Besprechungen: Re-

gelmäßig und/oder improvisiert, wie es die Umstände erfordern.
Anwesender Personenkreis: Wer zur Lösung einer Frage beitragen kann oder wer aus der Lösung des Problems etwas lernen kann.
Agenda: Strategische langfristige Planung.
Wer spricht bei den Konferenzen: Jeder, der einen wichtigen, relevanten Beitrag zu leisten hat; die anderen hören ihm zu.
Ausbildungspraxis: Man lernt voneinander.
Einstellung zu systematischem Management: Ist von dessen Wert überzeugt und praktiziert es.
Einstellung zu Konflikten: Unternimmt den staatsmännischen Versuch, sie konstruktiv zu lösen.
Einstellung zu Veränderungen: Führt sie behutsam, selektiv und systematisch ein.
Interessenschwerpunkt und Art von Informationen, die er schätzt: Informationen sind dort zu finden, wo sie gebraucht werden; gibt Informationen weiter, wann immer dies möglich ist.
Schwerpunkt der Kreativität: Konstruktiv, handlungsorientiert; ermutigt schöpferische Initiativen.

Einstellung zu anderen Führungskräften
Einstellung zu allen Arten von Mismanagern (**P---**, **-A--**, **--E-**, **---I**, **----**, **PA--**, **P-E-**, **P--I**, **PAE-**, **P-EI**, **-AEI**, **-A-I**, **-AEI**, **--EI**): Entwickelt oder verändert sie.
Einstellung zu allen Arten von Managern (**PAEI**, **pAei**, **paEi**, **paeI**, **paei**, **PAei**, **PaEi**, **PaeI**, **PAEi**, **PAeI**, **PAEI**, **pAeI**, **paEI** etc.): Fördert und integriert sie.

Anmerkungen

1. Zu den Autoren, die die Ein-Mann-Führung ablehnen, zählen u.a.: Harold Leavitt, *Managerial Psychology* (Chicago: University of Chicago Press, 1964), S. 297 ff; Joel E. Ross und Michael J. Kami, *Corporate Management in Crisis: Why the Mighty Fall* (Englewood Cliffs, N.J.: Prentice-Hall, 1973); und Peter F. Drucker, *The Effective Executive*, 1. Aufl. (New York: Harper & Row, 1967).

2. David McClelland, *The Achieving Society* (Princeton, N.J.: Van Nostrand, 1961).
3. Über Leistungsbedürfnis siehe auch John W. Atkinson, *An Introduction to Motivation* (Princeton, N.J.: Van Nostrand, 1964), S. 240 ff.; und Heinz Heckhausen, *The Anatomy of Achievement Motivation* (New York: Academic Press, 1967), S. 64 f.
4. Über Machtbedürfnis vgl. David C. McClelland, »The Two Faces of Power«; McClelland und Robert Watson, »Power Motivation and Risk Taking Behavior«; und David G. Winter, »The Need for Power«; alles in *Human Motivation*, Hsg. McClelland und Robert S. Steele (Princeton, N.J.: General Learning Press, 1973).
5. Über das Bedürfnis nach Anschluß, siehe auch: Richard E. Boyatzis, »Affiliation Motivation« in McClelland und Steele, *Human Motivation.*
6. David C. McClelland und David H. Burnham, »Power Is a Great Motivator«, *Harvard Business Review* 54, Nr. 2 (März–April 1976) S. 100 ff.
7. Ebd., S. 100 f.
8. Robert Blake und Jane Mouton, *The Managerial Grid* (Houston: Gulf Publishing, 1964).
9. Paul Hersey und K. H. Blanchard, *Management of Organizations* (Englewood Cliffs, N.J.: Prentice-Hall, 1972).
10. Peter F. Drucker, *Management: Tasks, Responsibilities, Practices* (New York: Harper & Row, 1973), S. 616
11. Joel Ross und Michael Kami, *Corporate Management in Crisis: Why the Mighty Fall* (Englewood Cliffs, N.J.: Prentice Hall, 1973).

7. Organisations-Stile

Der Lebenszyklus eines Unternehmens

paEi	Schwangerschaft	Urheber geht mit der Idee einer Unternehmensgründung schwanger
Paei	Geburt	Gründungsphase
PaEi	Kindheit	Wachstumsphase
pAEi	Jugend	Aufbauphase
PAEi	Erwachsenwerden	Blütezeit
PAeI	Mittlere Jahre	Stabile Phase
pAeI	Herbst des Lebens	Aristokratische Phase
–A–i	Pensionierung	Beginnende Bürokratie
–A––	Senilität	Bürokratie
––––	Tod	Bankrott

Entwicklungsphasen eines Unternehmens[1]

Bisher habe ich Management-Stile und ihre Auswirkungen auf die Mitarbeiter und auf die Betriebe dargestellt. In diesem Kapitel erörtere ich die *Verhaltensstile von Unternehmen.* Eine Firma oder eine Organisation, von der man erwarten kann, daß sie unter denselben Bedingungen auf dieselbe Weise reagieren wird, hat einen bestimmten Verhaltensstil. Ein gutes Beispiel dafür ist eine »Bürokratie«. Wer mit einer Bürokratie zu tun hat, weiß, daß er keine rasche Entscheidung erhoffen darf, und daß ihn ein langer Papierkrieg erwartet.

Menschen, Produkte, Absatzmärkte und selbst menschliche Gesellschaften haben Lebenszyklen. Sie werden geboren, wachsen, reifen, altern und sterben. In jedem Abschnitt, jedem Stadium oder jeder Phase ihres Lebens sind sie durch typische Verhaltensmuster oder -stile gekennzeichnet. Das Verhalten von Unternehmen wird unter Verwendung des **PAEI**-Codes dargestellt (siehe Abb. 1).

Die Schwangerschaft (**paEi**)
In diesem Stadium gibt es das Unternehmen noch nicht. Seine Gründer träumen lediglich davon, was sie tun könnten; sie gehen mit der Idee schwanger. Die Atmosphäre ist erregend; es werden Versprechungen gemacht, die später unverantwortlich erscheinen mögen, ohne hinreichende Beachtung der Tatsachen. Die Begeisterung wird von hektischer Aktivität begleitet. Man hat das Gefühl, daß die Gründer in Trance verfallen. Sie scheinen immer auf der Suche nach einem Publikum, das ihnen zuhört, wie großartig das alles sein wird. Sie scheinen in ihre Idee verliebt zu sein – sich selbst zu hypnotisieren.

Abbildung 1
PAEI – der Lebenszyklus eines Unternehmens

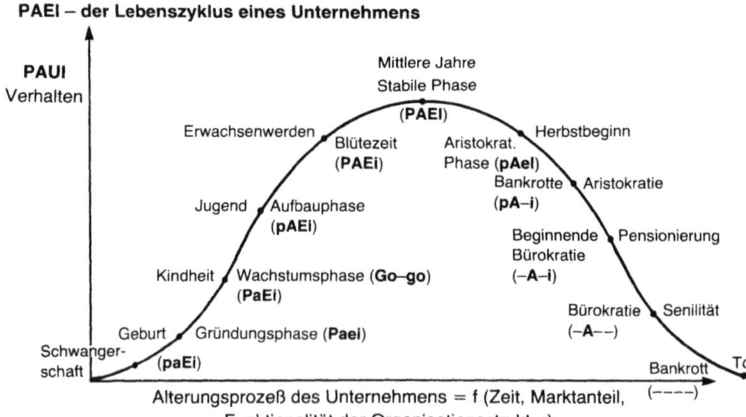

Es scheint, daß dieser Prozeß, anderen »die Idee zu verkaufen«, das eigene Engagement der Gründer verstärkt. Diese Akkumulation von Energie, Liebe und Einsatzfreude für die Idee ist eine unerläßliche Voraussetzung, wenn die Gründer ein Unternehmen vom Nullpunkt aus aufbauen wollen. Man könnte es mit einem Piloten vergleichen, der die Motoren vor dem Start auf Hochtouren bringt; die Maschine entwickelt eine unerhörte Schubkraft, ohne sich von der Stelle zu rühren.
Wenn Leute Pläne für die Gründung einer neuen Organisation vortragen, sollte man ihren »Lärmpegel« testen: Wie echt und dauerhaft ist ihr Engagement? Basiert es auf rationalem Kosten-Nutzen-Denken? Oder ist es ein emotionaler, wertüberfrachteter Begeisterungssturm und damit etwas fanatisch? Je größer die Aufgabe, desto unbedingter sollte ihr Engagement sein. Die Schwierigkeit einer Unternehmensgründung ist an der Komplexität des Aufbaus, an der zu überwindenden Durststrecke (wie lang wird es dauern, bis die ersten positiven Ergebnisse hereinkommen?) und an dem nötigen Maß von Innovation abzulesen (wieviele »heilige Kühe« müssen geschlachtet werden?). Ob ein neues Unternehmen wirklich Gestalt annimmt, hängt nicht nur von der ursprünglichen Idee, sondern auch vom dahinterstehenden Engagement ab; dieses sollte der Schwierigkeit entsprechen, ein solches Unternehmen auf lange Sicht konkurrenzfähig zu machen. Ist das Engagement unzureichend, dann verbraucht es sich schon bei den »Geburtswehen«, und es kommt ein totgeborenes Kind zur Welt.
Manche Ideen führen niemals zu einer Firmengründung. Das Engagement verpufft bei der ersten echten Feuerprobe. Man kann das Engagement testen, indem man Aufträge erteilt, die beträchtliche Opfer erfordern. Einer der Dekane der *Graduate School of Management* von UCLA hatte folgende Aufschrift an seiner Tür: »Warnung: Vielleicht verpflichte ich *Sie*, Ihre eigenen Ideen zu verwirklichen.« Wie ich hörte, veranlaßte dieses Schild manche kreativen Mitglieder des Kollegiums, noch vor der Tür mit ihren Vorschlägen kehrtzumachen.

Die Gründungsphase (**Paei**)

Es gibt verschiedene Zeichen, die anzeigen, daß ein Unternehmen »das Licht der Welt erblickt hat«. Gehälter sind auszuzahlen, Räumlichkeiten werden gemietet oder der Gründer kündigt seinen vorherigen Arbeitsplatz.

Die Geburt geht nicht ohne Schmerzen vor sich. Das Engagement wird auf die Probe gestellt, und den Gründern werden *echte* Opfer abverlangt. Ist die Gründung schließlich vollzogen, ändert sich der Verhaltensstil in unübersehbarer Weise. Die Hektik des Pläneschmiedens und die Begeisterung darüber, was man alles erreichen wird, sind nun nicht mehr gefragt. Die Unternehmerrolle (E) verliert rasch an Bedeutung und wird durch die Produzentenrolle (**P**, produzierte Resultate) ersetzt. In diesem Lebensabschnitt der Organisation zählt nicht mehr, was man denkt, sondern was man *tut*. Die Frage, die man dem Gründer stellt, bzw. die er an seine Angestellten richtet, lautet: »Was habt ihr *getan*? Habt ihr verkauft, produziert oder irgend etwas auf die Beine gestellt?« Die Träumer von gestern werden gemieden und entmutigt. »Ich habe keine Zeit zum Nachdenken«, lautet die typische Klage des Managers einer neugegründeten Organisation. »Ich habe einfach zuviel zu tun.«

Die in den Kinderschuhen steckende Firma hat wenige Richtlinien, Systeme, Verfahrensweisen oder gar Haushaltspläne. Das ganze administrative System besteht vielleicht aus einigen Notizen auf der Rückseite eines alten Briefumschlags, den der Gründer in seiner Westentasche trägt. In einem solchen Betrieb sind die meisten Leute einschließlich des Geschäftsführers draußen, um zu verkaufen – aktiv. Es finden nur wenige Mitarbeiterbesprechungen statt. Das Unternehmen ist stark zentralisiert und am besten als Ein-Mann-Schau zu beschreiben.

Das neugegründete Unternehmen braust mit vollem Tempo los, aber ohne seine Stärken und Schwächen zu kennen. Es ist wie ein kleines Kind, das zuschlägt, statt anzufassen, weil es noch nicht weiß, wieviel Druck es ausüben muß. Auch geht ein solches Unternehmen allzu große Verpflichtungen ein, in der irrigen Überzeugung, sie auch halten zu können. Später bemerken die Mitarbeiter, daß der Terminkalender schon voll ist und daß sie die Lieferfristen hinausschieben müssen. Wenn ein Produkt rechtzeitig eintrifft, dann fehlen vielleicht Teile oder es gibt keine Gebrauchsanweisung dazu. Eine solche Firma geht jedoch auf die Beschwerden ihrer Kunden ein. Ihre Angehörigen bemühen sich, sie aus der Welt zu schaffen, gewöhnlich, indem sie Wochenenden und Feiertage durcharbeiten.

In der neugegründeten Firma geht es sehr persönlich zu. Alle reden sich untereinander per Vornamen an, und es gibt kaum Rangunterschiede. Die Firma hat kein System, nach dem Leute eingestellt oder Leistungen bewertet werden. Leute werden geheuert, wenn man sie braucht, weil sie denjenigen imponieren, die sie einstellen. Gewöhnlich werden sie aufgefordert, sofort mit der Arbeit zu beginnen, denn die junge Organisation heuert die Kräfte, die sie braucht, meist mit Verspätung: Sie möchte morgen die Leute haben, die sie gestern gebraucht hätte. Befördert wird, wer Resultate vorweisen kann, oder wer es versteht, den Chef unter Druck zu setzen.

Ein solches Unternehmen ist wie ein Säugling: Es braucht in regelmäßigen Abständen seine »Milch« (Betriebskapital). Es ist auch sehr anfällig. Meist fehlt es ihm an Führungsreserven, das heißt, niemand ist imstande, die Leitung zu übernehmen, falls der Gründer stirbt. Es hat kein Logbuch und keine Erfahrungen, deshalb kann ein Fehler im Produktdesign, im Verkauf, im Kundendienst oder im Finanzierungsplan fatale Folgen haben. Die Wahrscheinlichkeit solcher Fehler ist groß, da die Firma meist aus der hohlen Hand operiert und nicht das nötige Kapital hat, um sich das komplementäre Team leisten zu können, das nötig ist, um ausgewogene geschäftliche Entscheidungen treffen zu können. Ein komplementäres Team braucht nicht aus Führungskräften zu bestehen. In diesem Anfangsstadium kann sich ein Zwei-Personen-Team bestehend aus dem Chef (**PaEi**) und einer Sekretärin (**pAeI**) als wirksam erweisen.

Die Firma kann jedoch nicht ewig in dieser Anfangsphase stekkenbleiben. Die Zeit und die emotionale Kraft, die notwendig ist, um eine solche Firma am Leben zu erhalten, übersteigen oft weit die materiellen Erträge. Der »Besitzerstolz« verwelkt schließlich im unbarmherzigen Licht der Realität. Der Firmengründer/-inhaber ist erschöpft und gibt auf. In diesem Fall tritt das Ableben des Unternehmens nicht unmittelbar und plötzlich ein, wie in früheren Fällen; es ist ein schleppender Prozeß bei ständig abnehmendem emotionalem Engagement für die Firma, das sich durch zunehmende Klagen manifestiert, wie schlecht diese dastehe.

Das in den Kinderschuhen steckende Unternehmen ist so sehr damit beschäftigt, etwas zu tun, daß seine Manager wenig Gelegenheit haben, nachzudenken und die weiteren Aussichten zu analysieren – das heißt, Chancen für Wachstum und Expansion zu entdecken. Sie haben die Tendenz, sich auf Grund kurzfristiger taktischer Erfordernisse langfristige Gelegenheiten entgehen zu lassen. Wenn ein Unternehmen nicht zum nächsten Stadium übergeht – das heißt, wenn die Träume keine Früchte tragen und das Unternehmen voranbringen – dann brennt es einfach aus. Viele kleine Firmen, die sich keinen Überblick über die Gesamtsituation verschaffen, machen Pleite oder sie bleiben klein und arbeiten hart, ohne je vorwärts zu kommen. Die Überlebenden werden wahrscheinlich durch den Inhaber subventioniert, der weniger Geld nach Hause trägt, als er als Angestellter erhalten würde – das heißt, er zahlt womöglich für seinen Besitzerstolz drauf.

Was neue Unternehmen am Leben erhält, ist die totale Opferbereitschaft des Gründers. Sein »Bruthennenverhalten« befähigt das junge Unternehmen, oft existenzbedrohende Gefahren zu überwinden. Diese totale Identifizierung des Gründers mit seinem Unternehmen kann sich jedoch später als wachstumshemmend erweisen. Der Gründer findet sich vielleicht nur schwer mit der Tatsache ab, daß das Unternehmen seiner persönlichen Kontrolle entwachsen ist. Seine Anstrengungen, es weiterhin unter seiner Aufsicht zu halten, kann dann entweder das Unternehmen zerstören oder sein weiteres Wachstum einschränken.

Das Erwachen des Unternehmergeistes (E) ist entscheidend für die weitere Entwicklung der in den Kinderschuhen steckenden Organisation. Wenn E auftritt, kann das Unternehmen in das nächste Entwicklungsstadium übergehen. Unternehmerische

Perspektiven eröffnen sich in jungen Organisationen, wenn sich die Führungskräfte von ihren täglichen Aufgaben losreißen und wieder »träumen« können: Wie geht es jetzt weiter? Was könnten wir mit unserem Produkt tun? Welches sind unsere Ziele? Wie schneiden wir im Vergleich mit unserer Konkurrenz ab? Wie weit können wir es bringen?
Unternehmertum (**E**) erfordert Risikobereitschaft und Weitblick. Manche Unternehmen schöpfen ihr Potential nie aus, da sich die Gelegenheit dazu nicht in einer Weise darstellt, die die Geschäftsführung ohne weiteres erkennen kann. Sie ist vielleicht so damit beschäftigt, im Keller Mausefallen zu produzieren, daß ihr die Gelegenheiten entgehen, die auf der Straße liegen. Jemand, der nicht völlig im Tun befangen ist und Weitblick besitzt, muß die Entscheidungsbefugten buchstäblich drängen, diese Gelegenheiten wahrzunehmen. Dieser Prozeß der Entwicklung von Fernzielen ist schmerzhaft, denn die junge Organisation ist gewöhnlich extrem kurzfristig orientiert.
Hingegen wird sich ein Unternehmen, dem es gelingt, unternehmerischen Weitblick zu entwickeln, und das bereit ist, danach zu handeln, zu einer **PaEi**, einer »Go-go-Firma« entwickeln.

Die Wachstumsphase–»Go-go« (**PaEi**)
Dieses Stadium entspricht dem des Kindes, das endlich sehen und Dinge ins Auge fassen kann. Die ganze Welt öffnet sich vor seinen Augen, und alles erscheint ihm wie eine günstige Gelegenheit. Erst rückblickend erkennt die Betriebsleitung, daß manche Chancen in Wirklichkeit Gefahren waren, die man besser gemieden hätte.
Das in der Wachstumsphase befindliche Unternehmen hat dieselbe Produzenten-Orientierung (**P**) wie die neugegründete Firma, aber es verfügt auch über Weitblick. Es bewegt sich rasch und trifft Entscheidungen oft intuitiv und ohne Erfahrung. Es kann praktisch über Nacht verlieren, was es mühsam in einem ganzen Jahr verdient hat. Es neigt zu Vietnam-ähnlichen Unternehmungen – »Hineinkommen ist leicht, Herauskommen ist schwer.«
Fast jede sich bietende Gelegenheit will man beim Schopfe pak-

ken. Bei einer Mitarbeiterbesprechung eines in dieser Phase befindlichen Unternehmens wurden die Führungskräfte einzeln aufgefordert, die Vorhaben anzuführen, denen sie die höchste Priorität einräumten. Als man die Vorschläge miteinander verglich, stellte sich heraus, daß insgesamt 173 verschiedene Projekte als vordringlich erachtet wurden!

In dieser Wachstumsphase ist der Raum knapp, weil das Unternehmen so rasch expandiert. Es hat in diesem Stadium oft die verschiedensten Führungskräfte mit unterschiedlichen Fähigkeiten und Motivationsmethoden. Da es nicht über Systeme oder erprobte Verfahrensweisen verfügt, werden Leute zu verschiedenen Zeiten unter verschiedenen Bedingungen eingestellt. Manche sind hochqualifiziert, andere werden bloß mitgeschleppt, aber das Unternehmen hat in dieser Phase weder die Zeit noch die Aufmerksamkeitsspanne, um die Inkompetenten auszumerzen. Es wird kaum jemand ausgebildet.

In der Go-go-Firma, wie man ein Unternehmen in dieser Phase nennen könnte, teilen sich die Mitarbeiter die Verantwortung. Sie arbeiten zusammen, und es gibt sehr wenig Spezialisierung. In einer solchen Firma war der Geschäftsführer gleichzeitig Chefeinkäufer, Hauptverkäufer und Designer. Das Verkaufspersonal kaufte gleichzeitig auch ein, und der Buchhalter vertrat zeitweilig den Geschäftsführer.

In der Go-go-Firma wird Marketing mit Verkaufen gleichgesetzt. Im Grunde gibt es keine Marketingstrategie. Das Unternehmen stürzt sich häufig in neue Projekte und probiert sie aus. Die Go-go-Firma hat jedoch einen kurzen Atem. Ihre Manager springen von einer Aufgabe zur anderen und versuchen sich gleichzeitig um alles zu kümmern. Wenn das Unternehmen keinen Schwerpunkt entwickelt, kann es pleite machen. Wenn es ihm nicht gelingt, Richtlinien aufzustellen, nicht darüber, was man noch alles anpacken, sondern was man *bleiben lassen* sollte, und wenn es kein verbindliches Zielbewußtsein entwickelt, das von seinem Gründer unabhängig ist, kann es ein anderes Schicksal erleiden: die Gründerfalle.

Die Gründerfalle
Während das gluckenähnliche Engagement des Gründers für das Überleben der neugegründeten Firma unentbehrlich ist, wird dieses nach dem Go-go-Stadium konterproduktiv. Die liebevolle Umarmung wird zum Würgegriff. Der Gründer weigert sich, die Geschäftspolitik zu depersonalisieren und seine Führungsrolle zu institutionalisieren, das heißt, praktikable Systeme, Verfahrensweisen und Richtlinien festzulegen, die sein persönliches Eingreifen überflüssig machen. Um der Gründerfalle zu entgehen, muß die Administratorrolle (**A**) innerhalb des Unternehmens an Bedeutung zunehmen. (Siehe Abb. 2).

Abbildung 2
Vorzeitiges Ableben

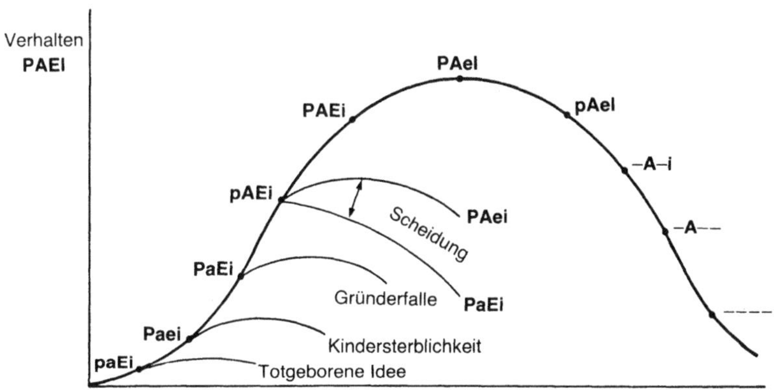

Die Aufbauphase (**pAEi**)
Wenn die administrative Rolle (**A**) an Bedeutung zunimmt, wird mehr Zeit für die Planung und Koordination von Mitarbeiterbesprechungen aufgewandt. Ein Computer wird installiert, ein beratender oder fest angestellter Verwaltungsfachmann wird hinzugezogen, Schulungsprogramme werden entwickelt und die Personalpolitik wird festgelegt. All dies kostet Geld und Zeit und geht somit kurzfristig auf Kosten der Produktion (**P**). Die Unternehmensführung kann sich unter Umständen weigern, diesem Rückgang von **P** zuzustimmen. In diesem Fall ändert sich das Betriebsklima und beeinträchtigt den Unternehmergeist (**E**); die Ex-

pansionspläne der Mitarbeiter erhalten einen Dämpfer. Sie verbringen die für die Planung des »Wie« nötige Zeit auf Kosten der Analyse des »Warum«.

Wenn das Wachstum des **A**-Sektors auf Kosten von **E** erfolgt, spreche ich von »vorzeitigem Altern«. Die Organisation verliert ihren Weitblick. In einem »gesunden« Jugendstadium erfolgt das Wachstum von **A** zu Lasten von **P**. Mit anderen Worten, die Betriebsführung entschließt sich bewußt, etwa ein Jahr darauf zu verwenden, sich zu »konsolidieren« bzw. sich besser zu organisieren. Die Folge könnte sein, daß die Zeit, die man früher mit dem Verkaufen zubrachte, jetzt für organisatorische Aufgaben verwendet wird. Aber gleichzeitig verliert man auch die langfristigen Ziele nicht aus den Augen.

Die »halbwüchsige« Organisation ist voller Konflikte. Sie muß Verpflichtungen eingehen und sich stabilisieren. Welchen Stil wird sie entwickeln? Wie wird ihr Gehaltsrahmen und ihre Geschäftspolitik aussehen? Welche Beförderungskriterien und Leistungsanreize wird sie anwenden? Das Betriebsklima wird jetzt unpersönlicher, was manche Leute nur ungern akzeptieren.

In der Aufbauphase ist das Unternehmen voller Ungereimtheiten. Es gibt zwar Regeln und Richtlinien, aber diese sind hauptsächlich für die Neuankömmlinge da. Es gibt Cliquen; Mitarbeiter, die der Firma schon etwas länger angehören, begegnen den Neulingen mit Mißtrauen. Diesen fällt es schwer, in die alte Gruppe einzudringen, weil sie »nicht dabei waren, als es hier noch hart auf hart ging«.

In der Aufbauphase verliert das Unternehmen einen Teil seiner Effektivität und Produktivität, weil es seine Kräfte darauf konzentriert, sich zu organisieren, zu institutionalisieren und zu systematisieren. Eine typische Klage lautet, daß die Leute, statt zu verkaufen, den ganzen Tag Besprechungen abhalten.

Eine Organisation muß sich jedoch strukturieren und institutionalisieren (sich depersonalisieren), um weiter expandieren zu können. Wenn sich ein Unternehmen nicht selbst ein System schaffen kann, oder wenn es aus Konfusion zuviele Mitarbeiter verliert, wird es nicht wachsen. Es wird dann wahrscheinlich zum

Go-go-Stadium zurückkehren und vielleicht noch weiter schrumpfen, um sich schließlich als Kleinbetrieb zu stabilisieren (wenn es nicht ganz eingeht).

Es ist sicher schwierig, den Entschluß zu fassen, die Wachstumsrate eine Zeitlang »abzukühlen«, damit längerfristig ein neues Plateau erreicht werden kann. Wenn das Unternehmen auf einer Partnerschaft basiert, entstehen häufig Cliquen, und der Konflikt wird sichtbar. Eine **P**-orientierte Gruppe möchte mit diesen »endlosen Konferenzen« Schluß machen, möchte aufhören, für alle diese Unternehmensberater Geld auszugeben und möchte endlich wieder an die Arbeit gehen. »Was in unserer Branche wirklich zählt«, erklären diese Leute, »ist der Absatz und nicht, welchen Computer man hat oder wie gut unsere Richtlinien abgefaßt sind.« Eine andere Gruppe widerspricht nachdrücklich und behauptet, die Investitionen in den organisatorischen Aufbau und die potentielle Produktivität seien für das langfristige Wachstum des Unternehmens notwendig.

Wird das Unternehmen partnerschaftlich geführt, dann ist dies der Zeitpunkt, da sich die Partner vielleicht »scheiden lassen«. Das ursprüngliche Engagement aus der Zeit der Flitterwochen wurde im täglichen Überlebenskampf aufgezehrt und ist vielleicht inzwischen auf null geschrumpft. Eine Periode der rückblickenden Analyse ist angebracht. Die Partner stellen sich die Frage: Entsprechen unsere gegenwärtigen und künftigen Aktivitäten dem, was wir vom Leben, voneinander und von der Firma erwarten?

Die Partner sind inzwischen kampferprobt und wissen gefühlsmäßig genau, an welchen Fronten sie kämpfen wollen. Wenn es zu einer Trennung in der Partnerschaft kommt, macht eine Gruppe in der **PAei**-Fasson weiter – der konservative, weniger ambitionierte Weg –, während sich die anderen als die »frustrierten Unternehmer« fühlen (**paEi**), die nach einer Chance suchen, nochmals von vorn zu beginnen.

Wenn das Unternehmen die Aufbauphase durchsteht, ohne seine hohen Zielsetzungen (**E**) aus den Augen zu verlieren, kann es nunmehr die Blütezeit seines Lebenszyklus erleben. (In einem späteren Abschnitt dieses Kapitels wird dargestellt, wie ein gesundes Wachstum aufrechterhalten werden kann.)

Die Blütejahre (**PAEi**)
In dieser Phase kennt das Unternehmen seine jährlichen Ziele, und es ist ergebnisorientiert (**P**). Außerdem verfügt es über Pläne und Verfahrensweisen, um effizient arbeiten und seine erfolgreichen Operationen wiederholen zu können (**A**). Gleichzeitig behält es den Überblick über das, was »draußen« vor sich geht; es ist sich der Chancen und Gefahren bewußt. Es verfügt auch über langfristige Zielsetzungen und Strategien (**E**). Während in der Kindheitsphase (Go-go-Unternehmen) die Wachstumsraten des Absatzes und der Gewinne im Zickzack verlaufen, sind diese Raten in den Blütejahren stabil und vorhersagbar. Man weiß, daß die vierteljährlichen Voraussagen eintreffen werden, und daß diese Leistungen für die ganze Branche Maßstäbe setzen.

Der Alterungsprozeß. Es gibt jedoch keine Gewähr dafür, daß dieses Stadium anhält. Dies hängt von den Zielsetzungen des Topmanagements ab. Der Ehrgeiz des Führungsteams, das die strategischen Entscheidungen trifft, wirkt sich auf den Verhaltensstil (d.h. den Alterungsprozeß) des Unternehmens aus. Wenn sich die Betriebsführung nicht mit dem Erreichten zufriedengibt, ist eine weitere Expansion möglich. Ist das Führungsteam hingegen mit den bestehenden Bedingungen zufrieden, dann sind seine Zielvorstellungen keine Antriebsquelle für Veränderungen mehr.

$$\text{Zielvorstellung} = \frac{\text{erhoffte Bedingungen}}{\text{erwartete Bedingungen}} - 1$$

Der Erwartungshorizont wird hauptsächlich durch drei Faktoren beeinflußt: (1) Das mentale Alter der Leute in strategischen Machtpositionen; (2) den relativen Marktanteil; und (3) die Funktionalität der Organisationsstruktur (Siehe Abb. 3).
Alter. Ab einem bestimmten Alter, das von Mensch zu Mensch verschieden ist, beginnen die Leute, den Zeitraum zu betrachten,

der ihnen in ihrem Leben noch bleibt, und sie verspüren den Wunsch, die Früchte ihrer bisherigen Leistungen zu genießen, statt diese weiter zu vergrößern. Dieser psychische Zustand korreliert oft mit dem Alter. Man geht davon aus, daß ein junger Mensch bereit ist, Zeit und Energie zu investieren, um sich etwas aufzubauen, weil sich seine erhofften Bedingungen von der bestehenden Situation unterscheiden. Der ältere Mensch lernt, mit der Gegenwart zu leben und sie als das Gewünschte zu akzeptieren.

Abbildung 3
Entwicklungsstadien des Unternehmens

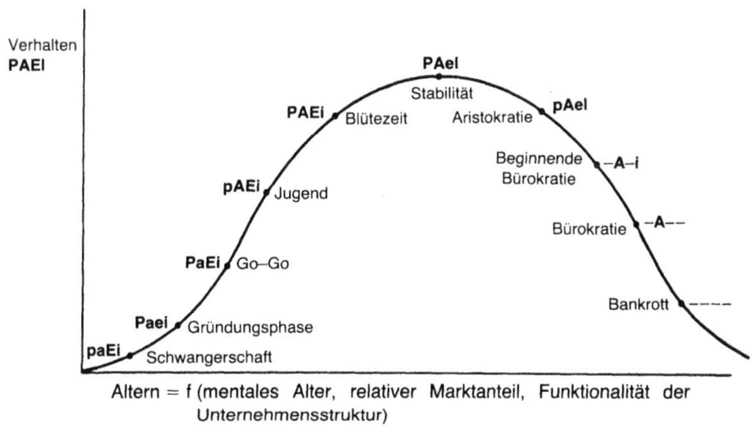

Marktanteil. Wenn ein Unternehmen ein Stadium erreicht, in dem weiteres Wachstum ökonomisch, politisch oder juristisch nicht praktikabel ist, wird der Status quo als das Wünschenswerte akzeptiert.

Funktionalität des organisatorischen Aufbaus. Im Laufe der Entwicklung eines Unternehmens, von den Kinderschuhen bis zur Blütezeit, gewinnt dieses neue Arbeitskräfte, Produkte, Absatzmärkte und Abteilungen hinzu. Dies geschieht oft unter Druck, wobei eher taktische als strategische Faktoren ins Gewicht fallen. Das Endresultat kann eine schwerfällige und verwirrende organisatorische Struktur sein, bei der Fragen der Autorität und Hierarchie nicht eindeutig gelöst sind (Leute nehmen gleichzeitig verschiedene Kompetenzen wahr, wovon einige eingebaute Konflikte aufweisen). Die Organisation entspricht nicht den Bedürfnissen des Marktes oder der Technologie. Ein amerikanisches Unternehmen mit einem jährlichen Umsatz von 200 Millionen Dollar bearbeitet den kanadischen Markt von zwei Zentren in den Vereinigten Staaten aus, nämlich von Boston und Buffalo, ohne Rücksicht auf die soziopolitischen und sprachlichen Unterschiede. (»So hatten sie sich vor 30 Jahren den kanadischen Markt erschlossen.«) In einem anderen Unternehmen sind die Niederlassungen in Mexiko der Region Lousiana unterstellt, die ihren Sitz in New Orleans hat. (»Von dort ist die Flugzeit am kürzesten«, wie man mir sagte.) Die zitierten Beispiele sind keine Einzelfälle. Wenn eine Organisation zu unbeweglich wird, verringern sich die Zielvorstellungen und es folgt eine Periode der inneren Konsolidierung. Sinkt der Erwartungshorizont über längere Zeit hinweg ab, dann verliert die unternehmerische Rolle (E) an Bedeutung.

Mit dem Nachlassen der unternehmerischen Initiative gewinnt die integrierende Rolle (I) an Gewicht. Bis zu diesem Stadium konnte der Integration kein besonderes Augenmerk geschenkt werden. Solange das Unternehmen expandierte und sich veränderte, mit seinen Wachstumsschmerzen zu kämpfen hatte und seine Richtung und seine Rolle in der Welt noch suchte, vertraten verschiedene Leute unterschiedliche und relativ starke Überzeugungen, was zu tun sei, und wann. Mitarbeiter lagen also im Konflikt miteinander. Aber der Konflikt wurde nicht dysfunktional, weil seine Lösung Wachstum produzierte und die Resultate den emotionalen Einsatz rechtfertigten. Wenn E abnimmt und das Gefühl der Dringlichkeit und der Wunsch nach Wachstum und Veränderung nachlassen, wenn das Unternehmen beginnen kann, die Früchte früherer Anstrengungen zu genießen, dann kann man es sich leisten, den Blick nach innen zu richten, um die zwischenmenschlichen Beziehungen zu verbessern. Dies ist der Zeitpunkt, da das Unternehmen in das Stadium der Reife eintritt.

Die mittleren Jahre: Phase der Stabilität (**PAeI**)

Sobald die Unternehmerrolle (E) in den Hintergrund tritt, kehrt ein milderes Betriebsklima ein. Das Unternehmen ist zwar immer noch ergebnisorientiert und gut organisiert, aber es herrschen geringere Konflikte als in den früheren Stadien: der Rückgang von E gestattet die Zunahme von **I**. Man hat seltener Gründe, sich zu streiten und fühlt sich weniger durch aggressive Kollegen bedroht. In einem solchen Unternehmen orientiert man sich zunehmend an Präzedenzfällen und greift auf Lösungen zurück, die sich bereits bewährt haben. Zu diesem Zeitpunkt hat das Unternehmen in der Regel eine stabile Marktposition erreicht. Ein Gefühl der Sicherheit breitet sich aus, das sich auf längere Sicht als ungerechtfertigt erweisen könnte. Kreativität und ein Gefühl des Drängens treten immer noch von Zeit zu Zeit auf, aber stets nur kurzfristig. Es herrscht Ordnung, und man bevorzugt konservative Vorgehensweisen, um nicht all das zu gefährden, was mit soviel Mühe geschaffen wurde.

In der Phase der Stabilität verbringen die Mitarbeiter mehr Zeit miteinander im Büro als mit den Kunden oder den Vertretern, wie dies früher der Fall war. Meinungsverschiedenheiten, die früher lautstark ausgetragen wurden, werden jetzt mit gutmütigem Lächeln geäußert, als wolle man sagen: »Es ist im Grunde gar nicht so wichtig.« Das Gefühl, unter Zeitdruck zu stehen, ist verschwunden. Die Leute sind bereit, Sitzungen um eine Stunde zu verlängern. Wenn eine neue Besprechung angekündigt wird, wogegen früher laut und deutlich protestiert wurde (»Wo zum Teufel soll ich die Zeit für eine weitere Besprechung hernehmen?«), werden jetzt kaum Einwände erhoben. Das Betriebsklima wird auch formeller. Man hört sich neue Ideen an, aber die Begeisterung ist verflogen.

In der Phase der Stabilität treten verschiedene Änderungen ein. Diese betreffen zum einen die Haushaltspläne. Die Forschungsmittel werden zugunsten der Ausgaben für die Entwicklung gekürzt. Auch das Budget für Marketingforschung wird reduziert, um die Rentabilität des Unternehmens zu erhöhen. An die Stelle von Managemententwicklung tritt Managementschulung.

Kurzfristige Rentabilitätsüberlegungen treten in den Vordergrund. Die zweite Veränderung betrifft somit eine Machtverlagerung innerhalb des Unternehmens. Die Leute vom Rechnungswesen werden wichtiger als die Leute der Marketingabteilung oder der Technik (Forschung und Entwicklung). Kosten-Nutzen-Rechnungen werden zu einer heiligen Kuh. Statistiken ersetzen das »weiche« planerische Denken. Das Unternehmen geht weniger Risiken ein und hat weniger Ansport, seinen Weitblick zu kultivieren.

Das Unternehmen wächst immer noch, aber die schleichenden Ursachen des Niedergangs sind bereits vorhanden – der Unternehmergeist (**E**) ist geschwunden.

> Wenn etwas aufhört zu wachsen, dann beginnt es abzusterben.
> *Charles Gow*

Der Herbst: Das aristokratische Stadium (**pAeI**).

Das Nachlassen des Unternehmergeistes (**E**) hat langfristige Folgen: Schließlich schwächt sich auch die **P**-Funktion, die Leistungs- und Ertragsorientierung ab. Sobald die Menschen weniger von ihren Fernzielen träumen, schwindet automatisch auch ihr kurzfristiges Leistungsbedürfnis. Sie erzielen zwar Resultate, aber sie reißen sich kein Bein mehr dafür aus. Die kurzfristigen, relativ sicheren Ergebnisse treten jetzt in den Vordergrund, und damit ist die Saat der Mittelmäßigkeit gesät.

Das Nachlassen der Ergebnisorientierung (**P**) bringt einen neuen Verhaltensstil hervor. Das Betriebsklima im aristokratischen Unternehmen ist relativ steril. Was in einem solchen Unternehmen zählt, ist »nicht, was man getan hat und warum man es getan hat, sondern *wie* man es getan hat. Wenn man sich nur lange genug still verhält und keine Wellen schlägt, kann man überleben und sogar befördert werden, egal, was man zustande gebracht hat«.

Das aristokratische Unternehmen unterscheidet sich von anderen Firmen durch die Kleidung der leitenden Angestellten, durch Form und Inhalt ihrer Gespräche, durch die Art, wie sie einander anreden und wo sie ihre Treffen abhalten.

Die Uniformen des Managements. Solange das Unternehmen in den Kinderschuhen steckt, ist die Kleidung bedeutungslos. »Solange man Resultate vorzuweisen hat, kann man sein Hemd auch verkehrt herum tragen – wer schert sich drum?« erklärte ein Spitzenmann. In der Aufbauphase (Go-go) treten Krawatten und Jacketts auf, sind aber nicht vorgeschrieben. In der aristokratischen Phase zieht man sich an wie für ein Begräbnis oder für eine Hochzeit. Die Leitenden übertrumpfen einander in den Beträgen, die sie für Anzüge ausgeben. Anzüge mit Weste sind *die Regel,* je dunkler desto besser.

Anredeformen. In der frischgebackenen Firma werden häufig Spitznamen verwendet. In den »Jugendjahren« reden die Leute in einer Art und Weise miteinander, die man nicht drucken kann. Im aristokratischen Unternehmen spricht man sich ausschließlich per Nachnamen an. Bei Mitarbeiterkonferenzen tituliert man sich als »Herr Soundso«, obwohl sich die Leute seit Jahren kennen und sich außerhalb des Konferenzraumes mit Vornamen anreden.

In aristokratischen Unternehmen spielen Formen eine große Rolle. Es gibt unausgesprochene, ungeschriebene Regeln, wie und wann jemand anzusprechen ist. Und es gibt Rituale: Wer darf welchen Waschraum oder Pausenraum benutzen oder an welchem Tisch essen. Es gibt verschiedene Fahrstühle für die Kulis und für die Bosse.

Redeweise. Im Stadium vor der Firmengründung reden die Leute vage über ihre Gedanken und Gefühle. Sie wiederholen und widersprechen sich, sind leicht verärgert und zeigen ihre Empfindlichkeiten. In der Gründungs- und Aufbauphase ist die Redeweise knapp und direkt, manchmal sogar beleidigend in ihrer Ehrlichkeit. Es ist ein scharfer Kontrast zu der romantischen Ära der Flitterwochen. In den Jugendjahren des Unternehmens, der Expansionsphase, ist der Gesprächsstil eine Mischung der beiden vorangegangenen – direkt und emotional, voller Widersprüche, aber durch sehr bestimmte Meinungen gekennzeichnet.

In den Blütejahren wählen die Leute die Worte mit großem Bedacht, und sie sprechen langsam, als prüften sie das Gewicht und die Wirkung ihrer Aussagen. Optische Darstellungsmittel werden selektiv benutzt. Wenn das Unternehmen das aristokratische Stadium erreicht hat, ist die Art des Vortrags das Wesentliche – das Medium ist die Botschaft. Optische Darstellungsmittel werden im Übermaß benutzt, und bei Besprechungen sichern sich die Leute nach allen Seiten ab, wenn sie reden. Sie gebrauchen endlose doppelte Verneinungen und Einschränkungen. Wenn man in einer solchen Sitzung zuhört, fragt man sich, was *wirklich* gesagt wurde. Konferenzprotokolle von Unternehmen im aristokratischen Stadium enthalten oft einen Mischmasch von Andeutungen, Anspielungen und verschleierten Unterstellungen.

Eine solche Firma ist auch eine *»mutual admiration society«*, d.h. ein Verein, in dem sich die Leute gegenseitig bewundern und niemand Alarm schlägt, obwohl »der Feind vor der Tür steht«. In einem aristokratischen Unternehmen kommt auch angesichts drohender Wolken am Horizont und erster Regentropfen keine Krisenstimmung auf. Im Gegenteil, ein solches Unternehmen benimmt sich, als seien seine Probleme nur vorübergehend. »Früher oder später wird sich das alles wieder geben.« Dieses Phänomen könnte man als das »Finzi-Contini-Syndrom« bezeichnen.

Die Gärten der Finzi-Contini ist ein Film von de Sica, in dem eine aristokratische italienisch-jüdische Familie kurz vor Ausbruch des Zweiten Weltkrieges gezeigt wird. Als die Faschisten mit den Judenverfolgungen anfingen, weigerten sich die Finzi-Continis, zu glauben, daß etwas Ernstes geschehen würde. »Wir sind schon zu lange hier«, sagten sie. »Man braucht uns. Wir zählen zu den ersten Familien Italiens.« Sie fuhren fort, hinter den hohen Mauern ihres Besitzes Tennis zu spielen und unter Kristallüstern zu dinieren, d.h. an ihrem Lebensstil änderte sich nichts. Während sich jedes Familienmitglied große Sorgen machte, brachten sie ihre Sorgen als Gruppe nicht zum Ausdruck. Sie waren paralysiert durch ihre Bewunderung für ihre Vergangenheit und durch ihre Entschlossenheit, die Gegenwart nicht ins Wanken bringen zu lassen.

Das aristokratische Wirtschaftsunternehmen verhält sich auf ähnliche Art. Erstens verfügt es gewöhnlich über schöne und teure

Gebäude, in denen Raum verschwendet wird, als koste er nichts. Die einzelnen Führungskräfte machen sich zwar persönlich Sorgen um die Firma und ihre Zukunft, aber auf offiziellen Konferenzen äußern sie diese Zweifel nicht.

Wenn man die Führungskräfte kollektiv anspricht und auf die Gefahren hinweist, die von der Konkurrenz drohen, bekommt man oft zu hören: »Machen sie sich keine Sorgen. Wir sind lange genug im Geschäft. Man braucht uns. Wir haben einen Namen, eine Tradition, Know-how...« Aber in Einzelgesprächen stimmen sie dem Unternehmensberater zu: Die Lage ist schlecht und »jemand« (gewöhnlich jemand anderer als der Beschwerdeführer) sollte etwas tun. In einem solchen Unternehmen erklärten die leitenden Angestellten: »Wir konkurrieren nicht gern. Wir verstehen uns als Dienstleistungsunternehmen.« Das bedeutet, morgen dasselbe zu tun wie gestern.

Wo Besprechungen stattfinden. Während im Gründungsstadium aus einem kleinen Hinterzimmer operiert und in der Aufbauphase nicht genügend Platz vorhanden ist, daß sich alle Angestellten hinsetzen können, steht im aristokratischen Stadium mehr als genügend Raum zur Verfügung. Das Büro des Generaldirektors ist geräumig und mit einem Konferenztisch, einer Couch und Fauteuils ausgestattet. Man betritt das Gebäude durch eine große Halle und findet breite Korridore, dicke Teppichböden und viele Konferenzräume vor.

Auch der Sitzungssaal des Vorstands ist charakteristisch für die Aristokratie. In der Gründungsphase hält die Geschäftsführung ihre Sitzungen irgendwo und irgendwann ab, manchmal im Zug auf dem Weg zur Arbeit oder während des Frühstücks. In der Aufbauphase finden die Besprechungen im Büro des Direktors um dessen Tisch herum statt. In der Expansionsphase werden die Besprechungen in verschiedenen Zimmern, Korridoren oder Räumlichkeiten abgehalten, je nachdem, welche Clique daran teilnimmt. In den Blütejahren des Unternehmens ist hingegen ein speziell für Besprechungen bestimmter Raum vorhanden. Die Beleuchtung ist hell und die Tische sind in U-Form angeordnet. An der Wand sind noch die Diagramme von der letzten Konferenz. Das Ganze wirkt etwas unordentlich, aber lebendig. Im aristokratischen Stadium sind die Fenster des Sitzungssaales durch schwere Gardinen verhängt. Die Beleuchtung ist gedämpft, und es ist ein langer Tisch mit weich gepolsterten Stühlen vorhanden. Porträts der Gründer blicken in Lebensgröße auf die Versammelten herab. Das ganze Arrangement wirkt formell und vermittelt die eine Botschaft: »Bloß keine Aufregung verursachen!« Während sich die Leute außerhalb des Konferenzraumes Sorgen über die Marktlage machen mögen, ändert sich im Raum ihr Tonfall. Berichte werden erstattet, aber keine bedrohlichen Fragen werden gestellt. Am Gang der Geschäfte ändert sich nichts.

Das aristokratische Unternehmen ist gewöhnlich der Begründer des Fachverbandes und oft die einzige Firma, die sich an die Branchenvereinbarungen hält. Der neue, aggressive Konkurrent wird als unethisch verachtet, obwohl er legitime Erfolge verbucht, indem er Absatzmärkte an sich reißt.

Da das Unternehmen nunmehr weder ergebnisorientiert (**P**) noch unternehmerisch aktiv (**E**) ist, beginnen seine Erträge und Märkte zu schrumpfen. Statt im Haushaltsplan Mittel für **P**-**E**-Funktionen wie Marketingforschung und Entwicklung bereitzustellen, wird Geld für **A**-**I**-Aufgaben vorgesehen – d.h. für weitere Kontrollsysteme, größere und bessere Computer und zusätzliche Fortbildungslehrgänge anstelle von Entwicklungsprogrammen.

Um seine Optik zu verbessern, nimmt das aristokratische Unternehmen eine »kosmetische Operation« vor. Es erhöht die Preise seines Produktes. Die Gewinne steigen darauf kurzfristig, aber auf längere Sicht nehmen die Umsätze ab. Zu diesem Zeitpunkt werden die Preise aufs neue erhöht, um weiterhin respektable Gewinne zu erzielen. »Sie füttern den Hund mit seinem eigenen Schwanz«, stellte ein leitender Angestellter angewidert fest.

Fusionen und Neuerwerbungen. Das aristokratische Unternehmen verfügt über viel Bargeld. Aus der eigenen Organisation kommen wenig Investitionsforderungen. Das Betriebsklima, das darauf hinausläuft, die Gegenwart als den wünschenswerten Zustand zu akzeptieren, ist stärker als die Ambitionen einzelner Firmenangehöriger. Es werden daher wenige mit Risiken verbundene Unternehmungen vorgeschlagen. Mit seinem flüssigen Kapital kauft sich das aristokratische Unternehmen Wachstumsmöglichkeiten, statt diese selbst zu entwickeln. Oft werden expandierende Firmen aufgekauft – am häufigsten solche im Go-go-Stadium. »Die haben eine Zukunft und sind noch nicht teuer.«

Es kann auch das Umgekehrte geschehen. Da es kapitalstark ist, bildet das aristokratische Unternehmen ein gesuchtes Objekt für den Aufkauf, wahrscheinlich durch eine Go-go-Firma, die in ihrem Expansionsdrang ihrem Appetit keine Grenzen setzt.

In beiden Fällen wird die »Ehe« nicht ohne Schwierigkeiten vollzogen. Wenn das aristokratische Unternehmen die Go-go-Firma kauft, kann sich diese stranguliert fühlen. Ihren Enthusiasmus und ihre Kraft verdankt sie ihrer Flexibilität und Entscheidungsfreude. Viele Beschlüsse wurden intuitiv gefaßt: für Rituale war wenig Platz und Respekt vorhanden. Das aristokratische Unternehmen ist das genaue Gegenteil. Es besteht darauf, daß Haushaltspläne zu einem bestimmten Zeitpunkt in einer bestimmten Form mit bestimmten Details vorgelegt werden – lauter Dinge, die das Go-go-Team als beengend empfindet.

Wenn eine Go-go-Firma ein aristokratisches Unternehmen erwirbt, dann ist das, wie wenn ein kleiner Fisch einen Wal verschluckt. Die Verdauung nimmt lange Zeit in Anspruch. Die Go-go-Firma fühlt sich durch die Probleme des aristokratischen Unternehmens überfordert. Beschränkt sie sich darauf, das aristokratische Unternehmen um seine Kapitalrücklagen zu erleichtern, so kommt sie dadurch doch noch nicht automatisch in die Blütejahre; sie beschleunigt lediglich den Niedergang der Aristokratenfirma. Das Go-go-Team führt plötzliche und gewaltsame Veränderungen ein. Die Folge kann sein, daß die Aristokraten vor Furcht gelähmt sind, wodurch die reibungslose Fusion noch weiter erschwert wird. Die Go-go's können für mehrere Jahre ihren Schwung und ihre Wachstumsorientierung einbüßen, während sie damit beschäftigt sind, ihre letzte Beute zu verdauen. Wenn die Aristokratie sehr alt ist und die Go-go-Firma die inhärenten Probleme des Alters nicht ohne weiteres lösen kann, dann beansprucht das aristokratische Unternehmen die gesamte Zeit der Go-go-Geschäftsführung, bis zuletzt vielleicht beide untergehen.

Wer ein aristokratisches Unternehmen von innen zu reformieren sucht, tut dies oft auf Kosten seiner Karriere. Das aristokratische Unternehmen wird ihn früher oder später ausstoßen, obwohl es aus seinen Anstrengungen Nutzen zog. Gerade die kreativen Mitarbeiter, die das Unternehmen am dringendsten für sein Überleben brauchen würde, gehen deshalb weg oder verlieren den Mut und werden nutzlos.

Die bankrotte Aristokratie (**pA–I**)

Der Verlust der unternehmerischen Initiative (**E**) in der Phase der Stabilität bewirkt eine Abnahme der Produktivität (**P**) im aristokratischen Stadium. Wenn das aristokratische Unternehmen in dieser Situation keine einschneidenden Maßnahmen ergreift, wird sein (**E**) völlig verschwinden und sein (**P**) nicht mehr der Rede wert sein. Es wird in das Stadium der bankrotten Aristokratie (**pA–I**) eintreten.

In diesem Stadium sind seine Produkte veraltet. Die Kunden wissen es, die Käufer wissen es und sogar der Generaldirektor weiß es, aber niemand unternimmt etwas dagegen. Beschwerden werden zu den Akten gelegt. Es finden keine Mitarbeiterbesprechungen mehr statt, oder sie sind kurz und nutzlos. Jeder wartet darauf, daß der erste Kopf rollt. Viele Mitarbeiter verlassen das Unternehmen in der Hoffnung, ihre Haut zu retten. Wer nicht weggehen kann, weil er keine günstigen Angebote hat, wirft den Deserteuren Mangel an Loyalität vor.

Es herrscht eine Untergangsstimmung, aber gleichzeitig wirft die Firma hemmunglos mit Geld um sich. Und was noch schlimmer ist, das Geld wird für wirtschaftlich nutzlose Zwecke ausgegeben – Goldmedaillen für obskure Leistungen oder schlecht besuchte Seminare in Luxushotels. Vielleicht errichtet die Gesellschaft sogar ein teures und überflüssiges neues Gebäude. Die Führungskräfte geben Geld für Formalien aus, als ob das etwas am Inhalt änderte.

Beginnende Bürokratie (**–A–i**)

Wenn die unternehmerische Initiative (**E**) und die Produktion (**P**) lange genug darniederliegen – d. h. wenn über lange Zeiträume hinweg weder das Verlangen nach Änderung noch eine Ergebnisorientierung vorhanden ist – dann wirken sich die »kosmetischen Operationen« der Preiserhöhungen schließlich negativ aus. Es kommt der Tag der Abrechnung: die Nachfrage wird unelastisch und die Preiserhöhungen vermindern die Gesamteinnahmen – die Gewinne und Marktanteile gehen ständig zurück. Zu diesem Zeitpunkt löst sich der gegenseitige Bewunderungsverein auf und die Messer werden gezückt. Der Kampf um das *persönliche* Überleben beginnt.

Die beginnende Bürokratie unterscheidet sich vom aristokratischen Stadium vor allem in einer Hinsicht: In der Paranoia seiner Führungskräfte. In der aristokratischen Phase herrscht eine Stille vor dem Sturm. Die Leute lächeln, sind freundlich und behandeln einander mit Glacéhandschuhen. Sobald die schlechte Lage in der beginnenden Bürokratie schließlich unübersehbar wird, beginnen die Spitzenleute, statt gegen die Konkurrenz anzugehen, wie es richtig wäre, sich gegenseitig zu bekämpfen - aber jetzt nicht mehr mit Handschuhen, sondern mit bloßen Fäusten. Das Ritual eines Menschenopfers beginnt: *Irgend jemand* muß die Schuld auf sich nehmen und das Opferlamm sein. Jedes Jahr oder alle paar Vierteljahre wird also jemandem die Schuld für den schlechten Zustand der Firma zugeschoben und er fliegt hinaus. Die Paranoia ist auf die Tatsache zurückzuführen, daß niemand wirklich weiß, wer als nächster ausersehen werden wird, die Schuld auf sich zu nehmen. Jeder beobachtet deshalb den anderen argwöhnisch. Um zu überleben, setzen die Leute bei den Haaren herbeigezogene Erklärungen der Geschehnisse in Umlauf. Wenn der Vertriebsleiter beispielsweise beschließt, einen Rabatt einzuräumen, erklären die anderen Führungskräfte das nicht in rationaler Weise, indem sie auf die Konkurrenzbedingungen hinweisen; sie führen es auf eine macchiavellische Strategie seitens des Vertriebsleiters zurück, der damit die Vertriebsabteilung diskreditieren wolle, um die Inkompetenz des Hauptabteilungsleiters bloßzustellen und so weiter und so weiter.

Dieses Verhalten beschleunigt den Niedergang. Die Spitzenleute bekämpfen einander, sie beschäftigen sich die meiste Zeit mit internen Problemen wie dem Aufbau von Cliquen und Koalitionen, die ständig wechseln, je nachdem, wie die verschiedenen Leute die Machtzentren beurteilen. Ihre kreativen Fähigkeiten werden nicht dafür eingesetzt, bessere Produkte zu schaffen oder eine erfolgreichere Marktstrategie zu entwickeln, sondern das persönliche Überleben zu sichern, indem sie sich gegenseitig eliminieren und diskreditieren. Ihre Leistungen sinken deshalb weiter ab, was sie noch paranoider macht. Da man sich vor den besseren Leuten fürchtet, werden sie entweder gefeuert oder gehen von selbst. Dieser Prozeß setzt sich in einem circulus vitiosus fort und das Endresultat ist die ausgewachsene Bürokratie.

Senilität: Bürokratie (–**A**––)
In der beginnenden Bürokratie kann man etwas durchsetzen, wenn man »die richtige Person« kennt; deshalb noch das kleine **i.** In der ausgewachsenen Bürokratie werden sehr wenige sinnvolle Dinge bewegt. Das Unternehmen läuft weiter wie eine kaputte Schallplatte, die immer wieder dieselbe Tonfolge spielt. Die typische Antwort auf jede Frage lautet: »Warten Sie« oder: »Jemand wird sie bald informieren«, aber man bekommt keine richtige Antwort. Diese leitenden Angestellten zählen zu den nettesten Leuten, mit denen man es zu tun haben kann. Sie stimmen einem ständig zu, aber es geschieht nie etwas. Es fehlt die Ergebnisorientierung, die Bereitschaft zum Wandel und das Teamwork – es gibt nur Systeme, Formulare, Regeln und Routine. Eines der typischsten Kennzeichen einer Bürokratie ist die Verehrung, die man für das geschriebene Wort hegt. Wenn ein Kunde oder einer der leitenden Angestellten eine Bitte oder einen Vorschlag äußert, lautet die typische Antwort: »Schreiben Sie mir in der Frage«. Einem bürokratischen Unternehmen einen Brief zu schreiben, ist jedoch häufig reine Verschwendung von Zeit, Papier und Briefmarken. Der Brief wandert gewöhnlich zu den Akten. In der Aktenablage eines solchen Unternehmens befand sich ein Brief, in dem mit einer gerichtlichen Klage gedroht wurde, falls man nicht

bald auf die Beschwerde des Verfassers reagiere. Der Brief wurde mit einem Stempel versehen, »Eingegangen am...«, und abgeheftet. Die Frage, warum er nicht beantwortet wurde, beantwortete der Sachbearbeiter mit dem Hinweis, daß eine benötigte Information gefehlt habe.

Eine bürokratische Organisation ist desorganisiert. Jeder Versuch des Kunden, eine Entscheidung zu erlangen, wird mit der Aufforderung beantwortet, ein weiteres Dokument vorzulegen. Die bürokratische Organisation macht nicht von vornherein auf alles Erforderliche aufmerksam, damit der Kunde alles vorbereiten kann. Statt sich in die Karten blicken zu lassen, spielt die bürokratische Organisation eine Karte nach der anderen aus.

Dieses Verhalten kommt daher, daß in der bürokratischen Organisation niemand weiß, was zu tun ist. Jeder verfügt nur über einen Teil der nötigen Informationen, und es wird *vom Kunden* erwartet, daß er alle Steinchen zusammenfügt. Mitarbeiter kennen die Gehaltspolitik nicht; Vertreter kennen die Absatzstrategie nicht; Leute in der Vertriebsabteilung wissen nicht über die Firmenpläne Bescheid; die Buchhaltung weiß nicht, welche Umsätze erwartet werden; die Herstellung weiß nicht, wie gut das Produkt ankommt; die Kunden wissen nicht, wo sie sich wirksam Gehör verschaffen können. Die Kundendienstabteilung besteht oft aus einer Telephonistin, deren Aufgabe es ist, sich die Beschwerden anzuhören und aufzuschreiben und sie mit einem Brief zu beantworten: »Wir werden unser Bestes tun...«.

Ein solches Unternehmen versucht, sich von der Umwelt zu isolieren. Es ist mit der Außenwelt nur durch einen sehr engen Kanal verbunden. Es gibt viele Beispiele enger Kanäle, wie beispielsweise eine einzige Telephonleitung. Um durchzukommen, muß man sich stunden- oder tagelang dranhängen. Spricht man persönlich in einer solchen Organisation vor, dann gerät man an ein Schild, auf dem alle Besucher aufgefordert werden, sich zunächst an einen Schalter zu begeben, der nur wenige Stunden am Tag geöffnet ist. Es kann vorkommen, daß jemand einen ganzen Tag Schlange steht, bloß um herauszufinden, wo er hinzugehen hat. Schreibt man an eine solche Organisation, kann es Monate dauern, bis man eine Antwort erhält und dann ist es ein Formularbrief, der häufig nicht auf die Hauptfragen eingeht. Oft geschieht nicht einmal das; die Korrespondenz oder Akte kann einfach verloren gehen.

Um bei einer solchen Organisation etwas zu erreichen, muß der Kunde oder Klient alle Laufereien selbst machen. Er muß von Büro zu Büro gehen, um herauszufinden, was er wo und wann erledigen kann. Die »Nervenleitungen« der Organisation scheinen unterbrochen zu sein. Die linke Hand weiß nicht, was die rechte tut. Eine Abteilung lehnt ab, worum eine andere ersucht. Der Klient fühlt sich hilflos, ratlos und frustriert.

Wie kann ein alter Mensch überleben, dessen Organe zum Teil nicht mehr gut funktionieren? Gewöhnlich wird er in eine schützende Umgebung gebracht (Krankenhaus) und an verschiedene Apparate angeschlossen, die die nicht funktionierenden Organe umgehen, z. B. an eine künstliche Niere. Das gleiche scheint auch für die bürokratische Organisation zu gelten.

Industrieunternehmen, die mit einer Bürokratie zusammenarbeiten *müssen,* haben in der Regel eine eigene Abteilung, deren ausschließliche Aufgabe darin besteht, als Umgehungssystem zu fungieren. Diese Abteilungen tragen verschiedene Bezeichnungen. In manchen Unternehmen werden sie unverblümt als »Abteilung für Behördenkontakte« bezeichnet. In anderen werden sie als »Public Relations« getarnt. Die Abteilungen machen sich mit der Funktionsweise der betreffenden Regierungsstelle vertraut und nehmen dann eine Aufgabenteilung vor. Herr A arbeitet mit Staatssekretär Y zusammen; Frau B mit Ministerialrat Z, etc. Da Y und Z sich untereinander vielleicht nicht einig sind oder wissen, was sie zusammen tun könnten, stimmen sich A und B über ihre Ziele ab und setzen Y und Z in Bewegung. Industriekonzerne geben alljährlich Millionen Dollar (D-Mark, etc.) allein dafür aus, um herauszufinden, was Regierungsbehörden wollen und wann und wie sie es wollen.

Bürokratien werden am Leben gehalten durch das Monopol, das sie auf bestimmte Tätigkeiten haben, die unfreiwillige Kundschaft, die gezwungen ist, ihre Dienstleistungen zu »kaufen«, sowie durch das externe Umgehungssystem, das die Klienten schaffen. Viele dieser Bürokratien würden eingehen, wenn mann ihnen »den Stecker rausziehen« würde. Die Rebellion der amerikanischen Steuerzahler von 1978 hat eine Möglichkeit gezeigt, wie man das machen könnte. (Anmerkung: Ich sage nicht voraus, daß eine Steuersenkung den Behördenapparat »gesünder« machen würde; vielmehr würde dadurch manche Behörde schneller eingehen.)

Die Gesundheit einer ausgewachsenen Bürokratie ist sehr anfällig. Was als ein gefährliches Ungeheuer erscheint, kann in Wirklichkeit relativ leicht zu vernichten sein. Bürokratien, die als kaum veränderbare Monstren erscheinen, können de facto »bis ins Mark zerfressen« und am Rande des Bankrotts sein. Jede plötzliche Veränderung kann ihnen den Garaus machen. Bürokratien, die sich über Nacht reorganisieren müssen, überleben oft die Operation nicht. Ein neuer Computer beispielsweise kann ein bürokratisches System zum Rotieren bringen. Das alte System läuft weiter, als ob nichts geschehen sei, und daneben steht die neue EDV-Anlage, um die sich die Leute wenig kümmern.

Bürokratische Organisationen können andererseits ein lang andauerndes Koma überleben. Das geschieht, wenn sie isoliert von der äußeren Umgebung operieren können. Beispiele solcher Organisationen sind Monopole und Regierungsbehörden. Die Gewerkschaften oder politischer Druck können sie am Leben erhalten, da niemand es wagt, eine Behörde zu eliminieren, die so und so viele Arbeitsplätze bietet. Die Folge ist eine sehr kostspielige künstliche Verlängerung des Lebens. Die Zeit bis zum Tod kann sich jahrelang hinziehen.

Tod: Bankrott (– – – –)

Das auffallendste Charakteristikum des Eingehens eines Unternehmens ist die allgegenwärtige Agonie der Niederlage. Alle, die stark genug waren, die Firma zu verlassen, haben dies längst getan. Zurückgeblieben sind die Schwachen, die Uniformierten und die Neulinge. Vor allem sind es die Leute, die keine andere Wahl hatten.

Manche Betriebsangehörige reden von den »guten alten Zeiten« und versuchen die Gründe des Niedergangs der Firma zu analysieren; andere führen dies einfach auf feindselige äußere Faktoren wie die Regierung, die Arbeitskräfte oder einen skrupellosen Konkurrenten zurück. Aber tief drinnen sind sich die meisten Leute bewußt, daß es mit der Firma schon seit langem bergab geht.

Analyse und Therapie[2]

Bis zum Stadium der Reife wird das Unternehmen durch seinen Schwung getragen (Feld A in Abb. 4). In der Periode des Niedergangs (Feld B) ist das bestimmende Prinzip die Trägheit. Vor dem Erreichen des Reifestadiums kann die Entwicklung des Unternehmens durch ein inneres Element des Wandels gefördert werden. Vom Scheitelpunkt an (Feld B) sind äußere Antriebskräfte nötig. Ich spreche diese Empfehlung aus, weil es leichter ist, Schubkraft zu lenken, als Trägheit zu mobilisieren. Bis zum Reifestadium expandiert das Unternehmen, und Versuche, Veränderungen einzuführen, werden nicht unbedingt als bedrohlich

Abbildung 4
Schwung versus Trägheit

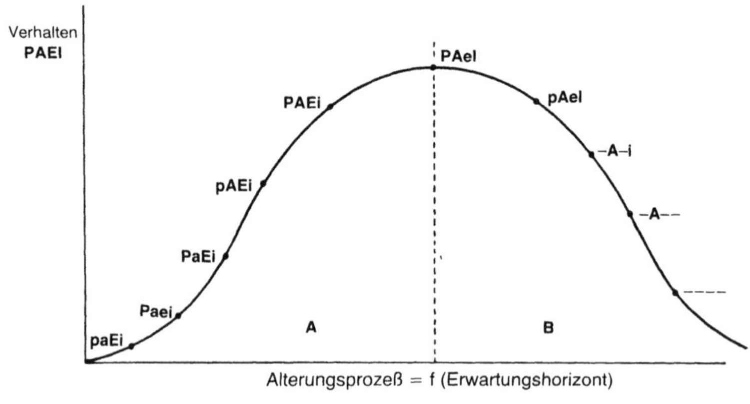

wahrgenommen. Die Kommunikation ist gewöhnlich offen, und es kann jemand akzeptiert werden, der die notwendigen inneren Maßnahmen zur Förderung des Wandels einleitet. Außerdem ist es bis zum Erreichen des Reifestadiums (Feld A) notwendig, konvergentes Denken zu fördern, was durch einen Fachmann geschehen kann, ohne daß zu große Turbulenz entsteht oder irgend jemand sich in seiner Position bedroht fühlt. Vom Reifestadium an ist es hingegen notwendig, divergentes Denken zu fördern (»Was könnten wir sonst noch tun?«). Der Intervenierende muß den Erwartungshorizont anheben, indem er die wahrgenommene Disparität zwischen Gewünschtem und Erwartetem noch verschärft (d.h. zu offener Unzufriedenheit anstachelt). Der Betreffende muß das durch Veränderung des kollektiven Bewußtseins des Unternehmens oder, zumindest am Anfang, des Topmanagements erreichen. Das bedeutet nun tatsächlich, Turbulenzen auszulösen. Nach einem englischen Wortspiel muß der *consultant* (Berater) als *insultant* (Beleidiger) auftreten. Gehörte er dem Unternehmen an, dann würde er rasch zum Schweigen gebracht, indem er gefeuert oder von den Kollegen oder Vorgesetzten »eingemeindet« wird.
Bis zum Reifestadium (Feld A) ist relativ alles erlaubt, was nicht ausdrücklich verboten ist. Von diesem Zeitpunkt an (Feld B) ist, wiederum relativ gesehen, alles verboten, was nicht ausdrücklich erlaubt ist. Zur Förderung des Lebenszyklus in Feld B bedarf es eines unabhängigen, langfristig planenden, von außen hinzugezogenen Sachwalters des Wandels, dem man vertraut.

Behandlung

Vorgründungszeit
In dieser Phase besteht die beste Behandlung im Realitätstest (Abb. 5): Der Ideenträger ist mit harten Tatsachen des Lebens zu konfrontieren und der Grad seines Engagements zu prüfen. Nichts ist unmöglich, wenn man es nur wirklich will. Diese Entschlossenheit muß jedoch am Verhalten gemessen werden.

Abbildung 5
Behandlung

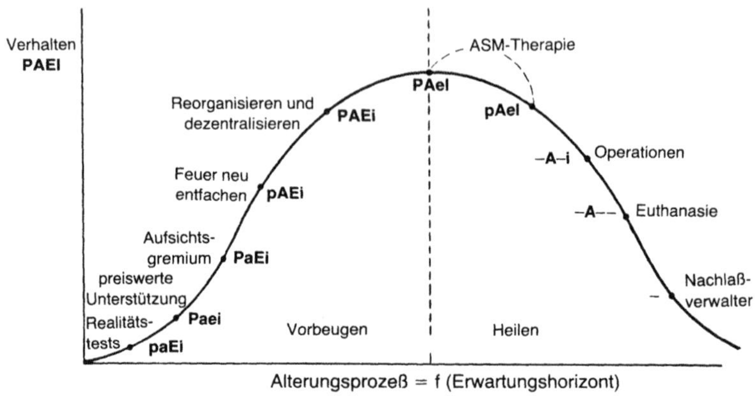

Gründungsphase
Das in den Kinderschuhen steckende Unternehmen verfügt nicht über die Mittel, um Aufsichtsräte zu bestellen oder von außen Berater hinzuziehen. Ein Beratungsgremium bestehend aus dem Anwalt, dem Buchhalter, Freunden und auch Angestellten kann deshalb einen Teil des nötigen Know-hows liefern. Dieses Gremium sollte nicht Vorstandsrang haben, weil das das Engagement des Gründers verfälschen könnte, das für das Überleben des jungen Unternehmens notwendig ist. Dieses Engagement scheint mir eng mit dem Freiraum verbunden zu sein den jemand genießt.

Aufbauphase
Das im Aufbau befindliche Unternehmen braucht ein starkes, aktives, dauernd eingreifendes und *externes* Aufsichtsgremium, das die divergierenden Ideen des Führungsteams unter einen Hut bringt und die in der Regel unzulängliche Planung eines solchen Unternehmens systematisiert. Dies ist der gute und notwendige Beginn einer Depersonalisierung der Geschäftsführung und einer Institutionalisierung gewisser Richtlinien und Pläne. (Oft hat der Gründer in dieser Entwicklungsphase eine starke Abneigung gegen *externe* Beratergremien. Das könnte das erste Anzeichen sein, daß er sich in der Gründerfalle fängt).

Wachstumsphase
Im Gegensatz zu der traditionellen Methode, mit Konflikten umzugehen, besteht die empfohlene Behandlung in diesem Stadium darin, sich von zwischenmenschlichen Therapieansätzen fernzuhalten (beispielsweise keine Selbsterfahrungsgruppen) und sich stattdessen auf die aktuellen *Aufgaben* zu konzentrieren. Während ein Berater also möglicherweise hinzugezogen wird, weil sich die Partner nicht mehr ausstehen können, sollte er ihre Ansprüche zu ignorieren versuchen und sich eines Urteils über ihre gegenseitigen Beschuldigungen enthalten. Stattdessen sollte er für Planungssitzungen eintreten, bei denen die *Zukunft* analysiert wird, Gefahren und Chancen formuliert, und Zielsetzungen und Strategien entworfen werden. Das Engagement *für das Unternehmen* muß auf einer neuen Ebene aufgebaut werden, wobei man versucht, gleichsam das Stadium der »Flitterwochen« in anderer Form zu wiederholen. Je klarer der Zukunftsplan in allen seinen Komponenten, desto schneller wird es gelingen, ein administratives System einzuführen und die zwischenmenschlichen Beziehungen zu stabilisieren. Das bedeutet nicht, daß die Partner so gut zusammenarbeiten werden wie in der Vergangenheit, aber die Situation wird erträglich sein. Auf kurze Sicht gesehen ist zwar keine Liebe vorhanden, aber auch keine Feindseligkeit. Sobald die Zukunft klar ist, können die persönlichen Beziehungen durch Selbsterfahrungs- und Encountergruppen verbessert werden.
Blütejahre
Das auf dem Gipfel seiner Entwicklung befindliche Unternehmen holt in der Regel keine Hilfe von außen herbei. Das kollektive Bewußtsein der Führungskräfte verspürt kein derartiges Bedürfnis. Sie haben das Gefühl, daß alles zum besten stehe. Dies ist jedoch eine Selbsttäuschung, denn die Blütezeit ist zugleich der Anfang vom Ende. Das Ziel ist nicht nur, auf den Gipfel zu gelangen, sondern auch dort zu *bleiben,* und das erfordert Maßnahmen, um Alterungsprozessen vorzubeugen. Zu diesem Zweck müssen Schritte eingeleitet werden, um ein hohes Maß an unternehmerischer Initiative (E) zu erhalten.

Der Verjüngungsprozeß: Die Ratsamkeit von Dezentralisierung

Um Alterungsprozesse zu verhindern, sollte sich ein Unternehmen dezentralisieren, solange es sich noch in den Blütejahren befindet. Im Stadium der beginnenden Bürokratie ist die Dezentralisierung oft zu beschwerlich für eine Organisation, die nicht an Kreativität und Wandel gewöhnt ist. Es muß deshalb (im Blütestadium) ein *neuer* Lebenszyklus in Gang gesetzt werden, bevor es mit dem Unternehmen abwärts zu gehen beginnt. Dieser Vorgang sollte sich ständig wiederholen. Dieses Verhaltensmuster ist in Abb. 6 graphisch dargestellt.

Abbildung 6
Reorganisation und Denzentralisierung

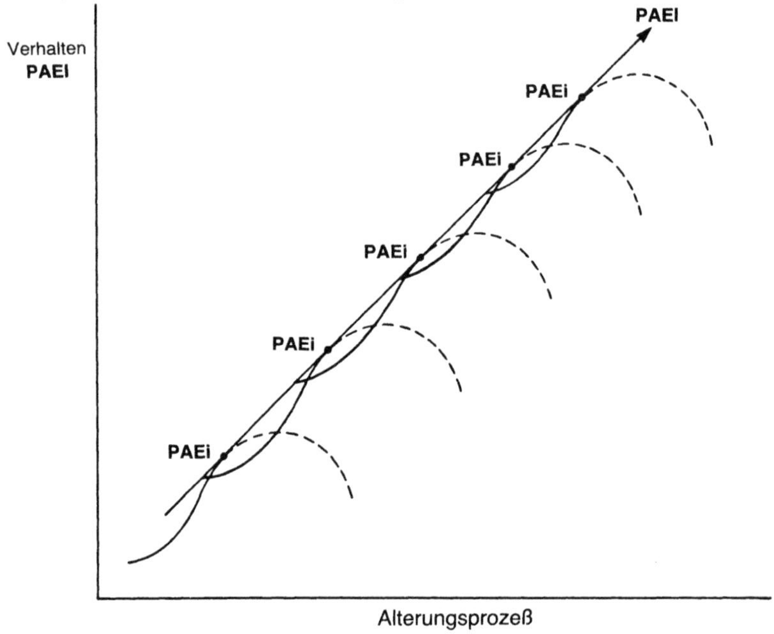

Bei der Dezentralisierung eines Unternehmens wird von niedrigeren Rängen der Hierarchie erwartet, daß sie Führungsfunktionen übernehmen, d.h., daß sie fähig sind, Initiativen zu entwickeln (**E**) und von sich aus ihre Mitarbeiter motivieren und aktivieren, diese Initiativen in die Tat umzusetzen (**I**). Dezentralisierung entwickelt somit auf dem Erfahrungswege **E** und **I**. Die Behandlung eines in den Blütejahren befindlichen Unternehmens besteht somit in einer Reorganisation mit dem Ziel einer weiteren Dezentralisierung. Neue Faktoren (Absatzmärkte, Produkte, Gewinnquellen) erhalten einen Platz auf dem Organisationsplan, der ihnen die notwendige Aufmerksamkeit sichert.
Das Schaubild eines gesunden Unternehmens sollte eine »Großfamilie« aufweisen, wobei der aristokratische und der im Blütestadium befindliche Unternehmenszweig ebenso identifizierbar sein sollte wie die Nachwuchsorganisationen. Das **PAEI**-Modell weist Parallelen mit dem Modell der Boston Consulting Group auf, bei dem das aristokratische Unternehmen die Rolle der bargeldspendenden Kuh spielt usw.
(Siehe Abb. 7).

Abbildung 7
Organisationsschema

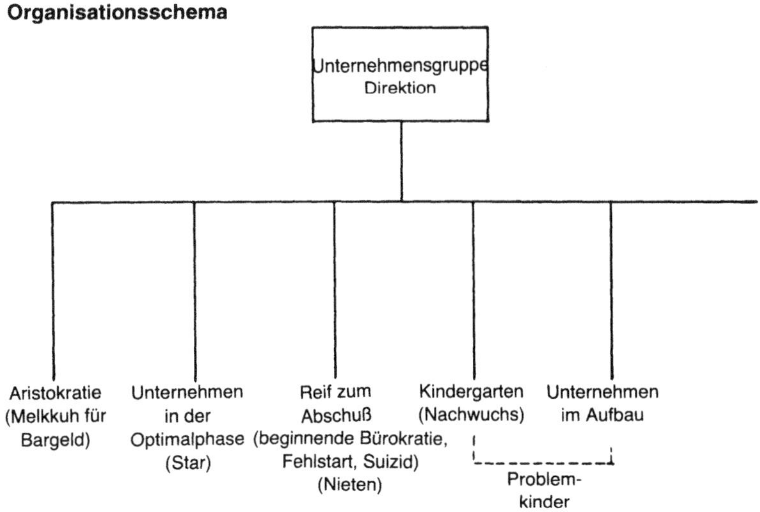

Es wird somit empfohlen, den Organisationsplan, den Absatzmarkt und die technologischen Aktivitäten des Unternehmens periodisch zu überprüfen: Ist in letzter Zeit etwas »zur Welt gekommen«, das man »herausnehmen« und einem systematischen Entwicklungsprogramm unterziehen sollte? Ist eine der Nachwuchsabteilungen groß genug geworden, um als Gewinnquelle auf eigenen Füßen stehen zu können?

In der Regel sollte man vermeiden, daß ein Unternehmen in der Aufbauphase (Go-go) die Aufsicht über eine Neugründung erhält; ebensowenig empfiehlt es sich, eine Go-go-Firma einem aristokratischen Unternehmen zu unterstellen – ein Phänomen, das ich als »organisatorischen Inzest« bezeichne. Verhaltensweisen, die für das eine Unternehmen angebracht sind, könnten für das andere erstickend sein. Für jede organisatorische Einheit versprechen andere Maßnahmen Erfolg, je nachdem, in welcher Phase des Lebenszyklus sich diese befindet.

Durch langfristige Planung kann man, wie in Abb. 6 dargestellt, die Expansion eines Unternehmens und dessen künftige Aktivitäten (Absatzmärkte, Technologien, etc.) vorzeichnen, und die künftigen Organisationsschemata können davon abgeleitet werden. In einem solchen Fall ist es möglich, **PAEI**(!) zu verwirklichen (siehe Abb. 6). Die **E**-Rolle und die **I**-Rolle sind unvereinbar, wenn der Planungszeitraum kurz ist. Unternehmerische Initiative und Teamwork geraten in Konflikt miteinander, da Unternehmer von Natur aus Individualisten sind. Deshalb wird selbst im Blütestadium **I** kleingeschrieben. Langfristige Planung ermöglicht es, die Unternehmerpersönlichkeiten in die Gesamtstruktur zu integrieren und Teamwork mit individueller Kreativität zu verwirklichen.

Ein Unternehmen, das expandieren möchte, ohne sich zu dezentralisieren, muß dies durch Fusionen und Neuerwerbungen tun. Dies sind in der Regel die Methoden des aristokratischen Unternehmens. Es bringt keine eigenen Ideen hervor und entwickelt nicht seine eigenen Produkte und Absatzmärkte, deshalb kauft es andere Firmen auf. Wenn solche Fusionen und Aufkäufe nicht zur Dezentralisierung führen, dann wird dieses Unternehmen an

seiner allzu starken technologischen Diversifizierung (seiner gleichzeitigen Präsenz auf zu vielen Märkten) ersticken.
Erwerbungen, Firmenankäufe, die nicht von einer gewissen Dezentralisierung begleitet sind, können eine weitere Zentralisierung bewirken, da sie kontrolliert werden müssen. Das bedeutet ein weiteres Anschwellen der Bürokratie. Um ein Absinken der Erträge zu verhindern, wird das Unternehmen weitere Firmen erwerben müssen, die die Bürokratie des zentralisierten Unternehmens noch stärker aufblähen, usw. Dadurch entsteht ein Teufelskreis.
Die Dezentralisierung sollte ein sich periodisch wiederholender Vorgang sein. Wenn ein Unternehmen auf lange Sicht erfolgreich bleiben will, muß es jedes Mal dezentralisieren, wenn es das Blütestadium erreicht. Hier ergibt sich ein Dilemma. Ein Unternehmen braucht ein gemischtes Führungsteam, um optimal geleitet zu werden. Für dieses Team werden Führungskräfte mit unterschiedlichen Verhaltensstilen benötigt. Ein Unternehmen kann jedoch in jedem Stadium einen eigenen Stil entwickeln, der sich auf bestimmte Führungsstile hemmend auswirkt.

Die Behandlung des voll entwickelten und des aristokratischen Unternehmens

In der aristokratischen Phase benötigen Unternehmen Interventionen von außen. Ich bezeichne diese als Therapie, im Gegensatz zu chirurgischen Eingriffen, bei denen Führungskräfte entlassen und plötzliche Veränderungen der Verantwortlichkeiten angekündigt werden. Solche Operationen sind nicht notwendig, da das aristokratische Unternehmen noch über viel flüssiges Kapital verfügt und da es *Zeit* hat, um sich zu verjüngen, ohne drastische Maßnahmen zu ergreifen, die nur dann nötig sind, wenn man unter zeitlichem und wirtschaftlichem Druck steht.[2]
Zur Verjüngung aristokratischer Unternehmen ist eine als ASM bezeichnete Methode bei 50 über die ganze Welt verstreuten Firmen mit unterschiedlichem Erfolg angewandt worden. Die ASM-Therapiemethode unternimmt im Grunde den Versuch, durch eine Veränderung des Erwartungshorizonts das Bewußtsein des

Unternehmens zu ändern. Sie erweitert die Horizonte und vermittelt gleichzeitig den Führungskräften Techniken des Teamworks, die ihnen die Zuversicht geben, Veränderungen erfolgreich durchführen zu können. Dadurch wird dem Gefühl der Hilflosigkeit entgegenwirkt, das für stagnierende Unternehmen charakteristisch ist.
Der Verfallsprozeß, der sich im Finzi-Contini-Syndrom niederschlägt, muß überwunden werden. Auf einer Diagnosesitzung werden die Führungskräfte in konstruktiver Weise mit den Fakten konfrontiert. Das Resultat ist ein Aktionsplan, um Probleme zu lösen, die niemand allein lösen kann, die sie aber gemeinsam lösen können, weil sie sie als entscheidend wichtig erkennen.
Durch die Öffnung der Schleusen für konstruktive Kritik und Teamwork wechselt das Unternehmen von einem reaktiven zu einem proaktiven Verhaltensmodus, der es wieder in die Optimalphase des unternehmerischen Lebenszyklus führt. (Weitere Einzelheiten siehe .... Kapitel)[3]

Die Behandlung der beginnenden Bürokratie

Die gegenseitigen Verleumdungen, die dieses Stadium charakterisieren, erfordern einen prompten chirurgischen Eingriff. Leute, die eine negative Einstellung haben, die das Klima vergiften oder die absolut nichts leisten, müssen ersetzt werden. Ein solcher Eingriff sollte nur einmal und sehr schonend vorgenommen werden. Wenn mehrere solche Operationen hintereinander erfolgen, könnte sich das lähmend auf den Betrieb auswirken. Das Mißtrauen und die Paranoia der leitenden Angestellten, die in diesem Stadium des Lebenszyklus ohnedies um sich greifen, könnten außer Kontrolle geraten; mit anderen Worten, die Behandlung könnte die Neurose verstärken, statt sie zu heilen.
Nach dem chirurgischen Eingriff wird dieselbe Therapie angewandt wie im Falle einer Aristokratie, nur daß die Interventionsrate (die Behandlungsdosis) viel höher ist. Für aristokratische Unternehmen genügt eine Intervention an einem Tag des Monats, während eine beginnende Bürokratie in der Regel Interventionen an drei Tagen pro Monat benötigt.

Bürokratie und Bankrott
Ich habe keine Erfahrung mit der Behandlung von Unternehmen in diesen Stadien.

Mögliche Fallstricke

Ein gutes Modell sollte konterintuitive Empfehlungen enthalten. Nachstehend seien einige angeführt.

Delegationsbehandlung
Man hört immer wieder, das Hauptproblem des Gründers sei, daß er keine Verantwortung delegiere. Wenn der Gründer in der Aufbauphase (Go-go) nicht delegiert, wird er in der Gründerfalle landen. Aber die Behandlung ist nicht leicht anzuwenden. In der Anfangsphase des Unternehmens (in der der Gründer noch härter arbeitet als in der Wachstumsphase) geht das Delegieren nicht nur dem Gründer gegen den Strich, es ist auch gefährlich für die »Gesundheit« des Unternehmens.
Delegieren ist keine empfehlenswerte Behandlung, da das grenzenlose Engagement des Gründers für sein Werk ihn in Schwung hält. Wenn man den Gründer in dieser Entwicklungsphase des Unternehmens auffordert, Verantwortung abzutreten, könnte ihn dies dem Unternehmen entfremden und sein Engagement dafür abschwächen. Außerdem ist es schwierig, nichtprogrammierte Entscheidungen zu delegieren. Entscheidungen, die als Präzedenzfälle dienen sollen, werden eben erst getroffen. Das Delegieren solcher Entscheidungen ist mit einer Dezentralisierung gleichzusetzen, was in einem neugegründeten Unternehmen bedeutet, die Kontrolle vom Gründer auf jemand anderen zu übertragen. Dies ist nahezu unmöglich, da das Unternehmen über keine Managementreserven verfügt. Der Gründer wird in der Regel den Berater, der ihm empfiehlt, Verantwortung zu delegieren, in Zweifel ziehen, indem er ihn in gereiztem Ton fragt: »Delegieren? schön! aber an wen?«
Mit dem Delegieren der Funktionen des Gründers sollte in den

fortgeschrittenen Stadien der Aufbauphase (Go-go) begonnen werden, wenn alle zuviel zu tun haben. Der Gründer sollte nicht das Gefühl haben, durch das Delegieren auf den ganzen Spaß (die Kontrolle) verzichten zu müssen. Wenn sich das Unternehmen der Expansionsphase nähert, werden außerdem administrative Systeme geplant und die Programmierung in Angriff genommen. Eine gesunde Go-go-Firma braucht Richtlinien – was zu *unterlassen* ist – und dies entspricht auch einer Entscheidungsprogrammierung. Je programmierter die Entscheidungen sind, desto leichter wird es sein, Verantwortung zu delegieren, ohne die Kontrolle zu verlieren.
Die Stichhaltigkeit der Empfehlung, zu delegieren, die oft den überlasteten Geschäftsführern kleiner Betriebe gegeben wird, sollte deshalb daran gemessen werden, in welcher Phase seines Lebenszyklus sich das Unternehmen befindet. Die Wahl des richtigen Zeitpunkts ist entscheidend, wenn die Behandlung erfolgreich sein soll.

Unnötige Eingriffe zum falschen Zeitpunkt

Ein chirurgischer Eingriff – ein Wechsel der Führungsspitze – ist das schnellste Mittel, um eine Veränderung herbeizuführen, aber es ist auch die schmerzhafteste und gefährlichste Art der Behandlung. Sie wird oft angewandt, weil sie in kurzer Zeit durchgeführt werden kann und äußerst lukrativ ist (für den Berater). Leider bleiben wenige »Unternehmenschirurgen« lange genug, um die Resultate ihrer Eingriffe zu überblicken oder die Verantwortung für die postoperativen Komplikationen übernehmen zu können. Was einen Chirurgen erfolgreich macht ist nicht, wie schnell er operiert, sondern wie gut er die postoperativen Komplikationen überwacht, die auftreten können, solange der Körper noch schwach und anfällig ist. Viele Berater, die für ein neues Organisationsschema eintreten, neues Personal suchen helfen, ihr Honorar einstreichen und damit ihre Aufgabe für erledigt halten, haben ihre Arbeit nicht abgeschlossen. Wenn die neue Konstruktion in Kraft tritt, beginnen die *eigentlichen* Schmerzen der Anpassung. Diese Schmerzen können sehr heftig sein, aber die lei-

tenden Angestellten hüten sich davor, diese Probleme zur Sprache zu bringen. Sie fürchten, mit dem Hinweis auf Probleme weitere chirurgische Eingriffe zu provozieren. Lieber leiden sie stumm, als sich weiteren Operationen auszusetzen.
Obwohl die Umstrukturierung für den langfristigen Erfolg unerläßlich ist (siehe Abb. 6) kann sie, wenn sie zum falschen Zeitpunkt als Therapie eingesetzt wird, einen anhaltenden Rückschlag bewirken; das Unternehmen kann sich weigern, die Operation über sich ergehen zu lassen. Falls solche Eingriffe bisher als einziges Heilmittel angewandt wurden und sich als schmerzhaft und ineffektiv erwiesen, kann das Unternehmen weitere solche Operationen zu präventiven Zwecken ablehnen, insbesondere solange ein Problem nicht offen erkennbar ist. Oft entschließt man sich erst im Falle einer Krise zu einer Reorganisation (beispielsweise in einer beginnenden Bürokratie). In diesem Stadium ist der chirurgische Eingriff unvermeidlich. Die Behandlung hätte jedoch einsetzen sollen, solange ihre Auswirkungen noch nicht so schmerzhaft gewesen wären – nämlich in der Optimalphase des Lebenszyklus der betreffenden Organisation oder Firma. In dieser Phase ist das Betriebsklima für Veränderungen aufgeschlossen. Dank der Expansion und der positiven Zukunftserwartungen erscheinen die mit einem Wandel verbundenen Gefahren viel kleiner und können noch weiter minimiert werden. In einer beginnenden Bürokratie, wenn die wirtschaftlichen Erträge schlecht sind und die Atmosphäre bereits von Mißtrauen durchsetzt ist, verstärkt jeder Wechsel die Ängste, statt sie zu beseitigen.
Unternehmen in der aristokratischen Phase wird empfohlen, prinzipiell *keine Entlassungen* vorzunehmen. Sodann ist es notwendig, im Laufe von sechs Monaten ein verändertes Betriebsklima herbeizuführen, das von den erwarteten Chancen für äußeres Wachstum geprägt ist, um die Bereitschaft zu innerem Wandel zu schaffen. Es wird eine Reorganisation durchgeführt (keine Entlassungen, bloß eine Umverteilung der Kräfte) und ein Umschulungsprogramm eingeleitet. Diese Form der Behandlung hat sich im großen und ganzen als erfolgreich erwiesen.

Zusammenfassung

Es wurde ein Modell zur Codifizierung (**PAEI**) von Unternehmensverhalten vorgestellt. Ein Lebenszyklus mit unterschiedlichen Verhaltensmustern gestattet uns, die Rollen vorauszusagen, die entwickelt werden müssen, wenn ein Unternehmen gesund bleiben soll. Es wurden auch mögliche Behandlungsmethoden vorgeschlagen. Das Modell kann darüber hinaus dazu dienen, mögliche Fehler zu klären, die Berater bei der Einleitung organisatorischer Veränderungen begehen können.

Im nächsten Abschnitt dieses Buches wird dargestellt, wie man gute Führungskräfte ausbildet und entwickelt, wie man komplementäre Führungsteams zusammenstellt und wie man das Betriebsklima mit Hilfe des **PAEI**-Modells verändern kann.

Anmerkungen

1. Im Englischen »*Passages*« nach dem Titel von Gail Sheehys gleichnamigem Buch (New York: Bantam, 1977) über die vorhersagbaren Phasen im Leben der Erwachsenen.
2. Das .... Kapitel befaßt sich eingehend mit spezifischen therapeutischen Maßnahmen. Hier beschränken wir uns auf einige Hauptpunkte, die aus der Analyse des Lebenszyklus eines Unternehmens abgeleitet werden können.
3. Für ein eingehenderes Studium der Methode empfehlen wir die Veröffentlichungen 1 bis 13 des MDOR-Instituts in Los Angeles, Kalifornien.

III.
Was ist Management?

1. *Was ist also ein guter Manager?*

Allgemeines

Wir haben schlechte Manager wie den Einsamen Kämpfer, den Bürokraten, den Brandstifter, den Superangepaßten und die Drohne (den schlimmsten Fall einer negativen Auswahl!) geschildert. Allen diesen Persönlichkeiten fehlen eine oder mehrere Führungsrollen in ihrem **PAEI**-Code. Gleichzeitig haben wir festgestellt, daß die Funktionen des Integrierens, der unternehmerischen Initiative, des Verwaltens und des Produzierens für ein effektives Management notwendig sind.
Wir haben argumentiert, daß jede der vier Managementrollen ein notwendiger, aber nicht ausreichender Bestandteil eines guten Führungsstils ist und daß Führungskräfte in einer oder mehreren Rollen Hervorragendes leisten sollten, aber nicht unter völligem Ausschluß der übrigen. Der produzierende Manager sollte also eher ein **Paei** als ein **P**––– sein, der verwaltungsbegabte Manager sollte ein **pAei** und nicht ein –**A**–– sein und so weiter. Der –**A**––– Stil ist dysfunktional, nicht weil eine Rolle im Vordergrund steht, sondern weil die anderen Rollen völlig fehlen.

Management- und Mismanagement-Stile

Der Unterschied zwischen Managern und Mismanagern besteht darin, daß letztere nicht die Fähigkeit haben, bestimmte Rollen auszufüllen. Wir haben die verschiedenen Managementtypen im nachstehenden Kasten (S. 153) aufgeführt. In allen Fällen hat die Rolle bzw. die Rollen, in denen sowohl der Manager als auch der Mismanager Außerordentliches leisten, dieselbe »Größe«. Der Mismanager unterscheidet sich insofern vom Manager, als dem Erstgenannten die Fähigkeit fehlt, bestimmte Rollen auszuüben, während der Manager in diesen zwar nichts Hervorragendes leistet, aber doch eine gewisse Leistungsschwelle erreicht.

Mismanagement-Stile				*Management-Stile*
P---	= der Einsame Kämpfer	aber	**Paei**	= der Produzent
-A--	= der Bürokrat	aber	**pAei**	= der Administrator
--E-	= der Brandstifter	aber	**paEi**	= der Unternehmer
---I	= der Superangepaßte	aber	**paeI**	= der Integrator
----	= die Drohne	aber	**PAEI**	= der Lehrbuch-Manager
PA--	= der Sklaventreiber	aber	**PAei**	= der Gouverneur
PA-I	= der gütige, huldvolle Prinz	aber	**PAeI**	= der Hirte
-A-I	= der väterliche Bürokrat	aber	**pAeI**	= der mitbestimmungsfreundliche Administrator
P--I	= der kleine Vereinstrainer	aber	**PaeI**	= der Bergführer
P-E-	= der hektische Gründer	aber	**PaEi**	= der Gründer
PAE-	= der Solo-Organisator	aber	**PAEi**	= der Organisator
--EI	= der Demagoge	aber	**paEI**	= der Lehrer
-AEI	= der falsche Führer	aber	**pAEI**	= der übereifrige Neuling
-AE-	= die Nervensäge	aber	**pAEi**	= des Teufels Anwalt
P-EI	= der charismatische Guru	aber	**PaEI**	= der Staatsmann

Der Mythos vom Lehrbuch-Manager

Die Managementtheorie konzentriert sich auf *die einzelne Führungskraft.* Sie geht von derselben Art von Annahme aus wie die Wirtschaftstheorie. Die Wirtschaftstheorie liefert uns Instrumente zur Voraussage, wie sich eine Firma verhalten wird. Unter ganz bestimmten Bedingungen wird die Firma ihre Preise erhöhen; unter anderen wird sie sie senken. Die Theorie erklärt, *warum* Entscheidungen getroffen wurden, aber sie erklärt uns nicht, *wie* diese zustande kamen. Sie personifiziert den Gruppenprozeß einer Entscheidungsbildung in einer abstrakten Einheit, die sie als »die Firma« bezeichnet.

Dieselbe Art von konzeptioneller Einengung ist in der Managementtheorie zu beobachten: *Der Manager* plant, kontrolliert, motiviert, diszipliniert usw. Aber dies sind Aspekte eines Prozesses, bei dem ein einzelner unmöglich in jeder Hinsicht Hervorragendes leisten kann. Während der eine ein besonderes Talent für die Planung haben kann (**pAEi**), kann die Stärke des anderen in der Organisation liegen (**PAEi**), der dritte mag eine besondere Gabe besitzen, andere zu motivieren (**PaEI**) usw. Wir alle kennen Führungskräfte, die ausgezeichnete Ideen haben und großartig planen können, die aber bei der Durchführung Schwierigkeiten haben, und andere, die sensibel und einfühlsam sind und gut integrieren können, denen es aber schwerfällt, harte Entscheidungen zu treffen.

Obwohl keine Führungskraft alle Managementrollen gleichermaßen hervorragend ausfüllt (**PAEI**), halten viele weiterhin nach dem Lehrbuch-Manager Ausschau. Untersuchungen über Führungsqualitäten (beispielsweise von Fiedler) konzentrieren sich ausnahmslos auf den einzelnen. Wenige dieser Studien, falls überhaupt welche, können eindeutig verifizierbare Befunde vorlegen. Ihre Modelle sind durch eine geringe Voraussagbarkeit gekennzeichnet, da das falsche Objekt studiert wird; die einzelne Führungskraft statt des Führungsteams. Die Fähigkeiten der anderen Gruppenmitglieder, die der »Führer« führt, werden ignoriert.

Die traditionelle Managementtheorie, die von einem prototypischen Manager ausgeht, ist zum größten Teil keine Kontingenztheorie, weil sie voraussetzt, daß alle Führungskräfte alle Aufgaben unter allen Bedingungen in allen Unternehmen auf dieselbe Weise erfüllen. Sie beschreibt nicht die Umstände, unter denen Führungskräfte unterschiedlich planen, organisieren und motivieren.

Die traditionelle betriebswirtschaftliche Ausbildung könnte daher einer guten Managementschulung zuwiderlaufen. Im großen und ganzen kann man sagen, wenn eine solche Ausbildung **PAEI**s hervorzubringen versucht, dann wird der Absolvent, sobald er in die Praxis eintritt, die in ihn gesetzten Erwartungen nicht erfüllen können und in die Defensive gehen. Da man ihm beigebracht hat, daß er ein **PAEI** sein sollte, bedeutet das Eingeständnis, die erwarteten Leistungen nicht erbringen zu können, daß er sich als gescheitert empfinden muß. Weil sie ihre eigenen Schwächen oder die anderer nicht akzeptieren, könnten die Absolventen herkömmlicher Wirtschaftsschulen für ihre Firmen zu einem Problem werden.

Das Handwerkszeug der Buchführung, des Vertriebs und der Finanzplanung ist zwar sehr wertvoll, aber zusammen mit diesen Kenntnissen könnten die Hochschulen und Akademien eine ungesunde Einstellung vermitteln. Sie könnten die Studenten programmieren zu glauben, daß sie **PAEI**s sein müssen und daß sie das auch von ihren Untergebenen zu fordern haben. Die Folge ist, daß sie ständig mit sich selbst und ihren eigenen Mitarbeitern unzufrieden sein werden.

Im nächsten Kapitel werden wir eingehend erörtern, wie Führungskräfte ausgebildet werden sollten. An diesem Punkt wollen wir jedoch noch einmal zu unserer Ausgangsfrage zurückkehren: Wenn der **PAEI** nicht existiert, wie kann der einzelne leitende Angestellte dann vermeiden, ein Mismanager zu werden?

Was ist ein guter Manager?

Ein guter Manager kann unmöglich in seiner Person all die Tugenden vereinen, die jemals dem Management zugeschrieben wurden. Eine Führungskraft sollte jedoch als Teammitglied die folgenden neun Bedingungen erfüllen.

1. Er ist fähig, alle vier Managementrollen zu erfüllen, obwohl er nicht in allen Hervorragendes leisten kann. Er zeichnet sich zumindest in einer Rolle aus und erfüllt in den anderen die Grundanforderungen – das heißt, er weist keine Bindestriche in seinem **PAEI**-Code auf.
2. Er kennt seine eigenen Stärken und Schwächen.
3. Er ist in Kontakt mit seinem sozialen Umfeld. Er akzeptiert Rückmeldungen von anderen, um zu erkennen, wer er ist. Er ist sich bewußt, daß er ist, was er tut.

4. Er hat ein ausgewogenes Bild von sich selbst. Er kennt sowohl seine Stärken als auch seine Schwächen.
5. Er *akzeptiert* sowohl seine Schwächen als auch seine Stärken. Er versucht nicht, jemand zu sein, der er nicht ist, zumindest nicht kurzfristig.
6. Er kann die Begabungen anderer erkennen, auch in Rollen, in denen er selbst nicht sattelfest ist.
7. Er akzeptiert die Meinungen anderer in Bereichen, die sie wahrscheinlich besser beurteilen können als er selbst.
8. Er kann die Konflikte lösen, die zwangsläufig entstehen, wenn Leute mit verschiedenen Bedürfnissen und Verhaltensstilen zusammenarbeiten müssen, um ein effektives Führungsteam zu bilden.
9. Er schafft ein Klima der Lernbereitschaft.

> Die Rolle eines kompetenten Managers ist es, eine Umgebung zu schaffen, in der die wünschenswertesten Dinge mit der größten Wahrscheinlichkeit passieren werden.
>
> *Ralph Ablon*

Sehen wir uns die genannten Bedingungen nun genauer an.

Eine abgerundete Persönlichkeit

Der gemeinsame Nenner der fünfzehn Mismanagementstile, die in dem Kasten auf Seite 153 angeführt sind, ist Inflexibilität. Jeder Typus des Mismanagers ist »blind« für eine oder mehrere der Managementrollen und hat deshalb wahrscheinlich Schwierigkeiten bei der Zusammenarbeit mit Leuten, die in diesen Rollen Hervorragendes leisten. Die Extremfälle sind eindimensionale Führungskräfte – der Einsame Kämpfer, der Bürokrat, der Brandstifter und der Superangepaßte.

Gute Führungskräfte sind weder **PAEI**s, noch versagen sie in einer der Managementrollen vollkommen. Sie haben Stärken und Schwächen – der eine mag ein starkes **P** haben, der andere ein starkes **E** usw. – aber ihre Stärken schließen nicht ein gewisses Leistungsvermögen in den anderen Rollen aus.

Abbildung 8
Das Medizinrad

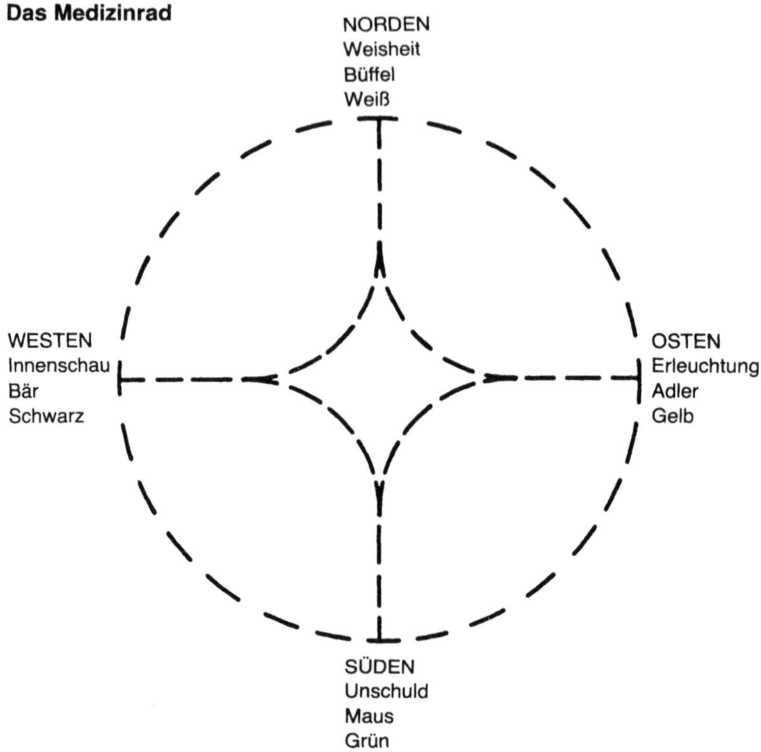

Ein interessantes Gegenstück zu dieser Sichtweise findet sich in H. Storms Bericht darüber, wie die amerikanischen Indianer ihr »Medizinrad« zur Klassifizierung von Persönlichkeiten und zur individuellen Wachstumsplanung benutzen.[1] Das Medizinrad war ein aus kleinen Steinen gebildeter Kreis, der die vier Himmelsrichtungen anzeigte. Mit jeder Richtung wurde ein bestimmter Persönlichkeitstyp, ein Totem- oder Tiersymbol und eine Farbe assoziiert. So wurde beispielsweise mit dem Norden Weisheit, der Büffel und die Farbe Weiß in Verbindung gebracht (siehe Abb. 8). »Bei der Geburt«, schreibt Storm, »erhält jeder einen bestimmten Startplatz innerhalb der vier Hauptrichtungen des Medizinrades. Dieser Startplatz vermittelt uns die erste Art und Weise, die Dinge wahrzunehmen, eine Sichtweise, die dann unser ganzes Leben lang am leichtesten und natürlichsten für uns sein wird.«

Ein Mensch, der die Welt nur aus einer Perspektive wahrnimmt, ist unvollständig. Menschen, die ausschließlich mit dem Norden identifiziert sind, heißen Büffelmenschen. Solche Menschen sind weise, aber kalt und ohne Gefühle. Adler, die dem Osten zugeordnet werden, können weit in die Ferne sehen, aber sie sind den Dingen nicht nah. Sie haben keine Vorstellung von den irdischen Auswirkungen ihrer himmelstürmenden Höhenflüge. Ein Mensch, der die Welt aus westlicher Sicht sieht, wird immer wieder denselben Gedanken wälzen und stets unentschlossen sein. Ein Mensch des Südens sieht alles mit den Augen einer Maus. Er ist dem Erdboden zu nah und zu kurzsichtig, um etwas anderes sehen zu können als das, was sich vor seiner Nase befindet.

Diese Beschreibung von Persönlichkeiten weist einige offenkundige Parallelen mit unseren Mismanagementstilen auf. Der Adler hat große Ähnlichkeit mit dem ausschließlichen Unternehmer (--**E**-). Er durchmißt den Himmel – und erwartet dabei, daß ihm die Leute auf der Erde folgen – ohne Verständnis für die Einzelheiten, die man beachten muß, um Dinge zu bewegen. Die Maus gleicht dem Produzenten in Reinkultur (**P**---). Er arbeitet hart, aber er hat keine langfristigen Perspektiven. Er sieht nur über kurze Distanzen, nur das Nächstliegende. Storm beschreibt den Mäusemenschen als »jemand, der alles wie in Nahaufnahme sieht und dessen Gesichtsfeld auf seine unmittelbare Umwelt beschränkt ist. Er ist ein Sammlertyp. Er kann Fakten, Informationen, konkrete Dinge oder auch Ideen sammeln. Aber weil er nicht weit genug sehen kann, um seine Welt mit der der Großen Prärie um ihn herum in Beziehung zu setzen, wird er nie imstande sein, all das, was er gesehen und gesammelt hat, zu verstehen.« Der starke und langsame Bär, der jede Entscheidung hundertmal überlegt, ist mit dem ausschließlichen Administrator vergleichbar. (Das Medizinrad hat keine Entsprechung für den ausschließlichen Integrator).

Die amerikanischen Indianer glaubten, wie Storm berichtet, daß jeder Mensch mit einem vorherrschenden Wesenszug geboren wird. Die Rolle des religiösen Führers eines Stammes, des Schamanen, war es, jedes Stammesmitglied anderen als seinen gewohnten Erfahrungen auszusetzen, bis der Betreffende zu einer ausgewogenen Persönlichkeit wurde. Wer als Adler geboren wurde, mußte das Leben der Mäuse beobachten, bis er ihre Lebensweise ganz begriffen hatte.

Mit anderen Worten, die Unmöglichkeit, ein **PAEI** zu werden, ist nicht mit einer fatalistischen Hinnahme dessen gleichzusetzen, was wir sind. Es bedeutet, daß wir uns in der Ausübung der nötigen Rollen vervollkommnen sollten, mit dem Ziel, die Leerstellen aus unserem Code auszumerzen und uns ständig weiterzuentwickeln, dabei aber gleichzeitig die Tatsache zu akzeptieren, daß wir nicht vollkommen sein können. Um dieses Wachstum zu ermöglichen, müssen wir zuerst erkennen, wer und was wir sind.

Leider verläuft die Praxis vieler Industriebetriebe nicht so aufgeklärt wie die des indianischen Schamanen. Wer ein guter **P** ist, wird oft in dieser Position belassen, oder entfaltet sich vertikal in dieser Position bis er sich selbst erschöpft, das heißt, zu einer Drohne wird.

Kennt sich selbst

Um gute Manager zu sein, müssen wir uns selbst kennen. Wir müssen wissen, auf welche Elemente unseres **PAEI**-Modells wir bei uns selbst als Stärken zählen können, und welche Elemente wir als Schwächen umgehen müssen.

> Betrachte es als deine Aufgabe, dich selbst zu erkennen – die schwierigste Lektion, die es in der Welt zu lernen gibt.
>
> *Miguel de Cervantes*

Die meisten Menschen kennen sich selbst nicht. Wir alle neigen dazu, uns in bezug auf uns selbst ein bißchen zu hypnotisieren und zu glauben, daß wir großartige Tatmenschen, gute Administratoren und sehr kreativ seien und mit anderen gut in Beziehung treten können. Wir wissen nicht, wer wir sind, und der Grund dafür mag sein, daß wir uns selbst gegenüber positiv oder negativ voreingenommen sind.

Ich vertrete die Auffassung, daß wir sind, was wir anderen zufügen. Mit anderen Worten, wir sind so, wie wir uns verhalten. Das bedeutet, daß man erfährt, wie ein Mensch ist – nicht aus dem, was er über sich sagt, sondern indem wir ihn beobachten und feststellen, was er getan und wie er es getan hat.

Dieser existentialistische, verhaltensbezogene Ansatz impliziert, daß wir, um uns selbst zu erkennen, mit unserer Umgebung in Kontakt sein müssen. Wir müssen uns bewußt machen, welche Wirkung wir auf andere haben. Wir können dies am besten tun, wenn wir offen genug sind, um zu hören und zu akzeptieren, was die Leute über uns zu sagen haben, selbst wenn sich ihre Äußerungen nicht mit unseren eigenen Ideen oder Überzeugungen in bezug auf uns selbst decken. Wenn wir das nicht tun, werden wir mit zu vielen Illusionen in bezug auf uns selbst belastet sein.

> O daß eine Macht uns das Geschenk gäbe, uns selbst so zu sehen, wie die anderen uns sehen.
>
> *Robert Burns*

Bei meiner Arbeit in Mexiko begegnete ich einem faszinierenden Beispiel dafür, was ich auf diesen Seiten zu vermitteln suche. Das Spanisch, das ich sprechen gelernt hatte, war das alte kastilische Spanisch. In einem meiner Vorträge, bei dem ich modernes Spanisch zu sprechen versuchte, sagte ich etwas, was meine Zuhörer verwirrte. Ich bat jemand, der Englisch sprach, mir auf englisch zu sagen, was ich gesagt hatte, um zu verstehen, was die Verwirrung ausgelöst hatte.

»Sie haben uns gefragt, ob wir Sie *fühlen* können«, antwortete er. Was ich hatte fragen wollen, war hingegen: »Können Sie mich *hören?*« Etwas Faszinierendes kam mir zu Bewußtsein. Vor fünfhundert Jahren hatte das spanische Verbum *sentir* hören, zuhören und fühlen bedeutet. In modernem Spanisch heißt *oir* »hören«, *escuchar* bedeutet »zuhören« und *sentir* ist das Wort für »fühlen«. Heute kann jemand hören, aber nicht zuhören, und zuhören, ohne zu fühlen. Um sich jedoch selbst zu erkennen, muß ein Manager in Kontakt mit einer Umwelt sein, die weniger zensuriert, weniger kontrollierbar und direkter ist. Wenn er hört und zuhört, dann muß er das Gehörte auch fühlen. Um als Manager in Kontakt mit sich selbst zu treten, muß man in Kontakt mit anderen sein.

> Zwei sind nötig, um einen zu kennen.
>
> *S. Culbert*

Akzeptiert sich selbst

Ein guter Manager versucht nicht, jemand anderer zu sein. Er akzeptiert sich. Er hat kein schiefes Bild von sich selbst. Er kennt seine Schwächen und seine Stärken und akzeptiert sie.

Sich selbst zu akzeptieren bedeutet nicht, daß jemand nicht an sich arbeiten will. Der Wunsch, sich zu verbessern, kann realistisch sein, wenn ihm nicht ein Gelöbnis nach Art eines Neujahres-Vorsatzes zugrunde liegt, die eigene Persönlichkeit von Grund auf zu verändern.

> Nichts ist hinderlicher für ein gutes Verhältnis zu anderen als ein Unbehagen gegen sich selbst.
>
> *Honoré de Balzac*

Viele Führungskräfte werden psychologischen Tests unterzogen, die beispielsweise ergeben können, daß der Betreffende zu aufgabenbezogen sei. In diesem Fall sagt man ihm oder ihr: »Sie müssen menschenbezogener werden«. Diese Art von lapidarer Rückmeldung verändert den Betreffenden überhaupt nicht. Wie könnte sie es auch. Wenn es einem möglich wäre, menschenbezogener zu sein, dann hätte sich das wahrscheinlich schon früher gezeigt. Ein solches Vorgehen gibt nur dem Manager Anlaß, weniger zufrieden mit sich selbst zu sein. Sein Frustrationspegel steigt also ohne signifikante Veränderung in seinem Verhalten.

Sich selbst zu akzeptieren, ist nicht das Resultat von Tests. Es ist ein Aspekt des Erwachsenwerdens. Ein Halbwüchsiger agiert vielleicht seine Träume aus, aber Erwachsene akzeptieren die Realität. Als Erwachsene kennen wir unsere Grenzen und mögen uns selbst – trotz dieser.

Wir können uns selbst nur kennenlernen, indem wir in Kontakt mit anderen sind, indem wir für die Urteile aufgeschlossen sind, die andere über uns abgeben. Wir müssen uns aktiv um das Erkennen unserer Fähigkeiten und Begrenzungen bemühen. Auf diese Weise können wir dazu beitragen, unseren Platz als Führungskraft im **PAEI**-Modell zu finden. In den nächsten Kapiteln werden wir über Techniken sprechen, die dazu dienen, Informationen von anderen zu bekommen, die uns ein Bild davon vermitteln, wie wir uns in den verschiedenen Managementrollen bewähren.

Das oben Ausgeführte ist im Grunde nicht neu. Psychologen haben seit Jahren erklärt, daß Führungskräfte reife, selbstverwirklichte Menschen sein sollten.

Die selbstverwirklichte Persönlichkeit

Wie Maslow schreibt, können selbstverwirklichte Menschen sich selbst und andere so akzeptieren, wie sie sind.[2] Sie halten sich nicht von Leuten fern, die nicht geworden sind, was sie sein »sollten«. Andererseits sind selbstverwirklichte Menschen handlungsorientiert und weder selbstzufrieden noch zufrieden mit dem Status quo.

Weil sich selbstverwirklichte Menschen sicher fühlen, fürchten sie sich nicht davor, anderen ihre Gefühle zu offenbaren. Ihre persönlichen Beziehungen gehen sehr tief. Sie beschränken sich jedoch auf weniger Personen als die zwischenmenschlichen Beziehungen der übrigen Bevölkerung.

Selbstverwirklichte Personen sind in der Regel fähig, Menschen und Situationen korrekt und präzise zu beurteilen. Im allgemeinen gelingt es ihnen rasch, Unechtheit, Falschheit und Unehrlichkeit zu durchschauen.

Selbstverwirklichte Menschen reagieren auf die Ereignisse des

Tages mit einer frischen, zuversichtlichen Einstellung. Sie sind fähig, Ehrfurcht, Lust, Staunen, ja Ekstase zu empfinden. Sie reagieren auf Probleme in natürlicher, logischer Weise.
Selbstverwirklichte Menschen hören auf einen anderen Trommelschlag. Sie sind eigenständig und bilden sich ihre Urteile selbst. Sie sind im Denken und Handeln autonom und unabhängig. Ihre Entscheidungen sind eher von inneren Maßstäben und Werten geleitet als vom Verhalten anderer.
Selbstverwirklichte Menschen sind bereit, von jedem zu lernen. Maslow stellte fest, daß sie mit jedem, dem sie begegnen, in einen fruchtbaren Austausch treten. Sie sind auch bereit, Fragen zu stellen, vor denen andere zurückschrecken. Sie haben keine Angst davor, sich Blößen zu geben.
Andere Psychologen, z.B. Bell, haben effektive Führungskräfte als *achievers* – als Erfolgsmenschen beschrieben. Bell charakterisiert *achievers* als Menschen mit starkem Selbstvertrauen. Er schreibt, *achievers* seien spontan, natürlich, unabhängig und zielorientiert, und sie neigten dazu, ihre Energien auf das jeweilige Problem zu konzentrieren statt auf sich selbst.
Bell führt aus: »*Achievers* sind psychologisch gesund. Sie haben ein echtes, positives Gefühl gegenüber sich selbst. Sie mögen sich, sind zufrieden mit ihrem Platz im Leben, akzeptieren ihre Stärken und Schwächen. Sie sind selbstgenügsam, denn sie verlassen sich bei der Gestaltung ihres Lebens auf ihre eigenen Wertvorstellungen, sie folgen ihren Gefühlen und sie vertrauen auf ihr Urteil«.[3]
Ein von einem *achiever* geführtes Unternehmen erzielt überdurchschnittliche Ergebnisse. *Achievers* sorgen für Ordnung, ohne einer derartigen Systematisierung zu bedürfen, wie sie von Sklaventreibern durchgesetzt wird. Die Arbeitsmoral unter ihnen ist typischerweise hoch, und die Untergebenen werden ermutigt, ihre Fähigkeiten zu entwickeln. *Achievers* setzen sich fest umrissene Ziele und wecken bei Ihren Mitarbeitern echte Motivation. Der Führungsstil von *achievers* ist kreativ.

Der Stil einer reifen Persönlichkeit
Argyris hat ein Modell der reifen bzw. unreifen Persönlichkeit entwickelt. Die Unterschiede sind in Tabelle 1 aufgeführt. Nach dem Modell von Argyris sollte eine reife Führungskraft eine aktive Haltung einnehmen, unabhängig sein, über ein breitgefächertes Verhaltensrepertoire verfügen, ausgeprägte, starke Interessen und eine langfristige Perspektive haben, in einer übergeordneten Position sein, er sollte sich selbst kennen und Kontrolle über sich selbst haben.

TABELLE 1
Argyris Reife-Unreife-Skala

Unreife	*Reife*
passiv	aktiv
abhängig	unabhängig
begrenztes Verhaltensrepertoire	reiches Verhaltensrepertoire
seichte Interessen	ausgeprägte, starke Interessen
kurzfristige Perspektive	langfristige Perspektive
untergeordnete Position	übergeordnete Position
Mangel an Selbsterkenntnis	Selbsterkenntnis und Selbstkontrolle

Erkennt Begabungen bei anderen
Sobald Sie wissen, er Sie sind, ist Ihr nächstes Problem, die nötigen Qualitäten, die Sie selbst nicht haben, bei anderen erkennen zu können. Zu diesem Zweck sollten Sie wissen, welche Qualitäten für effektives Management erforderlich sind.
Um verstehen zu können, worum es dabei geht, halten Sie sich bitte den Unterschied zwischen *unserer* Beschreibung von Schnee und der der Eskimos vor Augen. Unsere Beschreibung würde einem Eskimo wahrscheinlich sehr unvollständig erscheinen. Die Eskimos haben fünf Wörter für das, was wir einfach als Schnee bezeichnen. Sie haben ein eigenes Wort für Pulverschnee, nassen Schnee, großflockigen Schnee usw. Für ihre Zwecke müssen sie all die verschiedenen Arten und Merkmale des Schnees unter-

scheiden können. Ebenso müssen wir, um uns von den Aufgaben des Managements ein angemessenes Bild machen zu können, all die verschiedenen Rollen kennen, die bei einer effektiven Betriebsführung zusammenspielen müssen. Da kein einzelner Mensch ein **PAEI** sein kann, müssen Führungskräfte imstande sein, bei anderen Qualitäten herauszufinden, die ihre eigenen Schwächen kompensieren.

Eindimensionale Leute, die »blind« für die Fähigkeiten anderer sind, haben jedoch Schwierigkeiten, deren Eigenschaften zu erkennen, sie zu akzeptieren und entsprechend zu schätzen.

Der Einsame Kämpfer engagiert Laufburschen und sucht die Verbindung zu anderen Einzelkämpfern. Er mißtraut und verachtet den Bürokraten, fürchtet den Brandstifter und ignoriert den Superangepaßten. Wie kann man also realistischerweise von ihm erwarten, andere Rollenträger zu erkennen oder einzustellen? Der Bürokrat ist seinerseits bestrebt, den Brandstifter zu meiden und tut sein Bestes, um dem Einsamen Kämpfer »Organisation beizubringen«.

Es genügt also nicht, sich als Führungskraft selbst zu kennen. Wir müssen alle Aspekte kennen, die für effektives Management nötig sind, und wir müssen bei anderen Eigenschaften erkennen können, die eine Ergänzung unserer eigenen Stärken darstellen. Darüber hinaus müssen wir fähig sein, diese komplementären Eigenschaften zu respektieren.

Akzeptiert andere Meinungen

Um einen **PAEI** zu bilden, braucht man ein gemischtes Führungsteam – zwei oder drei Leute mit komplementären Verhaltensstilen. Aber die meisten Führungskräfte haben nicht genügend Selbstvertrauen, um mit Leuten zusammenzuarbeiten, deren Stil sich von ihrem eigenen unterscheidet. Sie suchen nicht die Ergänzung; sie wollen Ähnlichkeit.

Wird einer Führungskraft, die sich selbst nicht kennt oder akzeptiert, ein komplementäres Element aufgezwungen, dann wird sich ihr Mangel an Selbstvertrauen bei der Behandlung der Untergebenen zeigen. Wenn dies bei einem Manager geschieht, der sich

für einen **PAEI** hält, dann wird dieser zu einem Hemmschuh für jede Art von Teamwork werden, ein kleiner Diktator, der diejenigen zurückpfeift, die versuchen, kreativer zu sein, das Unternehmen informell zu führen oder auch praktische Entscheidungen zu fällen.
Können Sie als Führungskraft mit anderen leben, deren Stärken nicht identisch mit Ihren eigenen sind? Können Sie Ihre Schwächen akzeptieren? Können Sie es akzeptieren, einen Untergebenen zu haben, der in den Bereichen stark ist, in denen Sie am schwächsten sind? Sind Sie sich bewußt, daß Ihre Mitarbeiter, da Sie sich nicht in allen vier Managementrollen auszeichnen können, Ihnen in mancher Hinsicht überlegen sein müssen?

> Ich habe nie einen Menschen getroffen, der mir nicht in einem bestimmten Punkt überlegen war.
>
> *Ralph Waldo Emerson*

Aus den genannten Gründen ist es ein Fehler, Menschen als Untergebene und Vorgesetzte zu kennzeichnen. Eine solche Klassifizierung geht davon aus, daß der Vorgesetzte ein **PAEI** ist, daß er seinen Untergebenen in jeder Hinsicht überlegen ist. Nur wenn man an den Personenkult glaubt, wie die Russen in der Stalin-Ära, ist die Einteilung in Vorgesetzte und Untergebene angebracht. Wenn wir eine komplementäre Personalzusammensetzung und ein gemischtes Führungsteam wollen, müssen wir uns jedoch vor dieser Einstellung hüten. Eine Führungskraft ist dann gut, wenn sie durch bessere Leute in ihrem Team ergänzt wird.

> Jeder ist unwissend, nur auf verschiedenen Gebieten.
>
> *Will Rogers*

Kann Konflikte managen

Da gutes Management (**PAEI**) eine Mischung von Leuten mit verschiedenen Managementstilen erfordert, sind Konflikte unvermeidlich. Ein guter Manager muß fähig sein, mit Konflikten umzugehen: Meinungsverschiedenheiten zu akzeptieren und nach ausgleichenden Strategien zu suchen. Sehen wir uns verschiedene Alternativen von Managementteams an:

Team 1	Team 2	Team 3
P---	**P**aei	----
-**A**--	p**A**ei	----
--**E**-	pa**E**i	----
---**I**	pae**I**	----

Team 1 bildet zusammen **PAEI**, aber der Konflikt unter den verschiedenen Verhaltensstilen seiner Mitglieder ist wahrscheinlich nicht beherrschbar. Die von den Code-Buchstaben repräsentierten Leute respektieren einander nicht. Jede der vier Personen in Team 1 ist in irgendeiner Weise inflexibel und ist nicht bereit, die Inflexibilität der anderen zu akzeptieren. Dieses Team wird in kurzer Zeit zerfallen.

Team 2 ist weitaus besser. Seine Mitglieder mögen zwar unterschiedliche Meinungen vertreten, aber diese Widersprüche werden nicht schaden, da jedes Teammitglied flexibel genug ist, um die Verhaltensstile der anderen zu respektieren.

In Team 3, dem lauter Drohnen angehören (die sich über nichts beklagen) wird vollkommene Ruhe herrschen und daher auch kein Konflikt auftreten.

Für eine gute Unternehmensführung sind jedoch *Konflikte* unvermeidlich – und ein gewisses Maß an Konflikten ist sogar wünschenswert. Mary Parker Follett argumentierte vor einer Generation, daß Konflikte funktionell sein können, daß Reibung die Räder in Gang hält, solange sie nicht überhand nimmt.[4]

Aber nicht alle Menschen können oder wollen »die Hitze« aushalten, die die Konflikte begleitet. Sie meiden Reibungen und gehen Situationen aus dem Weg, in denen die Leute reizbar sind. Sie sind unfähig, für Prinzipien einzutreten, trotz der Erkenntnis, daß sie von anderen verachtet, lächerlich gemacht oder einfach ignoriert werden (die schlimmste Strafe), weil sie es nicht tun.

Steh für etwas, damit du nicht für etwas fällst

Deshalb kann selbst ein Mensch, der sich selbst kennt, sich akzeptiert und sich andere zu seiner Ergänzung sucht, als Manager scheitern. Wenn er sich beim ersten Zusammenprall der Verhaltensstile zurückzieht oder einen sofortigen und dauerhaften Frieden fordert, wird er als Führungskraft keinen Erfolg haben.

Schafft eine lernfreudige Umgebung
Wenn Konflikte unvermeidlich und darüber hinaus ein Zeichen von guter Unternehmensführung sind, wie können diese dann unter Kontrolle gebracht, genutzt und funktionell gemacht werden? Ein guter Manager erreicht dies, indem er ein unterstützendes, lernfreundliches Klima schafft, in dem Konflikte nicht als eine Gefahr, sondern als eine Gelegenheit wahrgenommen werden, zu lernen und sich zu entwickeln.
Ein Lernklima ist ein Klima, in dem die Menschen voneinander lernen. In einem solchen Klima werden Meinungsunterschiede von den Beteiligten als Chancen, etwas hinzuzulernen, betrachtet.
Ein guter Manager zu sein, ist äußerst schwierig. Es erfordert, eine vollständige, reife und ausgewogene Persönlichkeit zu sein. Und wie wir in den folgenden Kapiteln sehen werden, minimiert der Aufbau und die Zielsetzung der Unternehmen im allgemeinen die Fähigkeit des einzelnen, ein guter Manager zu sein.

Der Reihe nach verfahren

Die Voraussetzungen, die ein guter Manager zu erfüllen hat, sind in einer gewissen Reihenfolge zu beachten. Wenn eine der Voraussetzungen nicht erfüllt wird, ist unzulängliches Management die Folge.
Erstens, wir müssen wissen, *ob* wir uns selbst kennen. Zweitens, wir müssen wissen, *wie* wir uns selbst kennenlernen können. Wir müssen in Kontakt mit unserer Umgebung treten; wir müssen fühlen, was wir hören; wir müssen aufgeschlossen sein für neue Ideen. Wir müssen offen für Bewertungen unser selbst sein, die

sich nicht unbedingt mit dem decken müssen, wie wir zu sein wünschen oder wie wir gesehen werden wollen. Wir müssen bereit sein, unsere Fehler zu erkennen und gleichzeitig müssen wir uns selbst *akzeptieren.*

Menschen, die sich weigern, ihre Fehler zuzugeben, werden letzten Endes den Bezug zur Wirklichkeit verlieren. Solche Leute werden in ihrem **PAEI**-Code Leerstellen entwickeln und mithin eine Form vom Mismanagement ausüben.

Da ein guter Manager seine Stärken kennt, aber seine Grenzen akzeptiert und bei anderen anerkennt, was jene besser machen, als er selbst es könnte, benutzt er, wenn er über getroffene Entscheidungen spricht, eher das Wort *wir* als *ich*. Das ist jedoch keineswegs der pluralis majestatis, denn es spiegelt sich darin ja tatsächlich die Arbeit eines Teams wider. Erfolgreich sind diejenigen Organisationen, die sich bewußt sind, daß sie von unvollkommenen Menschen geführt werden. Ray Kroc, der Generaldirektor der McDonald-Kette, hat sich selbst als einen »Jungen vom Land« bezeichnet. Er gibt nicht vor, viel von Finanzen oder ausgeklügelten Managementtechniken zu verstehen. Seine Rolle besteht nach seiner Auffassung darin, die richtigen Leute zu finden, die zusammenarbeiten können.

Dies ist an sich keine Offenbarung. Viele Führungskräfte behaupten, die ganze Aufgabe des Management bestehe nur darin, gute Leute zu finden und sie zur Zusammenarbeit zu motivieren. Leider wird dieser einfache Grundsatz der Unternehmensführung in der Praxis ignoriert. Viele Führungskräfte, denen es an Selbstachtung fehlt oder die außerstande sind, Leute zu akzeptieren, die anders sind als sie selbst, fürchten herausragende Fähigkeiten bei anderen. Sie suchen sich nicht die besten Leute als Mitarbeiter. Man könnte sie mit einem Rennstallbesitzer vergleichen, der sich Ponys hält, aber mit diesen die großen Galopprennen gewinnen möchte.

Sobald wir wissen, wer wir sind, und uns selbst akzeptieren, müssen wir die komplementären Qualitäten anderer erkennen und respektieren lernen. Gewöhnlich fällt es uns schwer, bei anderen Qualitäten zu erkennen, die wir selbst nicht besitzen. So-

bald wir das Stadium erreichen, in dem wir die Qualitäten anderer erkennen, besteht unser nächster Schritt darin, herauszufinden, wie wir mit diesen leben können. Das bedeutet, daß wir andere als uns in mancher Hinsicht überlegen anerkennen müssen.
Eine Beziehung nach dem Schema überlegen-unterlegen-überlegen wird in Forschungs- und Entwicklungsabteilungen (F & E) allgemein akzeptiert. Ein F & E-Manager hat nicht selten promovierte Leute »unter sich«, die in bestimmten Sachbereichen Genies sein mögen. Diese »Untergebenen« können phantastische Unternehmer (**E**s) sein, während der F & E-Leiter vielleicht nur ein Administrator (**A**) ist. Aber der Abteilungsleiter sollte sich durch diese Tatsache nicht bedroht fühlen. Ein Problem würde nur dann entstehen, wenn ein Administrator eingestellt würde, der den Ehrgeiz hätte, sowohl der beste Forscher *als auch* der beste Forschungsleiter zu sein; der konkurrieren wollte, statt zu unterstützen.
Dasselbe gilt für Unternehmen und Organisationen aller Art. Um hervorragende Teamleistungen zu erzielen, sollten die Untergebenen ihrem Vorgesetzten in mancher Hinsicht überlegen sein. Der gute Manager sollte imstande sein, mit solchen Untergebenen zu arbeiten und sich in einem Unternehmen zu bewähren, dem die verschiedensten Führungskräfte mit unterschiedlichen Stärken angehören, und er sollte fähig sein, die Konflikte unter diesen Führungskräften zur Förderung eines Lernklimas zu nutzen.

Anmerkungen

1. H. Storm, *Seven Arrows* (New York: Harper & Row, 1972).
2. Abraham H. Maslow, Hsg., Motivation and Personality (New York: Harper & Row, 1954).
3. Gerald Bell, *The Achievers* (Chapel Hill, N.C.: Preston Hill, 1973), S. 123.
4. Mary Parker Follett, »Dynamic Administration«, in *The Collected Papers of Mary Parker Follett,* Hsg. Henry C. Metcalf und L. Urwick (New York: Harper & Row, 1941).

2. *Förderung und Schulung eines guten Managers*

Änderung des Managementstils durch Änderung des Individuums: Schulung und Entwicklung

Die Entwicklung des Managements zu einem hochqualifiziertem Beruf und zu einer »Wissenschaft« ist ein Phänomen des 20. Jahrhunderts, das die Entstehung vielfältiger Bildungsmöglichkeiten für künftige Führungskräfte mit sich brachte. Hochschulen und spezielle Lehrgänge und Kurse für Managementschulung versuchen, den Anfänger mit den Kenntnissen und Fertigkeiten auszustatten, die für gutes Management nötig sind, und dem bewährten Wirtschaftsführer zu helfen, seine Leistungen als Manager zu steigern. Diese Bemühungen sind in der Literatur dokumentiert, die sich mit der Ausbildung und den verschiedenen Schulungsansätzen befaßt.[1]

Die Bemühungen laufen jedoch allzu oft ins Leere, insbesondere, wenn das Ziel darin besteht, Führungskräfte heranzubilden, die in allen Funktionen oder Rollen Hervorragendes leisten, die als Elemente von »gutem Management« definiert wurden. Die ein solches Ziel ansteuernde Ausbildung ist falsch konzipiert, denn der Lehrbuch-Manager ist eine Abstraktion, ein übermenschliches Wesen. Obwohl viele deskriptive Studien des Management unternommen wurden, um die Abstraktheit der klassischen Definitionen von Management zu korrigieren, indem man ihnen die Beobachtung realer Führungskräfte in realen Situationen zugrunde legte, laufen auch die Ergebnisse dieser deskriptiven Studien Gefahr, falsch angewandt zu werden.[2] Mintzbergs zehn Rollen mögen spezifischer sein als Fayols vier Rollen, aber das Individuum, das sich bemüht, alle zehn Rollen zu meistern, versucht immer noch das Unmögliche.[3]

Der Schulung oder Entwicklung in bestimmten Rollen des **PAEI**-Modells wird eine sehr unterschiedliche Gewichtung zugeordnet. Was die Ausbildung des Produzenten (**P**) und des Administrators (**A**) betrifft, die am verbreitetsten ist, genügt es zu erwähnen, daß diese gewöhnlich mit einem bestimmten Fachbereich oder Unternehmen verbunden ist und durch technische Hochschulen, Ausbildung am Arbeitsplatz und betriebseigene Einrichtungen erworben sind. Mit dem Auftreten von Management-Informationssystemen wurde ein neuer Ausbildungsbereich eröffnet, aber auch dieser vermittelt letzten Endes Kenntnisse, die nur für den Produzenten (**P**) und den Administrator (**A**) wichtig sind.

Die Qualitäten des Unternehmers (**E**) und des Integrators (**I**), die für die oberen Ränge des Managements von entscheidender Bedeutung sind, kann man nicht lehren. Sie müssen durch Erfahrung entwickelt werden. In den letzten Jahren hat man sich verstärkt darum bemüht, Führungskräften bei der Entwicklung der **I**-Funktion zu helfen. In der Regel basiert die Schulung zur Stärkung des **I** auf Methoden, die von den Verhaltungswissenschaften entwickelt wurden – Selbsterfahrungsgruppen, T-Gruppen usw.[4] Untersuchungen haben gezeigt, daß die Wirkung dieser Programme durch das jeweilige Betriebsklima gemindert werden kann – das heißt, durch den Grad, in dem es möglich ist, die in diesen Gruppen geförderten Haltungen auch in der Praxis zu nutzen.[5]

Es hat einige Versuche gegeben, Führungskräfte auszubilden, die zu einer einfallsreicheren und innovativeren Entscheidungsbildung fähig sind, zum Beispiel durch *Synectics*. In den USA hat das *Federal Executive Institute* beispielsweise einen achtwöchigen

Kurs angeboten, dessen Teilnehmer einen großen Teil ihrer Zeit mit bloßem »Denken« zubringen.[6]
Ein wichtiger Aspekt des A'S/M-Ansatzes ist die Veränderung des Betriebsklimas mit dem Ziel einer Stärkung von **I** und **E** – das heißt, die Schaffung einer Atmosphäre, die neuen Integrationsmethoden förderlich ist und in der sich die kollektive Kreativität erhöht.
Aber selbst wenn Schulungs- und Entwicklungsmethoden richtig auf eine betriebliche Situation angewandt werden, können unternehmensbedingte Hindernisse effektive Resultate vereiteln. Wir werden nunmehr einige dieser Hindernisse untersuchen, damit diese leichter identifiziert und beseitigt werden können.

Hindernisse der Managementschulung – Die Schattenseiten hierarchischer Strukturen

Potentiell verfügen die Menschen über alle Qualitäten, die für Führungspositionen nötig sind, obwohl diese Qualitäten infolge von Vernachlässigung brachliegen mögen. Wir alle sind, zumindest latent, **paeis**. Das Milieu, in dem wir leben und arbeiten, bewirkt, daß sich unsere latenten Fähigkeiten entweder entfalten oder daß sie verkümmern. Wenn sie nicht gehemmt werden, wachsen die Menschen über sich hinaus, um mit Herausforderungen fertigzuwerden und um diejenigen der vier Managementrollen zu erfüllen, die der Augenblick erfordert.
Die Struktur des modernen Unternehmens ist jedoch in der Regel eher dazu angetan, Führungstalente verkümmern zu lassen, als sie zu entwickeln. Nicht die ausgewogene, abgerundete Persönlichkeit wird gefördert, sondern ihr Gegenteil. Sehen wir uns das moderne hierarchische System einmal näher an. Es zieht aus den Stärken einzelner Gewinn. Wer das Talent zum Administrator hat, wird als ein **A** befördert werden und die Karriereleiter als ein **A** hochklettern. Kurzfristig gesehen kann ein Unternehmen das Maximum aus einem solchen Menschen herausholen, aber auf längere Sicht kann sein Mangel an Gelegenheit, **pei** zu entwikkeln, dem Unternehmen nur schaden.

Beispiele solch einseitiger Beförderungspolitik sind in der Armee zu finden. Ausgezeichnete Unteroffiziere werden manchmal deshalb nicht für eine Offizierslaufbahn empfohlen, weil der befehlshabende Offizier nicht auf einen guten Adjutanten verzichten möchte. Aus diesem Grund bleiben manche Leute ihr Leben lang »Hauptfeldwebel«, weil sie ihre Aufgaben zu gut erfüllen.

Aus diesen Gründen kann jemand, der anfangs ein **paei** ist, in seinem Betrieb als ein **pAei** aufsteigen, falls sich seine **A**-Funktion stärker entwickelt. Dadurch wird sein **A** weiter gestärkt, aber er kann sich in keiner anderen Hinsicht entfalten.

Außerdem führen die starren Grenzen, die zwischen Belegschaft und Betriebsführung gezogen sind, zu Mismanagement. Bezieht ein Unternehmen seine Führungskräfte aus den Reihen der Mitarbeiter, dann wird es oft Schwierigkeiten haben, **A**, **E** und **I** zu entwickeln und deren **P** zu einem **p** zu dämpfen. Leute, die von Lehrstellen aus die betriebliche Karriereleiter hochklettern, können sich deshalb leicht zu Einsamen Kämpfern entwickeln. Solange sie noch an der Maschine standen, hatten sie keine Gelegenheit, Erfahrungen zu sammeln, die sie auf die **A**-, **E**- und **I**-Rollen vorbereitet hätten.

Auf den untersten Ebenen der meisten Unternehmen ist fast ausschließlich **P** gefragt. Man erwartet von den Arbeitnehmern nicht, daß sie administrative, unternehmerische oder integrative Fähigkeiten an den Tag legen. Die Geschäftsführung betrachtet Integrationsversuche von der untersten Ebene her als potentielle Gefahr, als gewerkschaftliche Bestrebung oder das Entstehen einer informellen Führung.

Auf einer etwas höheren Ebene wird **A** erwartet, aber solange ein Mitarbeiter nicht bis zum Direktorenrang aufsteigt, wird generell weder **E** noch **I** von ihm verlangt. Ist dieser Rang erklommen, wird von dem Betreffenden *sofort* erwartet, kreativ zu sein und für reibungslose Zusammenarbeit zu sorgen. Es wird einem solchen Mitarbeiter schwerfallen, die emotionalen Kräfte aufzubringen, die nötig sind, um diese neuen Funktionen auszuüben, wenn er seit zwanzig Jahren in ein Geschirr gespannt, gehemmt und seiner kreativen Impulse beraubt worden ist.

Unser Bildungswesen bringt ähnliche Schwierigkeiten hervor. Jahrelang behandeln wir Kinder als Abhängige, aber sobald sie von der Schule abgehen, erwarten wir von ihnen, daß sie über Nacht erwachsen werden. Sie müssen sich sofort in einer Realität bewähren, die sie bis dahin weder gekannt haben, noch auf die sie vorbereitet wurden. Die Folge ist, daß die meisten Menschen von der Familienabhängigkeit zur Betriebsabhängigkeit übergehen und niemals wirklich frei und eigenverantwortlich werden.

Managementschulen verlängern diese Abhängigkeit und fördern das **A** bei den Leuten. Und es gibt Gründe, warum es gefährlich ist, sich ausschließlich auf die Absolventen solcher Schulen zu verlassen. Wenn die Führungskräfte lauter »Schulprodukte« sind, dann heißt das, daß der einzelne Manager vielleicht nie in der »Schußlinie« gestanden hat. Diese Führungskräfte können sich zu **PA**--s (Sklavenantreiber) entwickeln, die kein Gespür für die Bedürfnisse ihrer Untergebenen haben. Oder, was noch schlimmer ist, sie können programmiert sein zu glauben, daß sie **PAEI**s sein müssen. Das mag der Grund sein, warum Robert Townsend empfiehlt, niemals einen Betriebswirtschaftsabsolventen von Harvard einzustellen. Seiner Ansicht nach werden diese zu Direktoren, nicht zu Teammitgliedern herangebildet.[7]

Lernen durch Erfahrung kann produktiver sein als Vorträge darüber anzuhören, wie und warum Führungskräfte gegenüber ihren Mitarbeitern verantwortlich sein sollten. In China verlangt man von den Leuten in Führungspositionen, immer wieder in die Produktion zurückzukehren, damit sie nie die Erfahrungen derjenigen vergessen, die sie leiten sollen. Auch in Israel werden die Stabsoffiziere immer wieder an die Front geschickt, um sie daran zu erinnern, wo sie ihre Untergebenen hinbefehlen. Die umgekehrte Praxis, nämlich Arbeiter in Führungspositionen zu versetzen, könnte sich als ebenso gut erweisen. In Jugoslawien, Peru, in der Bundesrepublik Deutschland, Norwegen, Schweden und anderen Ländern hat sich gezeigt, daß die Berufung von Arbeitern in die Vorstände häufig unter der Belegschaft eine größere Aufgeschlossenheit für die Realitäten bewirkt, mit denen es die Unternehmensführung zu tun hat.

Die Mitarbeiter eines Unternehmens sollten die Gelegenheit erhalten, sich in so vielen Rollen wie möglich zu entfalten. Dadurch entwickeln sie sich nicht nur als Individuen, sondern sie erhalten auch Einsicht in die Probleme ihrer Kollegen. Da die Vertriebsabteilung im allgemeinen die Arbeitsbedingungen der Produktion nicht kennt und die Produktion sich umgekehrt kein Bild von den Zwängen machen kann, auf die der Vertrieb reagieren muß, sollten die Unternehmen den Versuch machen, ihre Vertriebs- und Produktionsleiter den Erfahrungen des jeweils anderen auszusetzen. Die Leute können nur dann zu effektiven Führungskräften werden, wenn sie Gelegenheit erhalten, sich in anderen als ihren normalen Rollen zu bewähren. Und obwohl viele gewinnorientierte Unternehmen eine solche Praxis für einen Luxus halten würden, dessen kurzfristige Kosten keinesfalls zu leugnen sind, so würde der längerfristige Nutzen schließlich doch überwiegen. In der israelischen Armee werden die Leute prinzipiell öfter in andere, gleichrangige Positionen versetzt. Ein Offizier kann nicht über einen bestimmten Rang hinaus befördert werden, solange er nicht bestimmte gleichrangige Positionen innegehabt hat. Er muß die Organisation aus verschiedenen Blickwinkeln sehen lernen – als Stabsangehöriger im Hauptquartier und als befehlshabender Offizier im Feld.

Die *Adizes Synergetik Method* (A'S/M) sieht die Schaffung eines Netzwerks von Helfern vor. Leute aus der Produktion helfen den Leuten im Vertrieb bei der Problemlösung; Leute vom Vertrieb helfen ihren Kollegen in der Buchhaltung; usw. Dahinter steht der Gedanke, daß Leute dann am hilfreichsten sein können, wenn sie eine gewisse Distanz zu einem Problem haben, der Grund, warum die meisten Ärzte nicht ihre eigene Familie behandeln. Außerdem ermöglicht eine solche gegenseitige Unterstützung, daß sich die Leute in die Aufgaben ihrer Kollegen einarbeiten und Teile ihrer Persönlichkeit entwickeln, die sie in ihrer eigenen Arbeit gewöhnlich nicht entfalten können.[8]

Mismanagement gebiert Mismanagement

Abgesehen davon, daß die Unternehmen in der Regel einseitige Orientierungen fördern, züchten sie auch noch auf andere Weise Mismanagement.

Die zur Unternehmensführung benötigten Rollen stehen in innerem Konflikt zueinander. Wenn eine Rolle dominiert – das heißt, wenn eine Form von Mismanagement vorherrscht – ist daher die Chance ausgeschlossen, daß sich auch andere Rollen entfalten können. Von **P–E–**s gegründete Unternehmen wachsen beispielsweise rasch (vorausgesetzt, daß sie erfolgreich sind). Während sie expandieren, fehlt ihnen häufig die Kohäsion, die durch eine gute Administration geschaffen wird. Tatsächlich können Versuche, Kontrollen einzuführen, beim Gründer auf Ablehnung stoßen. Wenn das Unternehmen weiter expandieren soll, muß jedoch die administrative Funktion entwickelt werden. Die Folge ist, daß das Unternehmen seinem Gründer entwächst – daß sich seine Kontrolle darüber vermindern muß.

In der Regel wird ein typischer **pAei** hereingeholt, um eine gewisse Ordnung in die Sache zu bringen. Mit dem **P–E–** an der Spitze sind die Überlebenschancen des **pAei**s bestenfalls gering. Der **P–E–** wechselt die Buchhalter und Verwaltungschefs häufiger aus, als es für die Stabilität des Unternehmens ratsam ist. Möglicherweise muß sich das Unternehmen des **P–E–**s entledigen, bevor der **pAei** wirksame Arbeit leisten kann. Wenn das inzwischen groß gewordene Unternehmen zu rasch expandiert, wird der Gründer immer weniger imstande sein, persönlich die Kontrolle darüber zu behalten. Dies kann zu einer Übernahme durch eine andere Firma führen. Dann geht der Gründer entweder weg oder er wird auf eine einflußlose Position abgeschoben.

Bemächtigt sich jedoch ein **–A––** eines Unternehmens, dann breitet sich die Bürokratie aus. Jeder **E**, der in dieses Unternehmen eintritt, steht vor der Wahl, entweder sich anzupassen und aufzugehen oder woanders hinzugehen. Kreative, aggressive Leute können in einer Bürokratie nicht unbeschadet überleben.

Mit anderen Worten, der Verhaltensstil oder das Betriebsklima eines Unternehmens fördert die Entfaltung spezifischer Rollen

und läßt andere verkümmern. Das heißt, Mismanagement bringt weiteres Mismanagement hervor.
Am gefährdetsten ist die Rolle des **E**. Der **P** sieht im **E** einen Menschen, der ihn von seiner Arbeit abhält. Der **A** betrachtet den **E** als einen Störfaktor und somit als ein Hauptangriffsziel für seine Domestizierungs- und Kontrollmaßnahmen. Der **I** hat ähnliche Empfindungen wie der **A** – ein **E** könnte ein Unruheherd sein, der den Anschein von Einigkeit gefährdet, den er zu erhalten trachtet. Und **Es** mögen keine Leute wie sie selbst, da sie mit ihnen um Aufmerksamkeit konkurrieren.
Jedermann kann deshalb auf **Es** Jagd machen. Ein **E** lernt rasch, keine Wellen zu schlagen und nicht aufzufallen. Aber gleichzeitig wird beklagt, daß wir eine Führungskrise haben. Miner hat festgestellt, daß ein zunehmender Mangel an Führungstalenten herrsche. Meiner Auffassung nach spricht er dabei von **Es** und **Is**.[9]
Je stärker die Bürokratien anschwellen und je gebildeter wir werden, unter desto größeren Druck geraten unsere **Es** und **Is**. Wir sind programmiert, »Rädchen im Getriebe« zu sein, und verlieren mehr und mehr die Fähigkeit, wirkliche Führungskräfte hervorzubringen.
Während ihrer ganzen Geschichte haben die Vereinigten Staaten aus einer starken Immigration von **Es** Gewinn gezogen. Die riesige Weite des amerikanischen Kontinents gab ihnen reichlich Gelegenheit, sich zu entfalten. Durch das Anwachsen der Bevölkerung schrumpfte der zur Verfügung stehende Raum. Mit dem hohen Stand der Technologie traten Großkonzerne auf. Die Spielwiesen, auf denen sich normale **Es** entwickeln konnten, begannen kleiner zu werden.
Aus diesem Grund sind **Es** eine gefährdete Spezies. Die technologische Gesellschaft verkümmert zu einer bürokratischen, und Führungsqualitäten sterben aus. Wir werden zu gut ausgebildeten Mitgliedern des Establishments, risikofeindlich und sicherheitsorientiert. Mit zunehmendem Wohlstand nimmt auch die Bedeutung des **P** ab. Deshalb ist zumindest in den entwickelten Ländern in Ausbildung und Praxis eine Tendenz zu einer **pAei**-Orientierung festzustellen.

Das Unternehmen bringt Mismanager hervor, und gleichzeitig verlangt es gutes Management. Seine hierarchische Struktur hemmt die Entwicklung der menschlichen Potentiale, die benötigt werden, um die Probleme zu lösen, die die Hierarchie schafft. Das Resultat ist Mismanagement, das weiteres Mismanagement hervorbringt. Es ist deshalb nicht verwunderlich, daß das Arbeitsklima in den Unternehmen offensichtlich immer unerträglicher wird.
Wie kann dieser zunehmenden **A**-Verkrustung entgegengewirkt werden? Dazu sind mindestens zwei Dinge nötig. Das eine ist, künftige Führungskräfte zu Team-Mitgliedern heranzubilden statt in der individualistischen Tradition (»Sie müssen **PAEI** werden«), und das andere ist, den Charakter unserer Unternehmen zu verändern. Beide Bedingungen müssen erfüllt werden. Die Managerschule allein genügt nicht – Unternehmen sind mächtige Verhaltensmodifikatoren (Manipulatoren). Aber auch die Veränderung der Unternehmen genügt nicht – neue Organisationsstile erfordern Führungskräfte, die dafür sorgen, daß sie funktionieren. Das erforderliche Managementtraining wird auf den folgenden Seiten erörtert. Wie der Aufbau des Unternehmens zu verändern ist, wird in Kapitel III/4. und IV/2. dargestellt.

Managementtraining

Bevor wir über die Ausbildung einzelner Führungskräfte sprechen können, müssen wir das Konzept der Entscheidungsprogrammierbarkeit darlegen und über die Persönlichkeitserfordernisse des **PAEI**-Modells sprechen.

Programmierbarkeit der Entscheidungsbildung

Der Managementprozeß basiert auf dem Treffen von Entscheidungen. Man kann einen Betrieb nicht führen, ohne Beschlüsse zu fassen. Diese Entscheidungen können programmiert oder nichtprogrammiert sein.
In der Computerterminologie ist ein Programm eine bereitge-

stellte Entscheidung, die die Aufgaben des Computers strukturiert. Ein Warenbestandssystem ist beispielsweise eine programmierte Entscheidung. Ein bestimmtes, nicht zu unterschreitendes Minimum an Lagerbeständen wird im voraus festgelegt. Sobald der Warenbestand dieses Minimum erreicht, »beschließt« der Computer, eine Bestellung auszudrucken. Wenn eine vorher festgelegte Situation eine vorher festgelegte Reaktion auslöst, kann man von einer programmierten Entscheidung sprechen.

Nachstehend ein konkretes Beispiel einer *menschlichen* programmierten Entscheidung. Sie verlassen Ihr Büro, um nach Hause zu fahren, und das nächste, was Sie wissen ist, daß Sie sich vor Ihrer Garage befinden. Ihre letzte lebhafte Erinnerung ist, wie Sie das Büro verließen. Was ist in der Zwischenzeit passiert? Welche Straßen haben Sie überquert, welche Ampeln waren rot oder grün? Wenn Sie sich nicht erinnern können, wie sind Sie dann gefahren? Die Antwort lautet: auf programmierte Weise. Wir können den Fahrunterricht mit einer Programmierung vergleichen. Man bringt uns bei, vor Rotlichtern zu halten, indem wir bestimmte Bewegungen ausführen; wir lernen bei grünem Licht durch bestimmte andere Bewegungen zu beschleunigen. Früher oder später wird Autofahren zu einer Tätigkeit, die wir ohne bewußtes Denken ausüben können.

Nichtprogrammierte Entscheidungen sind Entscheidungen, die man quasi vom Nullpunkt aus durch einen bewußten Denkvorgang treffen muß. Um eine nichtprogrammierte Entscheidung zu fällen, muß man sich Informationen beschaffen, das Problem erkennen, mögliche Alternativen abwägen und dann handeln. Nehmen wir das gleiche Beispiel. Stellen Sie sich vor, auf dem Nachhauseweg zeigt das vor Ihnen fahrende Auto ein rotes Licht an. Da Sie mit einem solchen Fall nicht gerechnet haben, verfügen Sie nicht sofort über eine »programmierte« Entscheidung. Sie müssen Informationen einholen: Mit welcher Geschwindigkeit fährt das andere Auto in welche Richtung? Sie müssen mögliche Verhaltensweisen identifizieren (halten, beschleunigen, rechts abbiegen, links abbiegen, etc.). Sie müssen unter den Alternativen wählen und dann müssen Sie handeln. Keine der für eine Entscheidung wichtigen Informationen war Ihnen im voraus gegeben worden.

> Es gibt eine alte Anekdote über einen frischgebackenen Betriebswirt, der Geschäftsführer einer kleinen Firma wurde. Er war Absolvent einer führenden Hochschule, an der die Studenten einen Großteil ihrer Zeit mit der Lösung theoretischer Problem-»Fälle« zubringen. An seinem ersten Arbeitstag zeigte man ihm die Fabrik und die Büros und machte ihn mit seinen Untergebenen bekannt. Dann setzte er sich an seinen Schreibtisch, schlug auf die Tischplatte und rief: »Okay, gehen wir an die Arbeit! Wo ist der Fall?«

Nichtprogrammierte Entscheidungen erfordern Kreativität und die Bereitschaft, Risken einzugehen. Unkreative Menschen sind unfähig, mögliche neue Verhaltensweisen zu entwickeln, oder auch nur zu erkennen, daß eine bestimmte Situation ungewöhnlich ist und daher eine nichtprogrammierte Entscheidung erfordert. Sie verhalten sich auch in Situationen, in denen ihr übliches Handeln unangebracht ist, gewohnheitsmäßig weiter so. Viele Wirtschaftsführer haben den Fehler gemacht, auf veränderte Situationen, die ein neues Vorgehen erfordert hätten, auf programmierte Weise zu reagieren.
Untersuchungen von Verkehrsunfällen haben gezeigt, daß sich die große Mehrzahl dieser Unfälle in einem Umkreis von fünfzehn Kilometern von der Wohnung der Betreffenden zutragen. Warum? Warum geraten wir nicht häufiger auf entfernten, unbekannten Straßen in Unfälle? Vielleicht ist dieses Phänomen teilweise dadurch zu erklären, daß wir, sobald wir uns auf vertrauten Straßen befinden, auf programmierte, automatische Entscheidungen umschalten. Das heißt, wir achten weniger auf unsere unmittelbare Umgebung.[10] Warum ist programmiertes Autofahren leichter als nichtprogrammiertes? Wer im Ausland Auto gefahren ist, kann diese Frage beantworten. Einige Stunden Autofahrt in einer unbekannten Gegend kann ebenso ermüdend sein wie eine mehrtägige Fahrt auf vertrauten Straßen. Der Grund ist, daß wir

auf der Fahrt durch ein unbekanntes Gebiet nichtprogrammierte Entscheidungen treffen müssen, die Kreativität erfordern (Wahrnehmen und Beurteilen von Alternativen) sowie das Eingehen von Risiken (Entscheidung für eine bestimmte Alternative). Die Unsicherheit und das Risiko, die mit nichtprogrammierten Entscheidungen einhergehen, lösen Angst aus.

Vor die Wahl zwischen Angst und Sicherheit gestellt, ist zu erwarten, daß sich der einzelne für Sicherheit entscheidet. Das heißt, er zieht es vor, Entscheidungen auf programmierte Weise zu treffen. Der Mensch würde sich jedoch zu Tode langweilen, wenn alle seine Entscheidungen programmiert wären. Der Anteil an programmierten und nichtprogrammierten Entscheidungen gibt uns das Gefühl, eine Situation meistern zu können oder nicht. Leute, die einer Situation nicht gewachsen sind, welche nichtprogrammierte Entscheidungen erfordert, sind höchst inflexibel. Sie können nur nach bestimmten Regeln handeln. Aber auch Leute, die jede Entscheidung auf nichtprogrammierte Weise treffen müssen (selbst wenn der Routineverlauf auf der Hand liegt) sind inflexibel. Sie »erfinden täglich das Rad neu«. Man könnte sogar sagen, ihr Verhalten sei programmiert, nichtprogrammiert zu sein. Sie ermüden rasch und sie wirken auch auf ihre ganze Umgebung ermüdend.

Die vier Managementrollen gehen mit vier verschiedenen Arten der Entscheidungsbildung einher. Das Produzieren von Resultaten und die Verwaltungsaufgaben sind an programmierte Entscheidungen gebunden. Bei der Produktion geht es darum, eine Technologie oder einen bestimmten Arbeitsvorgang für eine Aufgabe einzusetzen, ob es sich nun um die Herstellung von Schuhen, um Verkaufsabschlüsse oder um das Erschließen von Finanzquellen handelt. Gelegentlich werden bei der Erfüllung dieser Aufgaben auch nichtprogrammierte Entscheidungen gebraucht, aber die Geschäftsführung bemüht sich, diese zu minimieren, um eine maximale Vorhersagbarkeit des Resultats zu gewährleisten.

Wir haben alle schon einmal Vertreter erlebt, die mit ihrem Sprüchlein wieder von vorn beginnen müssen, wenn man sie in der Mitte unterbricht; ihr Verkaufsgespräch war zu programmiert. Das gleiche kann für Leute in der Produktion gelten – Betriebsingenieure, Fertigungsleiter, Dreher usw. Ihre Ausbildung kann als Programmierung betrachtet werden. Auch administrative Entscheidungen sind überwiegend programmiert, gewöhnlich durch einen Katalog von Regeln, Richtlinien und Vorschriften.

Was ist Ausbildung?

Viele Kurse und Schulungsprogramme vermitteln nichts anderes als eine Programmierung. Das heißt, sie statten den einzelnen mit einer Reihe von Funktionen aus, die der oder die Betreffende abrufen kann, um eine bestimmte Aufgabe zu erledigen.
Die Engländer waren berühmt für die Ausbildung ihrer Beamten, insbesondere derjenigen, die im Ausland dienten. Die Macht des Britischen Empire wurde auf die organisatorischen Fähigkeiten seiner Administratoren zurückgeführt. Bevor sie auf Auslandsposten entsandt wurden, erhielten diese Beamten eine überaus gründliche Schulung, die praktisch einer Programmierung gleichzusetzen war. Man konnte sich darauf verlassen, daß diese Leute unter bestimmten Bedingungen in einer bestimmten Weise handeln würden. Die Normierung und Standardisierung der Verwaltungsabläufe ermöglichte es einigen wenigen Engländern, riesige Kolonien zu regieren, ohne in ein organisatorisches Chaos zu geraten. Ein Beamter des *Foreign Service* konnte sowohl in Indien als auch in Afrika dieselben Prozeduren anwenden.
In Ghana stehen an der Spitze jedes Ministeriums professionelle Administratoren – ein Erster Sekretär und seine Mitarbeiter. Diese professionellen Administratoren wechseln alle paar Jahre das Ministerium – ein Verfahren, das aus der Zeit der englischen Herrschaft stammt. Sie können nach einer sehr kurzen Einarbeitungszeit für jedes Ministerium tätig sein. Um welche Aufgaben es sich auch handelt, die administrativen Vorgänge sind immer dieselben. Dieses System soll offensichtlich ein Maximum an Kontrolle garantieren, obwohl es sich vom Managementstand-

punkt aus als katastrophal erweisen könnte, da verschiedene Organisationen unterschiedliche Strukturen und Verfahren benötigen.
Im Gegensatz zu **P** und **A** setzen **E** und **I** keine programmierten Entscheidungen voraus. Es gibt kein Programm, das einem Integrator oder einem Unternehmer sagt, welche Initiativen er wann oder wie ergreifen soll. Man kann jemandem Fertigkeiten beibringen, die im Umgang mit Menschen nützlich sind, aber ob er diese Fertigkeiten *anwenden* kann, hängt von ihm ab. Sowohl die Funktion des Unternehmers als auch die des Integrators ist ein selbststartender, dem eigenen Gutdünken überlassener Prozeß, der Kreativität voraussetzt und Risikobereitschaft erfordert.
Es ist daher keinesfalls verwunderlich, daß die Arbeitszeit und die Mitarbeiterbesprechungen des **E** nicht vorhersagbar sind. Er hat einen Einfall und kann vielleicht gar nicht sagen, was diesen auslöste.
Der **I** ist ebenfalls nicht programmiert, da jedes Zusammentreffen von Leuten ein neues »Happening« ist – selbst wenn dieselbe Gruppe häufig zusammenkommt, sind die einzelnen Mitglieder jedesmal in verschiedenen Stimmungen und haben es mit anderen Gegebenheiten zu tun.
Die vier Managementstile können somit hierarchisch angeordnet werden, mit der am wenigsten programmierbaren Art von Entscheidungsbildung an der Spitze und der am stärksten programmierbaren am Ende.

1. Integration	geringste Programmierbarkeit
2. Unternehmertum	der Entscheidungen
3. Produktion	größte Programmierbarkeit
4. Administration	der Entscheidungen

Je höher man diese Hierarchie hinaufsteigt, desto mehr Kreativität ist erforderlich, da die Entscheidungen auf der Basis von diffuseren und weniger strukturierten Daten getroffen werden müssen. Die Integrationsfunktion ist weniger programmierbar als die Unternehmerfunktion, weil letztere nicht notwendigerweise mit

Menschen zu tun hat, während die Integrationsaufgabe darin besteht, Einzelpersonen zu motivieren, Gruppenentscheidungen mitzutragen. Der Versuch, eine Gruppe von Unternehmern zu integrieren oder zu einigen, erfordert sogar weit größere Kreativität, als wenn man bloß einen unternehmerischen Beitrag leistet. Will man Unternehmer integrieren, so muß man ihre individuelle Kreativität zu einer Einheit verschmelzen – um vom individuellen Risiko zum Gruppenrisiko zu gelangen und das individuelle Verantwortungsgefühl in eine Gruppenverantwortlichkeit umzuwandeln.

In der typischen Unternehmenshierarchie werden um so mehr nichtprogrammierte Entscheidungen von einem verlangt, je höher man aufsteigt. Das Peter-Prinzip (daß jeder bis zu dem Rang aufsteigt, auf dem er inkompetent ist) könnte unter dem Gesichtspunkt der programmierten Entscheidungsbildung analysiert werden.[11]

Je höher die Position, desto kreativer muß der einzelne sein und desto größere Risiken muß er auf sich nehmen. Leitende Angestellte versagen deshalb häufig nach einer Beförderung, weil es ihnen an der nötigen Kreativität fehlt und weil sie sich davor scheuen, große Risiken einzugehen.

P und **A** sind programmierte Entscheidungen; sie erfordern deshalb Schulung. **E** und **I** sind nichtprogrammierte Entscheidungen; sie bedürfen deshalb der Entwicklung.

Der Inhalt von Schulungs- und Entwicklungsprogrammen

Einfache Interventionen verändern nicht den Verhaltensstil eines Menschen. Man kann nicht aus einem **i** einen **I** machen, bloß indem man ihn einem Test unterzieht, der ihn auf seine Mängel aufmerksam macht.

Einen Verhaltensstil zu verändern und die Effektivität einer Rolle zu erhöhen, ist ein langer und komplexer Prozeß. Ein solcher Prozeß könnte durchaus von einer Lehranstalt vermittelt werden. Das Ziel einer Managementausbildung, ob es sich nun um Lehrgänge für Topmanager handelt oder um Hochschulen, die einen

zum diplomierten Betriebswirt ausbilden, sollte es *nicht sein,* einen **PAEI** hervorzubringen, sondern die Leerstellen auszumerzen, die der Betroffene in seinem Code hat, und ihm die Rollen bewußtzumachen, die er ausüben muß. Die herkömmliche Art der Manager-Ausbildung betreibt jedoch eine Art Persönlichkeitskult. Man versucht, die künftigen Vorstandsmitglieder und Geschäftsführer zu allwissenden Menschen heranzubilden. Diese Lehranstalten unterziehen die jungen Studenten einer Gehirnwäsche und programmieren sie zu glauben, daß sie gottähnliche Funktionen ausüben können. Wenn die Absolventen scheitern, dann verstehen sie nicht warum, und sehen sich gewöhnlich nach Sündenböcken um. Sie werfen anderen Unzulänglichkeit vor: ihren Untergebenen, ihren Kollegen und ihren Vorgesetzten.
Die traditionellen Schulungsprogramme für Führungskräfte machen auch den Fehler, sich auf das Individuum zu konzentrieren. Doch selbst wenn der Generaldirektor oder der Vorstandsvorsitzende an einem solchen Programm teilnähmen, wäre es unwahrscheinlich, daß dies in deren Unternehmen Veränderungen nach sich ziehen würde. Die meisten Absolventen von Schulungskursen für Topmanager erklärem einem: »Ich kann Ihnen wirklich nicht sagen, was ich angewandt habe... Es muß etwas da sein... Ich habe gelernt, meine Gedanken zu organisieren; das war der größte Nutzen für mich.« Das Programm mag für den einzelnen hilfreich sein, aber sein Unternehmen hat wahrscheinlich wenig davon profitiert.
Die traditionellen Lehrgänge für Spitzenleute konzentrieren sich auf den einzelnen, weil sie fälschlicherweise annehmen, daß der leitende Angestellte ein **PAEI** sein sollte, durch seine Ausbildung befähigt, die nötigen Veränderungen in seiner Organisation herbeizuführen.
Die betriebliche Fortbildung für Führungskräfte muß in den Unternehmen auf die Gruppe abgestellt sein, auf die Arbeitsteams eines Betriebes, die sowohl ihr kognitives Know-how (**P** und **A** = programmierte Entscheidungen) als auch ihre interpersonellen Prozesse der Zusammenarbeit (**E** und **I**) entwickeln. Gruppen von fünf oder mehr Personen vom gleichen Unternehmen müssen

während des ganzes Lehrganges als Teammitglieder zusammenarbeiten.
Angenommen, man bildet eine Gruppe von Führungskräften aus und hat genügend Zeit zur Verfügung – was sollte gelehrt werden? Das Programm sollte ausgewogen sein: keine einzelne Disziplin sollte ausschließlich gelehrt werden. Vertriebsleiter sollten nicht auf Marketingprogramme beschränkt werden und Buchhalter sollten nicht nur an Steuerseminaren teilnehmen. Wechselseitige Befruchtung ist notwendig, wenn man Mitglied eines Teams und nicht ein Einsamer Kämpfer, ein Bürokrat, ein Brandstifter oder ein Superangepaßter werden soll.
Die Ausbildung von Führungskräften hat verschiedene Stadien durchgemacht. Lange Zeit eröffnete einem die Ausbildung in Buchhaltung oder Maschinenbau den Zugang zu einer Führungsposition. Eine ähnliche Einstellung herrscht noch in bestimmten Berufssparten vor. Von Leuten, die Krankenhäuser oder die medizinischen Einrichtungen eines Gesundheitsministeriums leiten, wird erwartet, daß sie promovierte Ärzte sind. Der Sänger, der seine Stimme verloren hat, der Tänzer, der sich ein Bein gebrochen hat, oder der Musiker, der es im Konzertsaal nicht schafft, wird Administrator – mit einer geringen oder mit gar keiner zusätzlichen Ausbildung.[12]
An den Universitäten zeigen die Fachbereichsleiter kein Interesse an Managementkursen für Administratoren. Sie scheinen Kenntnisse in, sagen wir, Chemie oder Physik für ausreichend zu halten, die Forschungsabteilungen mit ihren Multi-Millionen-Etats zu leiten.
Zweifellos ist das Know-how, das man braucht, um Resultate zu erzielen, die Kenntnis eines Fachbereichs wichtig für ein effektives Management. Dieses Wissen ist ein Teil der **P**-Rolle des **PAEI**-Modells, aber es genügt nicht. So sollten Vertriebsleute sowohl über Buchhaltung als auch über Marketing Bescheid wissen. Leiter des Rechnungswesens sollten natürlich mit den Prinzipien der Buchführung vertraut sein, aber sie bedürfen auch der Schulung zum **P**, **E** und **I**, um zum Allround-Manager zu werden.

Einer der Fehler, die in der Managementausbildung gemacht wurden, ist, Führungskräften ausschließlich Verwaltungskenntnisse zu vermitteln. Dies gilt insbesondere für die Ausbildung im öffentlichen Dienst, denn der traditionelle Schwerpunkt lag auf dem institutionellen Herangehen an Organisationen – dem Verständnis der administrativen Subsysteme und den Techniken der Entscheidungsverwirklichung. Der Hauptunterschied zwischen dem öffentlichen Dienst und der Leitung eines Unternehmens scheint darin zu bestehen, daß man im öffentlichen Dienst weniger Fragen über Sinn und Zweck der Verwaltungsaufgaben stellt. Die Betriebswirtschaft lehrt, wie man Ziele erkennt, wie man das Umfeld untersucht und Handlungsstrategien entwirft. Lehrgänge, die *ausschließlich* administrativ ausgerichtet sind, können deshalb genauso wenig adäquates Management hervorbringen wie ausschließlich fachbezogene Kurse. Sie bilden in erster Linie für den administrativen Aspekt des Managementprozesses aus.
Derselbe Mangel haftet Management-Lehrbüchern an, die sich fast ausschließlich mit der formalen Unternehmensstruktur beschäftigen. Der informellen Struktur, den menschlichen Aspekten von Organisationen, werden zwar vielleicht Lippendienste geleistet, aber es wird wenig darüber gesagt, wie Konflikte in Unternehmen von einem verhaltensbezogenen Standpunkt aus zu bewältigen sind.
An manchen amerikanischen Universitäten ist die betriebswirtschaftliche Ausbildung dem Fachbereich Volkswirtschaftslehre angegliedert, da man Management als angewandtes Unternehmertum versteht. Eine solche betriebswirtschaftliche Ausbildung geht davon aus, daß gute Führungskräfte über Finanzen Bescheid wissen müssen, und daß sie imstande sein sollten, Risiken abzuschätzen. Führungskräfte, die nur über Wirtschaftstheorie Bescheid wissen, können zu Unternehmern herangebildet werden, das heißt, sie werden imstande sein, Marktchancen zu erkennen und deren Potential zu beurteilen. Wie oben dargelegt, ist jedoch auch der gut ausgebildete Unternehmer nicht notwendigerweise ein guter Manager. Wenn er oder sie nicht Personen hinzuzieht, die ein administratives System einrichten und das Unternehmen

leiten, kann auch ein versierter Unternehmer seine Firma in die wirtschaftliche Katastrophe führen. Die Zeitschrift *Fortune* berichtete beispielsweise darüber, daß Meshulam Riklis, ein hervorragender Unternehmer, mit seinen Geschäftsgründungen solange erfolglos blieb, bis er sich Assistenten zulegte, die ein System der Terminüberwachung und Kontrolle entwickelten, das es ihm ermöglichte, seine unternehmerischen Initiativen gewinnbringend zu entfalten.
Der letzte Schrei im Managementtraining ist die Verhaltenswissenschaft. Manche Psychologen, die an Managementschulen unterrichten, behaupten, daß die Kenntnis menschlicher Motivation und Gruppendynamik eine ausreichende Voraussetzung der Unternehmensführung sei. In ihren Lehrgängen werden endlose Stunden mit der Analyse zwischenmenschlicher Beziehungen und dem Anhören von Vorträgen über die Motivation von Mitarbeitern zugebracht. Aus einer solchen Schulung wird bestenfalls ein erfolgreicher Superangepaßter hervorgehen. Der Absolvent ist nicht mit allen Entscheidungen vertraut, die getroffen werden müssen. Er weiß nichts über Vertrieb, Produktion, Rechnungswesen und Administration. Bestenfalls hat er gelernt, gut mit anderen Leuten umzugehen. Es genügt also nicht, *ausschließlich* in einem Teilbereich der Unternehmensführung geschult zu werden. *Alle* Aspekte sind gleichermaßen notwendig. Um die Leerstellen im eigenen Code zu beseitigen, muß man Fachwissen erwerben (**P**); man muß administrative (**A**) Methoden kennenlernen; man muß lernen, Ziele zu identifizieren, unter ungewissen Bedingungen zu arbeiten und Risiken auf sich zu nehmen (**E**); und schließlich, mit anderen zusammenzuarbeiten und die Konflikte zu bewältigen, die zwangsläufig auftreten (**I**). Die formelle Ausbildung sollte jedoch nicht übertrieben werden. Einige der besten und erfolgreichsten heutigen Unternehmer haben keine spezielle Schulung genossen, und ihr Erfolg kann vielleicht teilweise dieser Tatsache zugeschrieben werden. Ihr **E** und **I** ist ihnen noch nicht aberzogen worden. Sie sind anpassungsfähig und verstehen es, auf eine neue Umgebung kreativ zu reagieren. Sie suchen nicht in den Vorschriften nach Lösungen. Sie machen sich

ihre Lösungen selbst. Der Vice President einer der größten Banken von Mexiko ist vorzeitig von der Mittelschule abgegangen, aber seine promovierten Untergebenen sind von seinen Führungsqualitäten beeindruckt. Einer formulierte es so: »Von Bildung unbelastet, kann er denken.«

Gebildete Leute können programmiert werden. Sie lernen Modelle, die bestimmte Antworten auf bestimmte Fragen beinhalten. Es besteht die Gefahr, daß sie, wenn sie auf eine nichtprogrammierte Frage stoßen, eine bereits vorhandene Lösung für diese zurechtbiegen, selbst wenn sie eigentlich nicht paßt. Wir verbringen mehr Zeit damit, Leuten die »richtigen« Antworten beizubringen, als sie zu lehren, die »richtigen« Fragen zu stellen. Ivan Illich hat deshalb argumentiert, daß unser Bildungssystem die Menschen nicht lehre, selbst zu lernen, sondern sie programmiere, den Erwartungen des Establishments zu entsprechen.[13]

Fassen wir zusammen: Ein guter Manager muß nicht Absolvent einer namhaften Schule sein. Übermäßige Schulung kann seine Führungsqualitäten beeinträchtigen.

Ausbildungsmethoden

Schulung für **P** *und* **A**

Die Ausbildung für **P** und **A** verläuft geradlinig. Ein **P** muß die nötigen Fachkenntnisse erwerben – im Verkauf, im Ingenieurwesen, in der Buchhaltung, im Vertrieb oder wo auch immer. Aufgabenbezogene Ausbildungsgänge sind in diesem Fall angebracht. Ein gewisses Erfahrungslernen ist zur Verstärkung und zur verhaltensbezogenen Aufnahme des Fachwissens nötig, aber im großen und ganzen ist die direkte, traditionelle Art der Unterweisung durchaus sinnvoll.

Für die Ausbildung in **A** gilt dasselbe für Lehrgänge in Verwaltungstechnik, in denen man lernt zu organisieren, zu systematisieren, die Durchführung zu kontrollieren etc. Eine solche Ausbildung enthält gewöhnlich Kurse, in denen Situationen daraufhin untersucht werden, ob und wieweit Planungen ausgeführt wurden.

Außer durch Teilnahme an Kursen, kann man auch am Arbeitsplatz selbst lernen. Schulungsprogramme für Führungskräfte sollten Aufgaben stellen, bei denen fünfköpfige Teams aus den einzelnen Firmen Gelegenheit haben, das Gelernte auf ihre Arbeitssituation anzuwenden und danach über ihren Erfolg bzw. ihr Scheitern zu berichten. Außerdem kann es in Unternehmen eine Fülle von **P** geben, das jedoch nur ungenügend vermittelt wird. Spezialisten können einander über ihre Funktionen unterrichten und auf diese Weise ein lernfreundliches Klima schaffen. Es ist immer wieder überraschend festzustellen, wie wenig die Mitarbeiter über ihre eigenen Betriebe wissen. In den MDOR-Schulungsprogrammen wird eine Analyse des gesamten Unternehmens vorgenommen, damit dessen Angehörige den Prozeß verstehen, durch den die Resultate erzielt werden. Dank dieser Übung entwickeln diese Leute ein ausgeprägtes Bewußtsein ihrer organisatorischen Interdependenz. Sie lernen *von*einander, wie wichtig sie *für*einander sind, und das hilft jedem einzelnen von ihnen, die Ergebnisse zu erzielen, für die er verantwortlich ist.

Schulung für **E** *und* **I**

Bei der Ausbildung von **E** und **I** versucht man mit Programmierungen zu arbeiten. Dabei geht man davon aus, daß der zu Schulende bereits über **E** und **I** verfügt und daß es nur darum geht, sein **E** und **I** in Hinblick auf die spezifischen Anforderungen seiner Stellung zu systematisieren. Seminare in Brainstorming und Synectics zeigen den Teilnehmern, wie man die eigene Kreativität stimulieren und systematisch nutzen kann.

Schulung zur Verbesserung der **I**-Kapazität wird in zahllosen Lehrgängen über Prozeßförderung, Unternehmensentwicklung, Veränderungsmobilisierung, Selbsterfahrung und Unternehmensführung offeriert, die von zahllosen Hochschulen und privaten Instituten angeboten werden. Die Techniken der Integration und des Konfliktmanagements können verfeinert und verbessert werden, wenn die persönlichen Grundvoraussetzungen vorhanden sind. Es ist jedoch unproduktiv, Leuten eine **I**-Schulung zu verpassen, die anstelle des **I** eine Leerstelle in ihrem Code haben.

Entwicklungsmethoden

Um eine Fähigkeit zu entwickeln, die bestenfalls latent vorhanden ist oder für die der Betreffende »blind« ist, bedarf es einer Umgebung, in der diese Fähigkeit gebraucht und ermutigt wird, und die deren Auftreten entsprechend verstärkt und belohnt. Umgebung bedeutet in diesem Fall eine Aufgabe, einen Job, eine Position und das entsprechende Betriebsklima.

Bevor wir näher auf dieses Thema eingehen, müssen wir den Unterschied zwischen Delegieren und Dezentralisieren klarstellen. Delegieren ist das Übertragen von Verantwortung für programmierte Entscheidungen auf Untergebene. Das bedeutet, daß **P** und **A** delegiert werden können. Dezentralisierung umfaßt jedoch mehr als den Transfer programmierter Pflichten. Von den Mitarbeitern, die durch Dezentralisierung Machtbefugnisse erhalten, wird erwartet, daß sie kluge Entscheidungen treffen und Initiative entfalten, daß sie sowohl Anordnungen ausführen als auch von sich aus aktiv werden. Mit anderen Worten, die Dezentralisierung setzt voraus, daß **E** und **I** auch in den niedrigeren Rängen des Unternehmens *aufgebaut* werden. Die **E-I**-Rollen können nicht delegiert werden, da sie nicht programmierbar sind. Sie müssen *aufgebaut* werden.

Delegieren ist somit nicht dasselbe wie Dezentralisieren. Um zu dezentralisieren, muß die Freiheit gewährt werden, nichtprogrammierte Entscheidungen zu treffen. Dezentralisierung impliziert naturgemäß mehr Spielraum für nichtprogrammierte Entscheidungen, die per se unvorhersagbar sind. Das löst bei jenen, die die Kontrolle behalten wollen, eine Furcht vor der Dezentralisierung aus. Ein **A** ist bereit, zu »dezentralisieren«, wenn er die totale Kontrolle über alles, was geschieht, behält. Dabei vermindert er jedoch die Chance, daß **E** und **I** zum Zuge kommen und sich entfalten, mit der Folge, daß letztlich überhaupt keine Dezentralisierung zustande kommt, sondern bestenfalls ein oder zwei Aufgaben delegiert werden. Dezentralisierung wird deshalb als ein Mittel zur Entwicklung von **E** und **I** empfohlen.

Wenn jemand statt eines **P** eine Leerstelle hat, wie das beim Bürokraten, beim Brandstifter und beim Superangepaßten der Fall ist, oder wenn ihm das **A** völlig fehlt, wie dem Einsamen Kämpfer, dem Brandstifter und dem Superangepaßten, wie können diese fehlenden Qualitäten dann entwickelt werden?

Entwicklung von **P** *und* **A**

Um das **P**- und **A**-Potential zu entwickeln, sollte man den Leuten Aufgaben stellen oder solche an sie delegieren, die die Ausübung von **P**- und **A**-Rollen erfordern. Da **P** und **A** mit dem Leistungs- bzw. mit dem Machtbedürfnis zusammenhängen, kann man das **P**-Potential entwickeln, indem man dem Betreffenden eine Aufgabe überträgt, bei der seine Leistungen leicht nachzuweisen sind, so daß Erfolg oder Mißerfolg dieser Person zugeschrieben werden können. Dazu zählen Aufgaben im Bereich des Verkaufs und der Produktion. Die Aufgabe sollte kurze Rückkoppelungsschleifen haben – das heißt, die Resultate sollten ohne zu große Verzögerung eintreffen.

Entwicklung ist schmerzhaft, denn gerade, wenn wir uns entwikkeln, treten unsere Schwächen zutage. Menschen mit einer starken Angst zu versagen wird die Aussicht, sich solche Blößen geben zu müssen, wahrscheinlich erschrecken. Wenn sie nicht wachsen können, dann sollten sie wahrscheinlich sich selbst zuliebe keine Führungsaufgaben anstreben, da solche Aufgaben weder befriedigend noch lohnend für sie sein werden.

Die **A**-Rolle erfordert Systematisierung, Ordnung, Detailkenntnis, Machtwillen, Arbeit unter gesicherten Bedingungen, die Aufrechterhaltung eines bestimmten Maßes an Vorhersagbarkeit, das Ertragen von Wiederholungen und Freude an Routinearbeit. Um **A** zu entwickeln, muß der Betreffende eine Aufgabe erhalten, bei der **A**-Qualitäten nötig sind und belohnt werden. Solche Aufgaben sind in der Produktionsplanung, im Rechnungswesen und im klassischen Personalbereich leicht zu finden.

Ein Brandstifter könnte aus einer kurzen Gastrolle in der für ihn völlig fremden Domäne, in der es darum geht, das System am Laufen zu halten, Gewinn ziehen.

Im großen und ganzen sind die Unternehmen mit Erfolg bemüht,

P und **A** zu entwickeln, während die Förderung von **E** und **I** größere Schwierigkeiten macht.

Entwicklung von **E** *und* **I**

Große Unternehmen haben den Unternehmertypus (**E**) entweder abgestoßen oder sie haben die Aufgaben, die **E** verlangen, an der Spitze der Pyramide monopolisiert und die Ausübung von **E** in der ganzen übrigen Pyramide entmutigt. Die Folge ist, daß man, wenn Spitzenkräfte gebraucht werden, sie in der Mehrzahl der Fälle außerhalb der Firma suchen muß, weil das **E**-Talent daran gehindert wurde, sich in dieser zu entfalten. Es ist deshalb nicht verwunderlich, wenn viele leitende Angestellte die Erfahrung machen, daß ein Firmenwechsel die einfachste Möglichkeit ist, um voranzukommen.

I ist nicht so gefährdet und steht nicht so unter Beschuß wie **E**, aber auch seine Entfaltung und Entwicklung wird in Unternehmen, die ausschließliche Ziele verfolgen, nicht besonders gefördert. Unternehmen sind ziel- und aufgabenorientiert. Sie erwarten Resultate, und um Resultate zu erzielen, entpersönlichen sie die zwischenmenschlichen Beziehungen. Die Folge ist, daß in den Unternehmen anstelle der persönlichen Beziehungen die sachbezogenen Kontakte gedeihen. Das schadet der **I**-Kapazität. **I** kann man dann entwickeln, wenn jemand Situationen ausgesetzt ist, in denen die eigene Fähigkeit, mit Menschen zusammenzuarbeiten, auf die Probe gestellt wird. Man muß hören, zuhören, spüren und einfühlsam reagieren (siehe Kapitel III/1., S. 155ff.). Man muß ein inneres Ohr für die Dinge entwickeln, die unausgesprochen bleiben, einen sechsten Sinn, um deuten zu können, wie etwas gesagt wird, und um es mit dem vergleichen zu können, was tatsächlich gesagt wird, damit man die jeweilige Situation wirklich richtig versteht. Auf alle Fälle ist Entwicklung von Wachstumsschmerzen begleitet, die zwar minimiert, aber nicht eliminiert werden können. Für Leute, die von Natur aus kein **I** haben, können die Erfahrungen, die sie bei dem Versuch machen, diese Schwäche zu überwinden, so traumatisch sein, bis sie sich weigern, sich weiterhin solchen Erlebnissen auszusetzen.

In extremen Fällen, das heißt bei Personen, die nur eine einzige Rolle unter Ausschluß der anderen drei ausüben, kann das Hineindrängen in andere Rollen tatsächlich keine befriedigenden Resultate erbringen, da sie durch die vielen neuen Erfahrungen, denen sie ausgesetzt sind, traumatisiert werden. Diese Menschen brauchen wahrscheinlich professionelle psychotherapeutische Hilfe, wenn sie sich ändern und bessere Manager werden wollen. In leichteren Fällen, wo nur eine Rolle entwickelt werden muß, ist eine schrittweise Einführung in diese mit einer sich rasch verstärkenden Rückkoppelung wertvoll.

Nehmen wir ein Beispiel aus dem Bereich der Psychopathologie. Manche Leute brechen zusammen, wenn sie Entscheidungen unter Bedingungen treffen müssen, die ein bestimmtes Maß an Ungewißheit enthalten. Ein amerikanischer Therapeut hat die Produktion von Fernsehsendungen zur Rehabilitation solcher Leute benutzt. Die Produktion von TV-Programmen ist mit verschiedenen Graden von Unsicherheit verbunden. Ein Patient kann somit von Aufgaben mit geringerem Unsicherheitsfaktor zu Aufgaben mit höherem Unsicherheitsfaktor voranschreiten. Er lernt seine Aufgaben als Mitglied einer Gruppe zu erfüllen, und er erhält von der Gruppe Verstärkung. In ähnlicher Weise sind auch Führungsaufgaben mit einem unterschiedlichen Maß an Ungewißheit verbunden. Führungskräfte sollten schrittweise lernen, sich zunehmend ungewissen Aufgaben zu stellen.

Außerbetriebliche Aktivitäten können dazu dienen, Leuten beizubringen, verschiedensten Anforderungen zu genügen und Mitarbeiter zu integrieren. So könnten beispielsweise Industriebetriebe die Schirmherrschaft über künstlerische Darbietungen übernehmen, an denen sich die gesamte Belegschaft beteiligt. Eine Bank im Stadtzentrum von Los Angeles verfügt zum Beispiel über eine großartige Bühne, die nur für geschäftliche Konferenzen benutzt wird. Wenn die Angestellten und die Führungskräfte dieser Bank diesen Raum dazu nutzen würden, um dort für ihre Kollegen und Kunden und deren Familien Theater zu spielen, könnten hierarchische Schranken abgebaut und das Leben der Menschen in dieser Organisation um eine neue Dimension bereichert werden. Gleichzeitig könnte dadurch ihr **I** und durch Erhöhung der Vielseitigkeit wahrscheinlich auch ihr **E** verstärkt werden.

Das beste Mittel zur Entwicklung von **E** und **I** ist wahrscheinlich Demokratisierung und Dezentralisierung. Das Resultat sind partizipative Systeme. Jugoslawien, Peru, die Bundesrepublik Deutschland, Norwegen, Israel, Schweden und die Benelux-Staaten haben solche Systeme etabliert. Je stärker die Menschen an der Entscheidungsbildung beteiligt sind, desto mehr **E** und **I** werden sie entwickeln und benutzen.[14]

E und **I** kann schon in der Schule gefördert werden, indem man den Schülern Aufgaben stellt, die sie selbständig lösen müssen, und indem man eine erfahrungsbezogene Form des Unterrichts anbietet. An der betriebswirtschaftlichen Fakultät von UCLA (Kalifornien) wird beispielsweise allen Studenten im ersten Semester ein praxisbezogener Kurs angeboten. Im Mittelpunkt dieses Kurses steht die Zusammenarbeit mit anderen – ein Vorgang, der einem nicht nur hilft, die Anfänge der Entscheidungsbildung mit anderen zu erlernen, sondern auch ein großes Maß an Selbsterkenntnis vermittelt. Der Kurs hat den Zweck, die Teilnehmer mit dem Zustandekommen gut integrierter Entscheidungen vertraut zu machen.

An der Itesm-Universität in Mexiko betreuen Professoren und Führungskräfte der Wirtschaft die Studenten bei einem fortlaufenden Projekt. Die Studenten machen Marktchancen ausfindig, sie planen eine Geschäftsgründung, bauen einen Betrieb auf, und führen diesen – alles mit Hilfe und unter Anleitung der Professoren und Führungskräfte. Jede Studentengeneration gibt ihre Resultate an die folgenden Jahrgänge weiter.

Abgesehen von dem Bemühen um Ausbildung, von Selbstbewußtheit und Selbsterkenntnis und von dem Verständnis der verschiedenen Aspekte und Rollen des Managements kann der allein arbeitende Einzelne wenig für seine Fortbildung tun. Allein arbeiten heißt, in einem Vakuum arbeiten. Unser eigenes Wachstum verdanken wir der Zusammenarbeit mit anderen.

Man kann die Kreativität und das unternehmerische Potential ei-

nes Betriebes auch durch Einstellung von Leuten, deren Stärke in **E** und **I** liegt, steigern. Solche Mitarbeiter findet man gewöhnlich in besonders kreativen Sparten wie der Werbung und in kleinen expandierenden Firmen und Organisationen. Viele waren bis dahin als Alleininhaber neuer Unternehmen tätig.
Wenn ein kreativer Mensch in ein stark **P**- und **A**-bezogenes Unternehmen hereingeholt wird, ist es wichtig, dafür zu sorgen, daß seine Integration erfolgreich verläuft. Anderenfalls entsteht sowohl bei dem neuen Mitarbeiter als auch bei der Unternehmensführung Frustation, ein Thema, das in Kapitel III/4. in Zusammenhang mit der Unternehmenstherapie erörtert werden wird.
Wir haben bisher über die Ausbildung wirklicher Führungskräfte (im Unterschied zum Lehrbuch-Manager) gesprochen. Aber selbst gute Führungskräfte reichen nicht aus, um gutes Management zu gewährleisten. Zu diesem Zweck müssen die guten Führungskräfte als Team zusammenarbeiten, und jeder Manager muß eine Aufgabe haben, die seinem Arbeitsstil entspricht. In den folgenden Kapiteln werden wir darlegen, wie man die richtige Aufgabe für den jeweiligen Arbeitsstil findet, und wie man Teams aufbaut.

Anmerkungen

1. Siehe beispielsweise Michael L. Moore, »Superior, Self and Subordinate Differences in Perceptions of Managerial Learning Times«, *Personnel Psychology*, 26 (Sommer 1974), S. 297–305; und Robert N. Carter, »OD Strategy für Today's Training«, *Training and Development Journal*, (29. April 1975).
2. Siehe beispielsweise Leonard Sayles, *Managerial Behavior* (New York: McGraw-Hill, 1964); und Richard C. Hodgson, Daniel J. Levinson und Abraham Zaleznik, *The Executive Role Constellation* (Boston: Harvard University, Division of Research, Graduate School of Business Administration, 1965).
3. H. Mintzberg, »The Manager's Job: Folklore and Fact«, *Harvard Business Review* (July–August, 1975).
4. Hilgert bietet beispielsweise Führungskräften zehn Vorschläge, wie sie ihr eigenes positives Denken stärken können, um ihre Untergebe-

nen zu beeinflussen. Siehe Raymond L. Hilgert, »Positive Personal Motivation: The Manager's Guide to Influencing Others«, *Personnel Journal*, 53 (November 1974), 832–34. (Ein – lawinenartiges – Anschwellen der Literatur auf diesem Gebiet erfolgte seit der Einführung der Selbsterfahrungsgruppen.)

5. Siehe Herbert H. Hand, Max D. Richards und John W. Slocum, »Organizational Climate an the Effectiveness of a Human Relations Training Program«, *Academy of Management Journal, 16* (Juni 1974), 185–96.
6. William S. Quigley und Ronald J. Stupak, »An Experiment in Managerial Creativity: The Federal Executive Institute and the Policy-Making Process«, *Training and Development Journal, 28* (Juni 1974), 22–28.
7. Robert Townsend, *Up the Organization: How to Stop the Corporation from Stifling People and Strangling Profits* (Greenwich, Conn.: Fawcett Publications, 1971).
8. Siehe Ichak Adizes: *Dialectic Convergenze for Management of Conflict*, Paper Nr. 10 (Los Angeles: MDOR Institute, 1977); ders. *A'S/M Method for Diagnosis of Organizations*, Paper Nr. 7 (Los Angeles: MDOR Institute, 1977); ders. *Democratization of Organizations*, Arbeitspapier (Human Systems Study Center, Graduate School of Management, UCLA, 1977).
9. John B. Miner, *Human Constraint: The Coming Shortage of Managerial Talent* (Washington, D.C.: Bureau of National Affairs, 1974).
10. Das Phänomen ist auch dadurch zu erklären, daß gewöhnliche Straßen mehr Gefahrenmomente aufweisen als Autobahnen und daß die meisten Fahrten innerhalb eines 15-km-Radius von der eigenen Wohnung erfolgen.
11. Laurence J. Peter und Raymond Hull, *The Peter Principle* (New York: Morrow, 1969).
12. Im Jahre 1968 rief ich das erste Schulungsprogramm für Administratoren auf dem Kultursektor (an der UCLA) ins Leben. Es hat sich als schwierig erwiesen, die in diesem Sektor Tätigen davon zu überzeugen, daß zur Führung einer kulturellen Einrichtung mehr nötig ist als die Kenntnis der betreffenden künstlerischen Sparte.
13. Ivan Illich, *Deschooling Society* (New York: Harper & Row, 1971)
14. Weitere Informationen sind folgenden Publikationen zu entnehmen:
    a) Ichak Adizes, *Industrial Democracy: Yugoslav Style* (New

York: Free Press, 1971). Ders., »The Developing Nations and Self-Management«, Research Paper Reprint Nr. 1 (UCLA Institute of Industrial Relations Publications Series, 1975), Übersetzung des 1. Kapitels der spanischen Ausgabe. Ders., »Problems of Implementation and the Role of Professional Management«, Research Paper Reprint Nr. 2 (UCLA Institute of Industrial Relations Publications Series, 1975), Übersetzung des 10. Kapitels der spanischen Ausgabe.

b) Adizes und Elisabeth Mann-Borgese, Hsg., *Self-Management: New Dimensions to Democracy* (Santa Barbara, Calif.: ABC/CLIO, 1975).

c) I. Adizes, »Industrial Democracy and Codetermination« in *Encyclopedia of Professional Management* (New York: McGraw-Hill, 1977).

d) J. Zupanov und I. Adizes, »Labor Relations in Yugoslavia«, in *Handbook of Contemporary Developments in World Industrial Relations,* Hsg. A. Blum (Westwood, Conn.: Greenwood Press).

e) I. Adizes, »On Conflict Resolution and an Organizational Definition of Self-Management« in *Participation and Self-Management, Bd. 5: Social System and Participation,* First International Sociological Conference on Participation and Self-Management, Zagreb, Yugoslavia, 1973, S. 17–33.

3. *Der richtige Mann für die richtige Aufgabe: Das optimale Team*

Vier Rollen (**PAEI**) müssen ausgefüllt werden, wenn der Managementprozeß effektiv und effizient verlaufen soll. Jede dieser Rollen ist eine notwendige, aber für sich genommen nicht ausreichende Voraussetzung für effektives Management. Die vier Rollen zusammen sind nötig, aber kein einzelner Mensch kann sie mit der Perfektion ausüben, die gutes Management erfordert. Wann immer eine dieser Rollen nicht entsprechend ausgefüllt wird, ist eine spezifische Form von Mismanagement erkennbar.

Wenn kein einzelner Mensch ein **PAEI** sein kann, was ist dann gutes Management? Wir haben im Kapitel III/1. festgestellt, daß eine gute Führungskraft die Tatsache anerkennt und akzeptiert, daß sie weder ein **PAEI** ist noch einer sein kann. Wir haben auch festgestellt, daß, selbst wenn es den **PAEI** gäbe, der daraus resultierende Personenkult für die Allgemeinheit gefährlich sein könnte.

Wenn kein einzelner Mensch ein **PAEI** sein kann, bedeutet das, daß Unternehmen dazu verdammt sind, schlecht geführt zu werden? Die Antwort ist nein. Die Lösung heißt Teamwork unter Führungskräften mit komplementären Arbeitsstilen – gut ausgebildeten Leuten mit unterschiedlichen Orientierungen und persönlichen Bedürfnissen, die zusammenarbeiten und die Schwachstellen der jeweils anderen ausgleichen können.[1] Was man dazu benötigt, sind Menschen, die über die unternehmerischen und integrativen Qualitäten verfügen, die es einem geschlossen operierenden Unternehmen ermöglichen, neue Richtungen einzuschlagen; Administratoren, welche die Ideen des Unternehmertypus in operative Systeme umsetzen können, die Resultate hervorbringen; und Machertypen, die dafür sorgen, daß das System funktioniert, und die ein Beispiel für effiziente Arbeitsabläufe geben.

Eine Analyse der Geschichte jedes erfolgreichen Unternehmens zeigt, daß dieses seinen Erfolg einem Team von Leuten verdankt, deren Arbeitsstil, Verhalten und Bedürfnisse differierten, die aber zusammenarbeiten konnten. Obwohl unternehmerischer Erfolg gewöhnlich einer Person zugeschrieben wird, steht hinter diesem Menschen ein Team, das ihn erst zu seinen Leistungen befähigte.

Die amerikanische Zeitschrift *Fortune* berichtet in ihrer Nummer vom Dezember 1972, wie *Arlen Realty and Development* zur größten Immobiliengesellschaft Amerikas wurde. Arthur Cohen, der Gründer von *Arlen Realty,* erklärte, daß es sich keineswegs um eine Ein-Mann-Schau handle; »Meine Rolle ist, die Richtung zu bestimmen [**E**-Rolle]; Marshall sagt uns, wie wir dahin kommen [**A**-Rolle]; und Arthur Levine sorgt dafür, daß die Sache funktioniert [**P**-Rolle].« Arthur Cohen war vermutlich auch der Integrator, der die Gruppe zusammenbrachte.

Viele Leute sehen in den Ford-Automobilwerken die Erfolgsgeschichte eines Mannes, der dies alles allein geschaffen hat. Aber wie Peter Drucker schreibt, wurde die Gesellschaft zur Zeit ihrer Expansion und ihres größten Erfolges, das heißt von 1907 bis Anfang der zwanziger Jahre von einem Topmanagementteam geleitet, wobei James Couzens gleichberechtigt neben Henry Ford stand und in vielen Topmanagementbereichen die endgültigen Entscheidungen traf. Nach Couzens Ausscheiden übernahm Henry Ford allein die Führung. Es ist kaum überraschend, daß die Konkurrenzfähigkeit des Unternehmens nach dem Weggang Couzens nachließ.[2]

Die Entdeckung der unternehmerischen Teamarbeit sollte uns nicht allzu sehr verwundern. Schließlich kennen wir alle so etwas wie den Mama-Papa-Laden. Traditionellerweise kaufte Papa ein, verhandelte, bestimmte die Preise und fungierte als Geschäftsführer (**PE**). Mama besorgte die Buchführung, bremste Papas utopische Träume durch konstruktive Kritik, besänftigte die Kunden und die Angestellten, sorgte für gute Arbeitsmoral und leistete Hilfestellung (**AI**).

Auch die traditionelle Familie wurde nach dem »Comanagement-Prinzip« geführt. Vater war der Ernährer, er hatte den gesamtgesellschaftlichen Überblick, er machte Karriere (**PE**). Mutter leitete die Familie, organisierte den Haushalt und sorgte für Nestwärme (**AI**). Nach dem **PAEI**-Code ist Papa ein **PaEi** und Mama ist ein **pAeI**.

Durch die feministische Bewegung hat sich viel verändert. Die Frauen sind der unterstützenden Rolle überdrüssig. Sie wollen selbst **PaEi**s sein. Aber häufig weigert sich der Ehemann, die unterstützende Rolle zu übernehmen. Deshalb agieren in manchen Familien beide Partner als **PaEis**. In solchen Fällen bricht die Familie auseinander, wenn beide Partner nicht **I** entwickeln und sich gemeinsam an **A** beteiligen wollen. Oder man wird eine gute Reinigungsfrau, Sekretärin und Buchhalterin (**A**) einstellen müssen und vielleicht auch eines Psychotherapeuten (**I**) bedürfen.

Das Management-Mix

Als Management-Mix bezeichne ich ein Team, dessen einzelne Mitglieder gute Manager nach der in Kapitel III/1. gegebenen Definition sind. Die Teammitglieder müssen einander ergänzen und zusammen einen **PAEI** bilden. Ein solches Team könnte beispielsweise aus einem **Paei**, einem **pAei**, einem **paEi** und einem **paeI** bestehen. Besser noch wäre eine Gruppe bestehend aus einem **PaeI**, einem **pAeI** und einem **paEI**, da alle die Genannten gute Integrationsqualitäten besitzen. Solche Teams führen zu einer effektiven und effizienten Organisation. Besteht das Management hingegen nur aus **PaeI**s, dann wird das Unternehmen, gleichgültig, aus wievielen Leuten das Team besteht, an Mismanagement kranken.

> Wenn ein Unternehmen von zwei Leuten geführt wird, die immer übereinstimmen, dann ist einer der beiden überflüssig.
>
> *William Wrigley, Jr.*

Wenn eine der vier Rollen für eine Führungskraft wirklich unerläßlich ist, dann ist es die der Integration. Wenn ein Spitzenmann die anderen drei Rollen nicht selbst ausfüllt, dann mögen andere da sein, die das können; aber der Vorgesetzte muß imstande sein, die Leute einzubinden, um sicherzustellen, daß die anderen Funktionen in positiver Weise ausgeübt werden. Wenn die Integrationsaufgabe nicht geleistet wird, dann wird das Führungsteam zerfallen.

Manche Unternehmen schwören auf die kollektive Führung. Sie sind zu der Erkenntnis gelangt, daß eine Person allein den Führungsaufgaben nicht gerecht werden kann, deshalb lassen sie das Unternehmen von einem Führungsteam leiten. Dieser Versuch schlägt häufig fehl, weil sich die Spitzenleute Personen mit demselben Arbeitsstil als Mitarbeiter aussuchen.

So wird sich beispielsweise ein **A**-Manager mit weiteren **A**-Leuten umgeben. Aber ein Team kann nur dann komplexe Aufgaben ausführen, wenn Unterschiede unter den Mitarbeitern akzeptiert werden.

Reicht ein gutes Management-Mix aus?

Ein Management-Mix bestehend aus einem ausgeglichenen, komplementären (**PAEI**) Team ist ein guter Ausgangspunkt für eine effektive Unternehmensführung. Die nächste Bedingung ist, daß die Teammitglieder in Positionen eingesetzt werden, in denen ihr jeweiliger Arbeitsstil am nützlichsten sein kann. Intuitiv würden wir nicht erwarten, daß jemand, der gern in der Buchhaltung arbeitet, von einer Versetzung in die Verkaufsabteilung begeistert wäre oder umgekehrt.

Der Marketingleiter eines Unternehmens, der ausschließlich mit Absatzfragen zu tun hatte (die Verkaufsabteilung unterstand ihm nicht), war ein **PA** mit schwach entwickeltem **e** und **i**. Er war bei-

nahe ein Sklaventreiber. Auf Grund seiner Arbeitsweise war die Marketingabteilung weder bei der Produktion noch beim Verkauf besonders beliebt. Außerdem war weder die Produktion noch die Verkaufsplanung aggressiv oder einfallsreich. Wäre dieser Mensch im Verkauf oder selbst in der Buchhaltung tätig gewesen, dann wäre er *einigermaßen* sinnvoll eingesetzt worden.
Der Arbeitsstil, mit dem an eine Aufgabe herangegangen werden sollte, gehorcht somit eigenen Anforderungen. Entscheidend ist auf jeden Fall, daß Manager und nicht Mismanager für die Aufgaben eingesetzt werden, für die sie geeignet sind.

Die richtige Aufgabe für den jeweiligen Arbeitsstil finden

Vier Fragen müssen beantwortet werden, bevor man die Erfordernisse einer Aufgabe umreißen kann. Dann kann man nach der Person suchen, deren Stil zu der Aufgabe paßt. Man erspart sich dadurch die Notwendigkeit einer teuren, langfristigen Entwicklung und kann stattdessen sofort mit der Ausbildung beginnen.

1. Wie ist die Aufgabe beschaffen (Aufgabenerfordernisse)?
2. Welchen Entscheidungsspielraum gewährt die Aufgabe (Ermessensspielraum)?
3. Welchen Arbeitsstil haben die anderen Teammitglieder (Teamerfordernisse)?
4. Wie ist das Betriebsklima? Welchen Arbeitsstil braucht das Unternehmen (Betriebserfordernisse)?

Aufgabenerfordernisse
Die Anforderungen, die eine Aufgabe an den damit Befaßten stellt, kann man analysieren. Diese Anforderungen korrespondieren mit einer bestimmten Führungsrolle.

1. Erfordert die Aufgabe ein Arbeiten unter Zeitdruck?
2. Erfordert die Aufgabe kurzfristige Resultate?
3. Ist es relativ leicht, die Resultate der Person zuzuschreiben, die die Aufgabe ausführte?
4. Ist die Aufgabe programmierbar; ist es leicht, jemanden in dieser Arbeit auszubilden?

5. Wieviel Interaktion mit anderen Personen ist notwendig, um die Aufgabe zu erledigen?
6. Erfordert die Aufgabe ein größeres Maß an nachfassender Tätigkeit?
7. Ist die Aufgabe komplex und erfordert sie Detailorientierung und Verständnis der organisatorischen Interdependenz?
8. Kann die Aufgabe systematisiert werden?
9. Sind organisatorische Richtlinien und Vorschriften nötig, um die wiederholte Erfüllung der Aufgabe zu gewährleisten?
10. Wieviel Initiative wird bei dieser Aufgabe erwartet?
11. Wie groß muß die Fähigkeit zur Abstraktion, Deduktion und Induktion sein, um die Aufgabe effektiv ausführen zu können?
12. Wie unstrukturiert ist die Aufgabe?
13. Mit wieviel Ungewißheit ist die Ausführung der Aufgabe verbunden?

14–15. Wie lang dauert die mit der Aufgabe verbundene Ungewißheit?
14. Lange Zeit. 15. Kurze Zeit.

16–19. Erfordert die Aufgabe Entscheidungen, die mit Risiken verbunden sind: Wenn ja, ist das Risiko gering (17), mäßig (18) oder hoch (19)?

20. In welchem Tempo treten bei der Aufgabe Veränderungen ein?
21. Wieviel Kontakt zu anderen bzw. Zusammenarbeit mit anderen ist notwendig, um die Aufgabe auszuführen?
22. Wie widersprüchlich können die mit der Aufgabe verbundenen Tätigkeiten sein?

23–25. Treffen die Rückmeldungen über Erfolg oder Mißerfolg relativ rasch oder fast sofort ein (23), nach einer mittleren Zeitspanne (24) oder mit langfristiger Verzögerung (25)?

Diese 25 Fragen können zu einer Tabelle zusammengefaßt werden, und wenn eine Frage zu bejahen ist, wird für jede Rolle in die entsprechende Spalte eine subjektive Wertung von 1 bis 4 (1 ist das Maximum) eingetragen.

	Benötigter Stil			
Aufgabenerfordernisse	**P**	**A**	**E**	**I**
1. Erfordert die Aufgabe Arbeit unter Druck?	1	4	2	3
2. Erbringt die Aufgabe kurzfristige Resultate?	1	2	4	3
3. Kann Erfolg oder Mißerfolg bei der Aufgabe auf eine Person zurückgeführt werden?	1	4	2	3
4. Ist die Aufgabe programmierbar?	2	1	3	4
5. Erfordert die Aufgabe Interaktionen mit anderen Leuten?	4	2	3	1
6. Erfordert die Aufgabe ein konsequentes Nachfassen? .	3	1	4	2
7. Ist die Aufgabe kompliziert und detailliert?	3	1	4	2
8. Kann die Aufgabe systematisiert werden?	2	1	4	3
9. Erfordert die Aufgabe Beachtung von Vorschriften? .	3	1	4	2
10. Ist ein großes Maß an Initiative erforderlich?	3	4	1	2
11. Erfordert die Aufgabe die Fähigkeit zu abstrahieren	4	3	1	2
12. Ist die Aufgabe unstrukturiert?	3	4	1	2
13. Ist die Aufgabe mit Ungewißheit verbunden?	3	4	1	2
14. Wie lang muß die Ungewißheit ertragen werden? Lange Zeit?	3	4	1	2
15. Kurze Zeit?	1	4	2	3
16. Erfordert die Aufgabe keine Risikobereitschaft?	2	1	4	3
17. Erfordert die Aufgabe geringe Risikobereitschaft? . .	1	2	4	3
18. Erfordert die Aufgabe mäßige Risikobereitschaft? . . .	3	4	2	1
19. Erfordert die Aufgabe hohe Risikobereitschaft?	3	4	1	2
20. Ändert sich die Aufgabe rasch?	3	4	1	2
21. Sind persönliche Beziehungen und Kooperation erforderlich?	4	2	3	1
22. Enthält die Aufgabe widersprüchliche Elemente? . . .	2	3	1	4
Treffen die Rückmeldungen über Erfolg oder Mißerfolg bei der Durchführung der Aufgabe				

23. schnell oder sofort ein?	1	2	3	4
24. mittelfristig?	2	1	3	4
25. stark verzögert?	3	2	1	4

Die angeführte Tabelle soll als Beispiel dienen, wie man dabei verfahren kann. Aufgaben können anhand der in der Tabelle angeführten 25 Fragen bewertet werden. Die Antworten auf jede Frage können verschieden gewichtet werden und aus der Gesamtsumme geht dann hervor, welcher Arbeitsstil am besten für eine bestimmte Aufgabe geeignet ist.

Eine Aufgabenanalyse würde (bei Konstanthaltung der übrigen Faktoren) wahrscheinlich ergeben, daß ein Job in der Marketingabteilung mehr **P** und **E** als **A** erfordert, während eine Aufgabe in der Buchhaltung mehr **A** und **I** als **E** erfordern dürfte:

	P	**A**	**E**	**I**
Marketing	2	4	1	3
Buchhaltung (für ein stabiles Unternehmen)	3	1	4	2
Verkauf von Konsumgütern	1	4	2	3
Verkauf von Industriegütern	1	2	3	4

Ermessensspielraum bei der Entscheidungsbildung

Je höher jemand in einer hierarchischen Organisation aufsteigt, desto mehr Macht, Autorität und Einfluß hat er und desto größer ist daher sein Ermessensspielraum bei der Entscheidungsfindung. Je stärker dezentralisiert dagegen eine Organisation ist, desto größer ist die Entscheidungsfreiheit auf den niedrigeren Rängen der Organisation.

In zwei vergleichbaren Organisationen bzw. Unternehmen wird daher dieselbe Aufgabe zwei verschiedene Führungsstile erfordern, wenn die eine Organisation zentralisiert und die andere dezentralisiert ist. Je dezentralisierter eine Organisation ist, ein desto größeres Maß an Initiative erwartet sie von ihren Mitarbeitern, d.h. desto größer sollten deren **E** und **I** sein.

Komplementärfunktion gegenüber den anderen Teammitgliedern.
Selbst wenn jemand alle Fähigkeiten besitzt, die erforderlich sind, um alle nötigen Führungsrollen auszuüben (d.h. wenn der oder die Betreffende ein **Paei** oder ein **pAeI** ist, oder wenn er andere benötigte Rollenkombinationen ausüben kann) und selbst wenn die Fähigkeiten des Betreffenden den Anforderungen eines Teams gut entsprechen, kann sein Arbeitsstil dennoch ungeeignet sein. Um festzustellen, ob dies der Fall ist, muß man die Teammitglieder analysieren, mit denen der Betreffende zusammenarbeiten soll. So kann beispielsweise ein Mitarbeiter mit einem besonders starkem **I** nötig sein, wenn die anderen Teammitglieder nur über wenig **I** verfügen.
Die Notwendigkeit komplementärer Managementstile geht auch aus vielen Presseberichten hervor. So schrieb beispielsweise *Business Week* am 10. Januar 1977, daß bei der Ölgesellschaft *Occidental Petroleum* »die Generaldirektoren wie durch eine Drehtür gekommen und gegangen« seien. Die Beschreibung von Dr. Hammer, dem Vorstandsvorsitzenden und Gründer des Unternehmens, scheint genau dem in Kapitel II/7. erwähnten Gründerstil zu entsprechen. Wenn man keine entsprechende Ergänzung gefunden hätte, wäre *Occidental Petroleum* mit dem Weggang von Hammer in ernste Schwierigkeiten geraten. Als Baird die Nachfolge Hammers als Generaldirektor antrat, waren die Banken bereit, der Gesellschaft größere Kredite einzuräumen. Baird war selbst ein Bankier, dessen konservativer Stil eine gute Ergänzung zu Hammers Verhaltensmuster bildete.

Betriebserfordernisse
Schließlich hat man festzustellen, was dem Betriebsklima entspricht, welcher Arbeitsstil für welche Aufgabe geeignet ist und was machbar ist.
Ein bürokratisches Unternehmen würde wahrscheinlich einen **E**-starken Vertriebsleiter brauchen, aber seine Kollegen würden ihm vermutlich nicht die Möglichkeit geben, seine Rolle auszuüben, solange sich das Betriebsklima nicht verändert hat.

Fassen wir zusammen. Gutes Management erfordert:

1. Nicht eine gute Führungskraft, sondern eine Gruppe von leitenden Angestellten, die
   a) fähig sind, alle vier Rollen auszufüllen;
   b) ihre Stärken und Schwächen kennen;
   c) sich selbst akzeptieren;
   d) Menschen akzeptieren, die anders sind als sie selbst;
   e) Fähigkeiten erkennen können, die sie selbst nicht besitzen;
   f) Differenzen mit anderen austragen können.
2. Jedes Mitglied dieser Gruppe von Führungskräften sollte
   a) fähig sein, den Anforderungen seiner Aufgaben gerecht zu werden;
   b) fähig sein, Entscheidungsspielräume zu nutzen;
   c) die anderen Teammitglieder ergänzen;
   d) dem Betriebsklima des Unternehmens entsprechen.

Ist die erste Voraussetzung erfüllt, dann ist ein »Management-Mix« vorhanden. Ist die zweite Bedingung erfüllt, dann ist es ein passendes Mix. Von gutem Management kann man erst dann sprechen, wenn beide Bedingungen erfüllt sind.

Stellenwechsel – eine Beförderung

Der Arbeitsstil eines Menschen muß sich verändern, wenn er in einem (hierarchisch strukturierten) Unternehmen aufsteigt, dabei aber in derselben Sparte bleibt (beispielsweise in der Produktion, im Rechnungswesen oder im Verkauf).

Auf der untersten Ebene der hierarchischen Organisation ist **P** die Hauptvoraussetzung für den Erfolg. Sobald ein guter **P** jedoch zum Gruppenleiter befördert wird, nimmt sein **A** an Bedeutung zu. Noch wird kein **E** von ihm erwartet. **I** mag wünschenswert sein, wird aber nicht unbedingt verlangt. Das Unternehmen erwartet auf der untersten Ebene einen Vorgesetzten mit starken **P**-Qualitäten und einem gewissen Maß an Integrationsfähigkeit (**I**). (Das entspricht etwa dem Stil eines Fußballtrainers, den Fiedler und andere auf dieser Supervisionsebene als den ergiebigsten Stil betrachten.)

Auf der nächsthöheren Führungsebene, der Abteilungsebene, muß die Orientierung etwas umfassender sein. Das **P** der Führungskraft kann etwas abnehmen, dafür wird mehr **A** gefordert. Der Betreffende muß seine Abteilung organisieren; Richtlinien, Regeln und Vorschriften erlassen; dem Ganzen eine Struktur geben und für die Weiterverfolgung begonnener Vorhaben sorgen. Konsequenz und Systematisierung sind wichtig. Das **I** des Managers sollte auf allen Ebenen groß bleiben. Es ist *immer* notwendig, sich mit Leuten zu arrangieren.
In den Rängen, die strategische Entscheidungen erfordern, muß **E** eine größere Rolle spielen. Diese Evolution läßt sich folgendermaßen veranschaulichen.

Arbeiter, Angestellter	**P---**
Gruppenleiter	**PaeI**
Abteilungsleiter	**pAeI**
Direktor (im allgemeinen)	**paEi**
Geschäftsführer	PAEI

Nicht jeder ist imstande, seinen persönlichen Stil zu verändern, wenn er befördert wird. Vielleicht fehlt ihm die Fähigkeit, eine oder mehrere der Managementrollen auszufüllen, oder vielleicht fordert das Unternehmen das Ausleben dieser Rollen nicht. **E** wird beispielsweise gewöhnlich unterdrückt, bis jemand Generaldirektor geworden ist. Dann wird von dem Betreffenden erwartet, sofort **E** zu entwickeln. Da dies in der Regel nicht geschieht, ist es nicht verwunderlich, daß sich viele Firmen die Anwärter für ihre Topmanagementpositionen von außen hereinholen.
Den eigenen Stil zu ändern, ist nicht leicht, weil es bedeutet, auch das Verhalten zu ändern. Um sein **P** zu reduzieren, muß der neue Vorarbeiter »andere die Arbeit tun lassen«. Das bedeutet eine relative Distanzierung von Aufgaben, in denen der Betreffende bis dahin völlig aufgegangen ist, und es heißt, die Tatsache zu akzeptieren, daß auch andere die Arbeit leisten können, die man bisher getan hat.
Eine weitere Beförderung zum Abteilungsleiter erfordert neue

Fähigkeiten und einen völlig neuen Führungsstil. Die Frustration des Beförderten ist dann am größten, wenn die Aufgabe E zu erfordern beginnt, denn von dem Betreffenden wird dann erwartet, nichtprogrammierte Entscheidungen zu treffen, kreativ zu sein und strategische Risiken auf sich zu nehmen. Es ist deshalb nicht überraschend, wenn aus Untersuchungen hervorgeht, daß das mittlere Management eine stärkere Abneigung gegen Veränderungen hat als jede andere Gruppe leitender Angestellter eines Unternehmens.
Man kann auch noch auf andere Weise die Stellen wechseln als durch Aufsteigen innerhalb einer Firma. Das heißt, man kann auch die Laufbahn wechseln, nicht nur die *Machtebene* innerhalb der Unternehmenshierarchie.

Stellenwechsel – eine Karrierechance

Man ist gezwungen, seinen Arbeitsstil zu wechseln, nicht nur wenn man innerhalb einer Firma aufsteigt, sondern auch, wenn man beispielsweise von der Fertigung zum Marketing wechselt, vom Marketing zum Vertrieb, von einem Fabrikjob zu einem Verwaltungsjob oder von einer Branche in eine andere. Solche Veränderungen stellen an den einzelnen größere Anforderungen als eine Beförderung, denn es kommen völlig andere Aufgaben auf ihn zu. Wenn sich das Stellenprofil verändert, ändern sich auch die Anforderungen an den Stelleninhaber und die Notwendigkeit, den Arbeitsstil zu ändern, kann unabweisbar sein. Manche sind diesen Anforderungen nicht gewachsen, und es gelingt ihnen nicht, ihre neuen Aufgaben wirklich zu meistern und sich dabei wohlzufühlen.
Eine Beförderung oder das Einschlagen einer neuen Laufbahn erfordert somit eine Änderung der Art und Weise, wie wir mit uns selbst und anderen umgehen. Eine solche Veränderung unseres Stils kann mit Wachstumsschmerzen verbunden sein. Die Menschen, die am leichtesten lernen und sich am günstigsten entfalten, sind diejenigen, die schon vorher effektive Manager waren.

Sie hatten wahrscheinlich Gelegenheit, vielseitige Persönlichkeiten zu werden, weil sie schon in einem frühen Entwicklungsstadium fruchtbare Veränderungen erlebten. Sie fühlen sich durch einen Wandel nicht bedroht, vielmehr suchen sie nach Entfaltungsmöglichkeiten.

Manche Bäume werden schon in einem frühen Entwicklungsstadium systematisch für Verpflanzungen »trainiert«. Sie werden immer wieder verpflanzt, so daß sie sich schließlich daran gewöhnen.

Viele Führungskräfte haben nie eine Verpflanzung erlebt. Eine Veränderung der Bedingungen, unter denen sie funktionieren, könnte sie ruinieren, da sie nicht anpassungsfähig sind.

Flexible Leute sind rar. Unternehmen fördern die Flexibilität nicht, weil sie Leistung viel eher belohnen, als persönliche Entwicklung. Viele Unternehmen bilden Mitarbeiter aus, ohne sie zu entwickeln, oder sie wälzen die Entwicklungskosten auf die Öffentlichkeit ab. Solche Unternehmen sparen wahrscheinlich an der falschen Stelle. Unternehmen müssen Mitarbeiter *entwickeln*, um beförderungswürdiges »Rohmaterial« zu haben, das sie später ausbilden können. Die Ausbildungskosten für Mitarbeiter, die sich gegen Veränderungen sträuben und ihre eigenen Mängel nicht wahrhaben wollen, sind um ein Vielfaches höher als die Entwicklungskosten. Die Entwicklung menschlicher Ressourcen kommt billig, wenn man sie mit den Kosten hoher Fluktuation, wiederholter Ausbildung und geringer Arbeitsmoral vergleicht.

Die Position des Geschäftsführers

Die Voraussetzung einer effektiven Unternehmensführung ist ein gemischtes Team – das heißt, eine Gruppe effektiver Manager, die einander ergänzen und zusammen ein arbeitsfähiges **PAEI** bilden. Diese Mischung besteht aus Personen, die keine Leerstellen in ihrem Management-Code haben. Darüber hinaus entspricht das Team sowohl den ihm gestellten Aufgaben als auch dem Betriebsklima.

Ein gemischtes Führungsteam kann auf verschiedenen Ebenen der organisatorischen Hierarchie erfolgreich operieren. Manche Unternehmen haben sogar versucht, ein solches gemischtes Team auf der Ebene der Geschäftsführung zu etablieren. Eine Reihe großer amerikanischer Unternehmungen wie *Sears, TWA, ITT, General Electric, RCA* u.a. haben eine kollektive Geschäftsführung dieser Art.

Diese Bestrebungen haben sich jedoch nicht in allen Fällen verwirklichen lassen. Bei *Aetna* wurde die kollektive Führung nach vier Jahren wieder abgeschafft. Bei *RCA* hielt sie sich nur zwei Monate. Ich möchte versuchen, die Gründe dafür darzulegen.

Ein **PAEI**-Team steht nicht in Widerspruch zur Führung durch einen einzelnen. Alle Teammitglieder sind *nicht* gleichberechtigt. Jemand muß an der Spitze jedes Teams stehen. Das **PAEI**-Modell besagt lediglich, daß der Leiter des Teams die übrigen Teammitglieder braucht, damit sie ihm bei der Entscheidungsbildung helfen. Gruppenentscheidungsbildung ohne einen Leiter »kann zu Verzögerungen führen oder den Entscheidungsbildungsprozeß behindern«, wie die Geschäftsführung von *Aetna* klagte. Eine kollektive Führung, deren Mitglieder untereinander gleichrangig sind und sich alle für **PAEI**s halten, könnte sich selbst blockieren und schließlich die Firma ruinieren.

Ein weiterer Grund, warum eine kollektive Führung schlecht funktionieren kann, ist, daß die Teammitglieder oder deren Aufgaben einander nicht ergänzen oder daß sie keine vielseitigen Führungspersönlichkeiten sind. Dies würde das Führungsteam in ständige Konflikte stürzen.

Schließlich wird eine kollektive Führung auch dann nicht funktionieren, wenn alle ihre Mitglieder denselben Background, dieselben Wertvorstellungen, die gleiche Ausbildung und denselben Führungsstil haben. In diesem Fall kann das Unternehmen aus Mangel an erfolgreichen Innovationen auf dem Markt Rückschläge erleiden, was eine Auflösung des Führungsteams bewirken würde.

Damit sich eine kollektive Führung bewährt, müssen alle ihre Mitglieder gute Manager sein, ihren Aufgaben entsprechen und einander ergänzen, und das Führungsteam muß einen Leiter haben, der imstande ist, für ein entsprechendes Betriebsklima zu sorgen und das Team arbeitsfähig zu erhalten.

Die Frage der Verantwortlichkeit

Was besagt das **PAEI**-Modell über die Verantwortung im Unternehmen? Vertritt es die Auffassung, daß Einzelpersonen die Verantwortung tragen, da kein einzelner alle Führungsrollen ausüben kann?

Die meisten Führungskräfte verstehen unter Verantwortlichkeit etwas, das einer Person obliegt. Ich möchte eine andere Möglichkeit ins Auge fassen: *Jeder* sollte verantwortlich sein. Jedes Teammitglied sollte für seinen Beitrag zu dem von der Gruppe gefaßten und ausgeführten Beschluß verantwortlich sein; jeder sollte sich für die spezifische Rolle, die ihm besonders liegt, verantwortlich fühlen. So sollte sich der **Paei** für die Resultate verantwortlich fühlen; der **pAei** für die Art und Weise, wie die Resultate verwaltet werden; der **paEi** für die Ideen, Zielsetzungen, Entscheidungen usw.; und der **paeI** für das Zustandekommen und Funktionieren der Zusammenarbeit.

Die Erfahrung hat gezeigt, daß, wenn sich nicht jeder verantwortlich *fühlt*, niemand verantwortlich *sein* kann. Jeder leitende Angstellte muß deshalb darauf hinarbeiten, ein Klima kollektiver Verantwortung zu schaffen. Führungskräfte sollten sich vor dem weitverbreiteten Fehler hüten, alle Lasten selbst zu tragen und die Verantwortung für alles zu übernehmen, was im Betrieb passiert. Da die einzelne Führungskraft kein **PAEI** zu sein vermag, kann sie auch nicht für alles verantwortlich sein.

Das Wesen des Konflikts

Das Vorhandensein eines ausgezeichneten Führungsteams, das den ihm gestellten Aufgaben vollkommen entspricht, bedeutet nicht, daß das Unternehmen von Konflikten verschont bleiben wird.

Eine Organisation operiert dann konfliktfrei, wenn sie aus einem einzelnen besteht, der alle Entscheidungen selbst trifft und allein ausführt. Aber in diesem Fall kann man nicht von einer Organisation sprechen.
Auch ein von Drohnen bevölkertes Unternehmen kann konfliktfrei operieren. Niemand beklagt sich, aber es engagiert sich auch niemand.
Schließlich kann ein Unternehmen Konflikten aus dem Weg gehen, wenn alle Mitglieder des Führungsteams dieselbe Rolle spielen – wenn alle **A**s oder **P**s sind.
In einem aus Drohnen bestehenden Unternehmen wären alle Entscheidungen programmiert und vorausbestimmt und kein Betriebsangehöriger hätte den Wunsch, irgend etwas zu verändern. Auf diese Weise würde jeder Konflikt vermieden. In einem Unternehmen, dessen leitende Angestellte alle denselben Code aufweisen, hätten alle die gleiche Einstellung und würden daher nicht in Konflikt geraten. Aber die Unternehmen wären in beiden Fällen nicht gut geführt. Sie würden sich zweifellos schwer tun, in einer sich wandelnden Umwelt ihre Ziele zu erreichen. Sie wären steril.
Eine Situation mit unkontrollierbaren Konflikten existiert, wenn das Führungsteam aus Leuten besteht, die nicht fähig sind, alle Rollen zu spielen, die für eine oder mehrere Rollen »blind« sind. Die entstehenden Konflikte sind unlösbar, da solche Führungskräfte das nicht respektieren, was ihre Kollegen, deren Rollen sich von den ihren unterscheiden, zur gemeinsamen Sache beisteuern.
Aber auch in einem komplementären Führungsteam treten Konflikte auf, selbst wenn in Hinblick auf das Ziel, den Informationsfluß und das Belohnungssystem Einigkeit besteht. Nach Auffassung Herbert Simons wirken die genannten Faktoren konfliktauslösend.[3] Solche Konflikte sind vielmehr auf die unterschiedlichen Fähigkeiten der Teammitglieder zurückzuführen. Sie sind dann nicht schädlich, wenn sie nicht außer Kontrolle geraten.[4]

Aufgaben des Führungsteams

Um die Funktionen des Führungsteams weiter zu verdeutlichen, stellen wir uns zwei hypothetische Unternehmen vor. Abbildung 9 zeigt ein typisches Organisationsschema bestehend aus einem typischen Topmanagementteam. Wenn wir es uns ansehen, sollten wir uns fragen: »Welchen Arbeitsstil sollte der jeweilige Abteilungsleiter bzw. die jeweilige Abteilung haben?« In einem Unternehmen, das groß genug ist, um mehreren Topmanagern Raum zu bieten, wäre, falls man eine Reihung vornimmt, **P** die unwichtigste Rolle, die der Geschäftsführer ausübt, und **I** die wichtigste.

In einem kleinen Betrieb, der »ums Überleben kämpft« ist **P** von entscheidender Bedeutung. Aber in einem Unternehmen, dessen Absatzmärkte erschlossen und dessen Produkte gut eingeführt sind, kann der jeweilige Geschäftsführer **P**s, **A**s, und **E**s engagieren. Seine Aufgabe besteht darin, die Führungsfunktion auszuüben, und das bedeutet in diesem Fall Integration. Ein Geschäftsführer, der integrieren kann und Weitblick hat (**EI**) und sich auch etwas um die Durchführung und die Resultate kümmert (**pa**), wäre ein effektiver Manager. Der entgegengesetzte Fall wäre eine vorrangige Orientierung auf Resultate und effiziente Durchführung. Dieses Ziel kann für eine junge und expandierende Firma wünschenswert sein, aber ein solcher Typus sollte nicht die »erste Wahl« für ein vollentwickeltes Unternehmen sein. Immer dann, wenn **P**s und **A**s auf den unteren Rängen des Unternehmens eingesetzt werden können, sollte sich die Person an der Spitze darauf konzentrieren, die Fernziele festzulegen und die Integrationsaufgabe zu erfüllen.

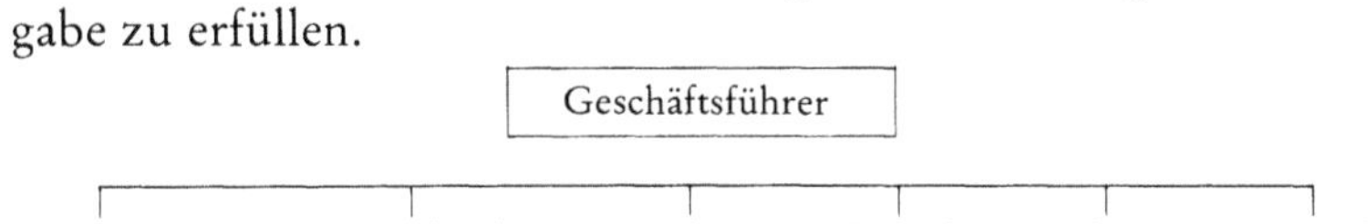

Von diesem Standpunkt aus kann man sagen, daß viele Bücher über Management einen irreführenden Eindruck von den eigentlichen Führungsaufgaben erwecken. Anstatt von »management *by* results« zu sprechen, sollte es besser »management *for* results und *by* process« heißen – das bedeutet **EI**. »Management *by* Objectives« hat auch die Nebenbedeutung einer nahezu ausschließlichen **P**-Orientierung in Richtung auf Ziele, die gemeinhin meßbar sind und die Faktoren **E** oder **I** einschließen können.

Sehen wir uns nun an, welcher Arbeitsstil für die anderen Mitglieder des Führungsteams am wünschenswertesten ist. Im Rechnungswesen sollte die vorherrschende Rolle **A** sein. In einem relativ stabilen Unternehmen würde **I** an zweiter, **P** an dritter und **E** an letzter Stelle stehen. In einer Firma, die rapide Veränderungen durchmacht, würde hingegen **E** den zweiten Platz einnehmen, weil in einem solchen Unternehmen die Fähigkeit zur Systemveränderung entscheidend ist. Wenn das Rechnungswesen diese Fähigkeit nicht hat, kann es zu einem Wachstumshindernis werden. In einem sich rasch verändernden Unternehmen würde **I** an dritter und **P** an letzter Stelle stehen.

Wenn die Ergebnisorientierung (**P**) einen zu hohen Platz in der Bedeutungshierarchie einnimmt, könnte sich der Leiter des Rechnungswesens für die Resultate verantwortlich fühlen und versuchen, allein den Ton anzugeben. Er würde die Budgets aufstellen, sie selbst genehmigen, Ziele für das Unternehmen setzen und die Effizienz messen. Ein Leiter des Rechnungswesens mit einem solchen Verhaltensstil wird sich bald mit der Geschäftsführung überwerfen. **P** wird deshalb bei der Reihung der Rollen des Chefbuchhalters an die letzte Stelle gesetzt. Wenn man den alphabetischen Code für die Buchhaltungsabteilung (**PAEI**) durch einen numerischen Code ersetzt, würden wir der Abteilung die Nummer 3142 oder (4123) geben, wobei 1 den wichtigsten Rang ausdrückt (s. S. 211/212).

Im Personalwesen können viele verschiedene Stile koexistieren, da den vier Managementrollen verschiedene Bedeutungen gegeben werden können. Die wichtigste Rolle der Personalabteilung ist gewöhnlich **I**, aber welche Rolle den zweiten Platz einnimmt, ist nicht immer klar, da die Rolle dieser Abteilung von Unternehmen zu Unternehmen veschieden ist. Besteht ihre Aufgabe hauptsächlich in der Verwaltung der Personalakten, wie das in vielen Firmen der Fall ist, dann würde **A** an zweiter Stelle rangieren. Wenn das Personalwesen ein Instrument in den Händen der Geschäftsführung zur Erhöhung der Produktivität und Effizienz ist, würde **P** an zweiter Stelle stehen. Ist das Personalwesen hingegen ein Reservoire menschlicher Ressourcen, dann würde **E** die zweite Stelle einnehmen, da in einer solchen Abteilung die Kreativität für eine Verbesserung der Integration eingesetzt wird.

Nehmen wir für unser Beispiel an, daß wir es mit einer typischen »Personalaktenverwaltung« zu tun haben (3241), und gehen wir zur nächsten Abteilung über.

In der Fertigung würde man erwarten, daß **P** die erste Stelle einnimmt, **A** die zweite, **I** die dritte und **E** die vierte. Das bedeutet, daß **E** für den Leiter der Fertigungsabteilung nicht wichtig ist. Man bedenke, daß wir die *relative* Bedeutung jeder Rolle festzustellen versuchen. Die Aufgabe der Fertigungsabteilung ist ein effektiver und effizienter Produktionsablauf (**P**). Natürlich müssen die Systeme reibungslos funktionieren (**A**) und die Leute müssen zusammenarbeiten (**I**). In der Fertigung legt man geringeren Wert auf Veränderung und Innovation (**E**). Dies ist durch den technologischen Aspekt der Aufgaben zu erklären. In der Produktion müssen viele Variablen über lange Zeiträume hinweg unter Kontrolle gehalten werden, um Ergebnisse zu erzielen. Deshalb sträuben sich die Leute von der Fertigung gegen allzu viele Änderungen, weil ihnen diese mühsame Anpassungsleistungen abverlangen.

In der Entwicklungsabteilung spielt hingegen **E** die wichtigste Rolle. Die Kreativität des Konstruktionsbüros sollte auf Resultate abzielen (**P**), sie sollte der Fertigung »verkauft« werden (**I**) und sie sollte schließlich in stark strukturierter Weise verwaltet werden (**A**). In der Marketingabteilung sind die vier Rollen in derselben Reihenfolge zu nennen.

Viele Führungskräfte sind der Auffassung, die wichtigste Rolle beim Vertrieb sei **P**. An nächster Stelle kommt **E**, denn ein Verkäufer muß überaus kreativ sein, um auf seinem Gebiet taktische Entscheidungen treffen zu können. Dann kommt **A**, denn der Betreffende muß etwas von Administration verstehen und sich danach richten; und an letzter Stelle **I**, denn ein Verkäufer kann ein Individualist sein, wenn auch gegenüber seinen Kunden ein gewisses Maß an Integrationsfähigkeit nötig ist. Aus diesem Grund kann man beim Verkauf an Endverbraucher im Unterschied zum industriellen Verkauf **I** und **E** größere Bedeutung einräumen als **A**.

Abbildung 10 zeigt den wünschenswerten Arbeitsstil jedes einzelnen Abteilungsleiters bzw. jeder Abteilung. (1 repräsentiert wie gesagt die wichtigste Rolle.) Bei der Betrachtung dieses Diagramms sollte man sich vor Augen halten, daß die Entwicklungsabteilung und die Fertigung die Dinge nicht aus der gleichen Perspektive sehen. Dieser »Unterschied« entsteht deshalb, weil die Entwicklungsabteilung veränderungsorientiert ist, während die Fertigung Stabilität und Ordnung braucht. Der Unterschied ist nicht nur auf die verschiedenen Arbeitsstile der einzelnen Abteilungsleiter zurückzuführen, sondern auch auf die Technologie ihrer jeweiligen Aufgaben, die zu ihrem unterschiedlichen Stil beiträgt. In einer gut geführten Organisation wird es zwischen diesen beiden Abteilungen Konflikte geben.

Die Marketingabteilung und die Fertigung hadern aus demselben Grund miteinander. Marketing tritt für Wandel und Flexibilität ein, während die Anpassungsfähigkeit der Fertigung auf technische Schwierigkeiten stößt. Marketing und Entwicklungsabteilung sollten hingegen gut miteinander auskommen und sich in ihrer Abneigung gegenüber der Fertigungsabteilung einig sein. Wenn Marketing und Entwicklung längere Zeit hindurch Schwierigkeiten miteinander haben, dann sollte man diesem Konflikt Aufmerksamkeit schenken und Gegenmaßnahmen ergreifen.

Auf unserem Diagramm hat die Buchhaltung mehr Konflikte mit Marketing und Entwicklung als mit der Fertigung und dem Vertrieb. Am reibungslosesten funktioniert die Zusammenarbeit mit der Personalabteilung, solange die letztgenannte die Funktion »Aktenablage« erfüllt. Sobald sich die Personalabteilung um die menschlichen Ressourcen zu kümmern beginnt und das Rechnungswesen für eine entsprechende Orientierung zu gewinnen sucht, wird sie von diesem unter stärkeren Beschuß geraten als je zuvor.

Abbildung 10

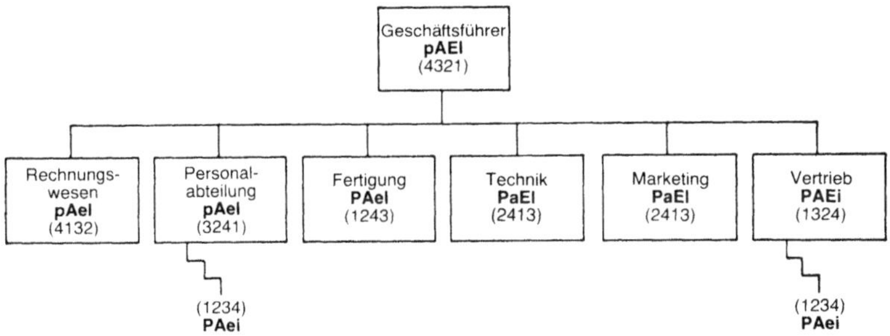

Auf die Personalabteilung wird im allgemeinen solange herabgeblickt, als sie sich mit der Rolle einer Aktenablage begnügt. Sobald sie die Initiative ergreift und verstärkt als Instanz für die Unternehmensentwicklung (E) auftritt, beginnt ihr Stern aufzugehen. Aber dieser Stern kann sehr rasch wieder verblassen, wenn ihre Innovationsbestrebungen keine Ergebnisse hervorbringen. Um zu verdeutlichen, wie wichtig es ist, den jeweiligen Arbeitsstil mit den richtigen Aufgaben zu kombinieren, stellen wir uns dasselbe Unternehmen vor und lassen seine leitenden Angestellten die Posten wechseln. Der Leiter der Entwicklungsabteilung behält seinen Arbeitsstil bei, aber er übernimmt die Fertigungsabteilung. Der Leiter des Rechnungswesens wird Chef der Entwicklungsabteilung; der Fertigungsleiter übernimmt die Buchhaltung; der Personalchef wird Leiter des Vertriebs; und der Vertriebsleiter übernimmt die Personalabteilung. Der Geschäftsführer setzt sich an die Spitze der Marketingabteilung und der Marketingchef bestimmt das Verhalten der Verkäufer bzw. der Arbeiter am Fließband. Im Büro des Geschäftsführers schließlich herrscht der Arbeitsstil des Verkaufspersonals vor. Können Sie sich vorstellen, wie das neue Diagramm aussehen würde, und können Sie voraussagen, was mit dem Unternehmen passieren wird?

Die Zahl und die Position der Abteilungen des Unternehmens bleiben dieselben. Die gleichen Leute behalten Führungspositionen – sie haben lediglich miteinander die Plätze getauscht. Nehmen wir darüber hinaus an, daß sie fähig sind, die Abteilungen zu wechseln – daß der Buchhalter etwas von Technik versteht etc. Die Frage, um die es uns geht, ist, ob diese Leute ihre neuen Abteilungen gut führen werden, ob ihr Arbeitsstil und ihre neuen Abteilungen gut zueinander passen. Das neue Organisationsschema sehen Sie in Abbildung 11.
Welche Voraussagen können Sie bezüglich des Verhaltens dieses Unternehmens machen? Der Geschäftsführer ist ein Machertyp, der sich wenig um die Menschen und die Richtung kümmert, die das Unternehmen einschlägt. Er arbeitet hart und hat die Tendenz, sich als Sklaventreiber aufzuführen. Diese Tendenz wird von der Buchhaltung noch gefördert, deren Leiter ausgesprochen ergebnis- und systemorientiert ist. Auch die Personalabteilung ist auf kurzfristige Resultate erpicht. Die Fertigung kann jedoch nicht liefern. Sie ist hochgradig desorganisiert und wechselt ständig die Richtung. Die Entwicklungsabteilung ist durch ein paternalistisches System von **A** und **I** gehandicapt. Der Marketingabteilung fehlt es nicht an Weitblick, aber sie ist nicht resultatorientiert. Der Vertrieb tut sein Bestes, er ist sowohl ergebnisorientiert als auch innovationsfreudig.

Abbildung 11

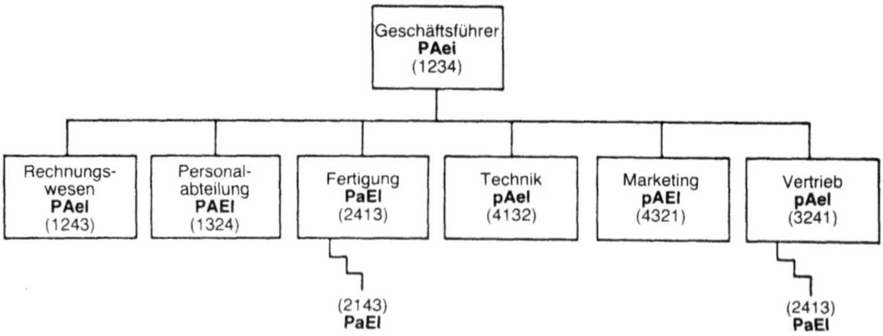

Die Abbildungen 10 und 11 stellen das Verhalten von Organisationen anhand des Verhaltens der Personen, die Führungspositionen innehaben, dar. Am MDOR-Institut werden solche Schaubilder als »Hologramme« bezeichnet. Diese Schautafeln dienen zur Diagnose, wieviel ein Unternehmen leistet, wo seine Konflikte liegen, ob Fluktuation vorhanden ist und wo, wer vermutlich Nachfolger des Geschäftsführers werden wird usw.
Wenn man die in Abbildung 10 und 11 dargestellten Beispiele betrachtet, könnte die Diagnose mit der Feststellung beginnen, daß das Unternehmen X effizienter arbeitet als das Unternehmen Y. Der Grund dafür ist, daß alle Angestellten vom Geschäftsführer abwärts für die Funktionen, die sie ausüben, gut geeignet sind. Außerdem ist der Geschäftsführer (des Unternehmens X) ein guter Integrator und das Unternehmen ist dezentralisiert, d.h. die Aktivitäten sind über die ganze Organisation verteilt. Die Diagnose würde sich dann bestehenden Konflikten zuwenden, der Fluktuation von Mitarbeitern in den einzelnen Abteilungen und den geeignetesten Kandidaten für künftige Führungspositionen.

Ein Organisationshologramm

Sehen wir uns als Beispiel ein einfaches Organisationshologramm an. Eine kleine Firma (Jahresumsatz etwa 2 Millionen) wurde von drei mit gleichen Anteilen vertretenen Kommanditisten mit den folgenden Arbeitsstilen geführt.

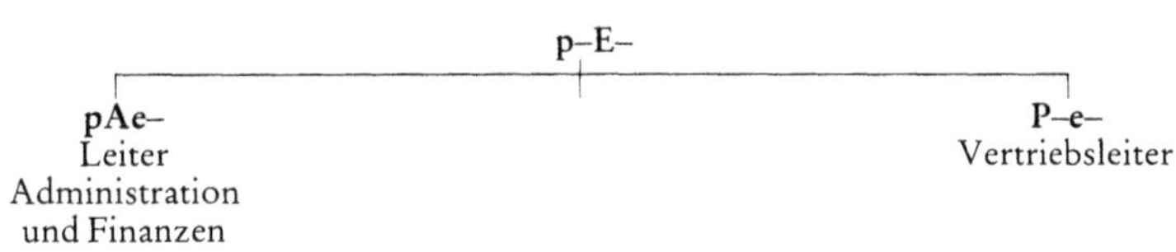

Zunächst dürfte es auf der Hand liegen, daß die drei Partner schlecht miteinander auskamen. Der Geschäftsführer preschte mit voller Kraft voraus und wechselte dabei ständig die Richtung.

Der für die Verwaltung zuständige stellvertretende Geschäftsführer konnte den Chef nicht unter Kontrolle halten, versuchte aber wenigstens dem Vertriebschef, der den Laden am Laufen hielt, seinen Willen aufzuzwingen. Wen ereilte schließlich der Herzinfarkt? Den Vertriebschef!

Eines Tages beschlossen die Partner, ihr Gebäude und ihre Büroräume umzubauen und zu vergrößern. Wer kümmerte sich um die Einzelheiten? Wer bestimmte, wo der Schreibtisch jedes Partners stehen würde? Klar – der stellvertretende Geschäftsführer für Verwaltung und Finanzen. Wo brachte er den Geschäftsführer unter? Ich hoffe, Sie haben richtig geraten. So weit entfernt von sich wie möglich. Wo plazierte er den Vertriebschef? So nahe wie möglich, um ihn unter seiner Fuchtel zu haben.

Fast ein Jahr lang übte ein Unternehmensberater, ohne sich dessen bewußt zu sein, die **I**-Rolle aus. Leider tat er es auf unzulängliche Weise. Statt das **I** der Partner zu entwickeln, übte er selbst die **I**-Funktion aus. Die Partner wurden von dem Berater abhängig. Schließlich erkannte der Berater seinen Fehler, und das Unternehmen stellte auf seinen Rat hin einen **PaeI** ein. Aber auch das funktionierte nicht. Der **PaeI** konnte sein **I** nicht einsetzen, da es seinen Partnern an **I** fehlte.

Der Berater kam schließlich zu der Überzeugung, daß ein Selbsterfahrungstraining unerläßlich sei. Die Leerstellen in den Codes der Partner mußten erst beseitigt werden, bevor ein komplementäres Team aufgebaut werden konnte.

Wir haben dargelegt, was wir unter einer »menschlichen« Führungskraft verstehen, wie sie auszubilden ist und wie man ein gemischtes Führungsteam zusammenstellt, in dem der Arbeitsstil der einzelnen Leute ihren Aufgaben entspricht. Damit haben wir gezeigt, wie ein Unternehmen zu entwickeln und mit dem Management auszustatten ist, dessen es bedarf. Aber das ergibt nur ein unvollständiges Bild. Unternehmen durchlaufen einen Lebenszyklus. Ein Unternehmen lediglich mit gut geschulten Führungskräften zu versehen, die ihren Aufgaben entsprechen und auch als Team gut zusammenarbeiten, wird nicht notwendigerweise be-

wirken, daß dieses Unternehmen gut geführt ist, zumindest nicht auf kurze Sicht. Das Betriebsklima, der Verhaltensstil, der die Position des Unternehmens auf seine Lebenskurve widerspiegelt, muß der Führungsspitze entsprechen und diese unterstützen. Die Veränderung des Betriebsklimas ist unerläßlich, wenn man eine schnellere Verbesserung des Managementprozesses und der Ergebnisse erreichen will.
Wie man eine solche Veränderung des Betriebsklimas erreichen kann, wird in Kapitel III/4. dargestellt.

Anmerkungen

1. Zum Thema Teamwork siehe auch Rensis Likert, *The Human Organization: Its Management and Value* (New York: McGraw-Hill, 1967).
2. Berichtet von Ernest Dale in *The Great Organizers* (New York: McGraw-Hill, 1960). S. 50–51.
3. Der gemeinsame Nenner individueller Ziele, die Klarheit und Verläßlichkeit des Belohnungssystems und die Vereinbarkeit individueller Belohnungen sind die Faktoren, die eine Zieldifferenzierung bei einzelnen und bei Gruppen von Mitarbeitern eines Unternehmens bewirken. Siehe James G. March und Herbert A. Simon, *Organizations* (New York: Wiley, 1963), S. 125.
4. Zum Thema Konflikt als Zeichen guter Unternehmensführung siehe auch Sol M. Davidson, *The Power of Friction in Business* (New York: Frederick Fell, 1967), S. 83–139.

4. Organisationstherapie

Das Ziel organisatorischer Veränderungen ist die Umkehrung des »Alterungsprozesses« eines Unternehmens. Eine Methode zur Erreichung dieses Ziels ist die »Organtransplantation« – das heißt, Spitzenleute werden entlassen und neue Kräfte von außen hereingeholt. Aber wie geht eine solche »Operation« vor sich?
Oft werden heimlich Unternehmensberater hinzugezogen, die das Unternehmen umgestalten sollen. Sie planen, heuern und feuern im Verborgenen. Wenn diese Maßnahmen schließlich ausgeführt werden, haben sie die Wirkung eines Staatsstreichs. Im Verlauf solcher »Operationen« wird viel «Blut« vergossen. Es werden tiefe Wunden geschlagen, und die Organisation kann in einen Schockzustand geraten, aus dem sie sich nicht so leicht wieder erholt. Die Leute entwickeln eine heftige Abneigung gegen das Wort *Veränderung.* Sie werden fast paranoid, sooft jemand andeutet, daß das Unternehmen gewisse Schwächen habe. Es gibt Probleme, die organisatorische Änderungen erfordern, aber die Leute sprechen nicht offen darüber, worin diese Mängel bestehen. Sie haben aus Erfahrung gelernt, daß Veränderungen auf jeden Fall wehtun, aber nicht notwendigerweise helfen. Um Änderungen zu vermeiden, leugnen die Leute nach außen, daß ernsthafte Probleme existieren, während sie sich im kleinen Kreis heftig beklagen. Solche Klagen bewirken keine funktionalen Änderungen und führen daher auch nicht zu Lösungen.
Was kann man zur Sanierung eines siechen Unternehmens tun, ohne den Betroffenen übermäßige Schmerzen zu bereiten? Wie

vermeidet man Operationen, und wie wendet man stattdessen Organisationstherapie an? In diesem Kapitel werden wir uns mit Organisationstherapie befassen, soweit sich diese auf das **PAEI**-Modell stützt.

Die von mir praktizierte Organisationstherapie ist davon abhängig, in welchem Stadium seines Lebenszyklus sich ein Unternehmen befindet (einige Punkte dieser Therapie wurden schon in Kapitel II/7. angesprochen). Im Grunde besteht die Therapie aus einer Reihe von Aufgaben, die dem Unternehmen gestellt werden. Auf Grund eines bestimmten theoretischen Bezugrahmens wird festgesetzt, wer diese Aufgaben erhält, in welcher Reihenfolge und mit welchen Fristen. Dabei wird manchmal auch die »klassische« Lösung für die organisatorische Umgestaltung benutzt – das heißt, neue Führungskräfte werden, soweit dies nötig ist, hereingeholt und in die vorhandenen Strukturen integriert.

Behandlung neu gegründeter Unternehmen (Paei)

Das in der Gründungsphase befindliche Unternehmen bedarf einer ständigen aufmerksamen Überwachung, damit es nicht in Schwierigkeiten gerät. Es braucht Zuwendung, Pflege, Unterstützung und Schutz vor Bloßstellung. Solche Unternehmen können oft auf freiwillige Helfer zurückgreifen. Es fehlt ihnen an finanziellen Mitteln, gleichzeitig erfordern sie einen großen Zeitaufwand. Da das Unternehmen in der Anfangsphase noch über kein System verfügt, kommt es ständig in Schwierigkeiten, so daß man sich nahezu gleichzeitig um alle seine Bedürfnisse kümmern muß. Der Therapeut muß für das neu gegründete Unternehmen zumindest zwei Funktionen erfüllen: Erstens muß er seinen Realitätssinn stärken, und zweitens muß er, statt ihm zu sagen, was es zu tun hat (eine Falle, in die viele gehen – der Therapeut wird zum Vollzeit-Angestellten), der Geschäftsführung helfen, Weitblick und langfristige Ziele zu entwickeln. Ein junges Unternehmen sollte einen Blick dafür entwickeln, in welcher Weise es expandieren kann. Der Therapeut sollte ihm beibringen, realistische Erwartungen zu entwickeln.

Da Unternehmen in der Gründungsphase noch unerfahren sind, gehen sie häufig unrealistische Verpflichtungen ein. Da es mit wenigen Arbeitskräften auskommen muß, sind diese oft überlastet. Die Folge ist, daß sie den Überblick verlieren und daß ihre Zukunftsperspektiven von der beschränkten Welt geprägt sind, mit der sie in Berührung kommen.

Da sich neugegründete Unternehmen übermäßig für Unbedeutendes und Unfruchtbares engagieren, verschwenden sie ihre Kräfte auf Nebensächlichkeiten.

Und da die Mittel junger Unternehmen , vorsichtig ausgedrückt, knapp bemessen sind, fristen sie ihre Existenz von einem Monat zum nächsten. Häufig geht ihnen auch das Arbeitskapital aus.

Der Unternehmenstherapeut muß »ihre Hände halten« – um ihnen jede Krise überwinden zu helfen und, was am wichtigsten ist, um ihnen klar zu machen, was sie *nicht* tun sollten.

Jungen Unternehmen stellt man Aufgaben, die sie darin schulen, das Umfeld zu analysieren, die künftigen Liquiditätsbedürfnisse zu planen und Absatz, Produktion und Personalerfordernisse vorauszusagen. Aber das sollte sparsam dosiert werden. Versuche, eine im Aufbau befindliche Firma in ein stark strukturiertes und spezialisiertes Unternehmen zu verwandeln, schaden gewöhnlich. Da die Geschäftsführung die ganze Arbeit meist selbst tun muß, würde ein allzu großer Zeitaufwand für Verfahrensfragen die Fähigkeit des Unternehmens, sich gegen scharfe Konkurrenz zu behaupten, durch Minderung seiner Flexibilität und Produktivität gefährden.

Manche junge Unternehmen verschwenden übermäßig viel Zeit mit dem Aufbau von Systemen oder sie kaufen EDV-Anlagen, bevor sie sie wirklich brauchen. Andere etablieren sich in teuren Räumlichkeiten, ehe sie es sich leisten können. Ein solcher Luxus sollte der Zukunft vorbehalten bleiben. Der Gründer eines solchen Unternehmens kaufte hoch entwickelte Anlagen, brachte die Firma in einer der teuersten Gegenden unter und führte Verfahrensweisen ein, die Verbesserungen im Wege standen und Stabilität und Standardisierung erforderten. Das Unternehmen konnte die Ausgaben nicht verkraften und büßte seine früheren

Stärken ein, zu denen Flexibilität und Anpassungsfähigkeit gezählt hatten.

Der Unternehmensberater stellt der jungen Organisation Aufgaben, die sie zu genaueren Voraussagen, Analysen und Terminplanungen veranlassen. Diese Aufgaben stellt man einzelnen Führungskräften, da das Unternehmen noch nicht groß genug ist, um sich Teamwork leisten zu können. Die Fristen werden flexibel gehalten, da die Spitzenleute überlastet sind und, solange das Unternehmen auf dem richtigen Weg ist, keine wirkliche Notwendigkeit besteht, es stärker unter Druck zu setzen.

Das junge Unternehmen kann es vernachlässigen, seine **E**-Fähigkeit zu entwickeln, vielleicht, weil der Gründer kein **E** hat oder weil der Therapeut es versäumt hat, dem Unternehmen einen Ausblick auf sein Zukunftspanorama zu eröffnen. Unter diesen Umständen wird das Unternehmen zur Falle für den Einsamen Kämpfer. Der Inhaber arbeitet sehr hart, aber seine Gewinne sind sehr gering. Die meisten laufenden Einnahmen des Unternehmens müssen für die Tilgung der Schuldzinsen aufgewendet werden.

Der Inhaber arbeitet für die Bank oder für seine Lieferanten, und in manchen Fällen ist er so beschäftigt, daß ihm völlig entgeht, was die Konkurrenz macht. Seine Preise sind vielleicht viel zu niedrig, und er erzielt »Verkaufserfolge« auf Kosten seiner Gewinne. Wenn die Firma Bankrott macht, wird die Falle des Einsamen Kämpfers zu einem Friedhof. Wenn nicht, wird sie mit dem Tod des Inhabers eingehen oder unter neuem Management expandieren.

Auf jeden Fall arbeitet der Inhaber, solange die Firma »lebt«, für weniger Geld, als er anderswo als Angestellter verdienen würde. Die einzigen Vorteile, die der Inhaber aus einer solchen Firma ziehen kann, sind seine Unabhängigkeit und sein Besitzerstolz. Wenn eine neue Führungskraft hereingeholt werden kann, dann sollte diese ein starker **E** sein; am zweitwichtigsten ist **A**, die 3. Stelle nimmt **I** und die letzte **P** ein. Ein solcher Manager wäre eine gute Ergänzung für das in der Anfangsphase befindliche Unternehmen, dessen Stärke im **P** liegt. Der Inhaber eines jungen Unternehmens kann es sich jedoch in der Regel nicht leisten, einen Topmanager zu engagieren. Er muß vielmehr die ganze Firma an den anderen abtreten.

Behandlung des Unternehmens in der Aufbauphase (PaEi)

Das vorrangige Ziel des Unternehmens im Aufbaustadium sollte das Erreichen der Expansionsphase sein. Es braucht mehr A-Organisation und Stabilisierung. Sobald man sich über den Kurs und die Strategien, die das Unternehmen verfolgen wird, einig ist, zielen die Aufgaben, die der Organisationstherapeut stellt, auf Systematisierung ab.

Die Therapie, die für das Unternehmen in der Aufbauphase angebracht ist, besteht darin, ihm zu der Erkenntnis zu verhelfen, was es *nicht* tun soll. Das ist notwendig, weil das im Aufbau befindliche Unternehmen dazu neigt, sich zu überfordern und an zu vielen Fronten gleichzeitig zu kämpfen.

Den ersten Auftrag, den der Therapeut solchen Unternehmen erteilen sollte, ist die Zusammenstellung aller Projekte, an denen im Augenblick gearbeitet wird – halbfertige, eben begonnene und noch in der Planung befindliche. Dann fordert man das Unternehmen auf, die Zeit und den Aufwand abzuschätzen, die zur Fertigstellung jedes einzelnen Projekts nötig sind. Das im Aufbau befindliche Unternehmen merkt dann gewöhnlich mit einem Schock, daß es im Begriff war, Vorhaben, die ein ganzes Leben in Anspruch nehmen, in einem Jahr abzuwickeln. Je früher das im Aufbau befindliche Unternehmen erkennt, daß es Prioritäten setzen muß, desto schneller wird es wachsen. Die Rolle des Therapeuten ist es daher, in einem solchen Unternehmen die Fähigkeit der Geschäftsführung, Prioritäten zu setzen, beharrlich zu fördern. Das Unternehmen muß durch Erfahrung lernen, daß seine Mittel begrenzt sind, und es muß die Tatsache akzeptieren, daß angesichts seiner begrenzten Ressourcen das »Gesetz alternativer Kosten« herrscht – d.d., daß man nicht zwei Dinge gleichzeitig tun kann und daß die Kosten eines Projekts der Preis sind, weswegen man auf ein anderes verzichten muß.

Dieses einfache ökonomische Gesetz, das auch als »Gesetz von Butter und Kanonen« bekannt ist, wurde von Paul Samuelson in seinem Lehrbuch *Economics* vorgestellt. Für das aufstrebende Unternehmen, dessen Mitarbeiter sowohl ihre Kanonen als auch ihre Butter behalten wollen, stellt dies gewöhnlich eine unangenehme Erkenntnis dar.

Sobald das Unternehmen seine Prioritäten gesetzt hat, gibt man ihm den Auftrag, detaillierte Ziele und Richtlinien auszuarbeiten. Der nächste Schritt heißt »moralische Unterstützung«, um die Ausführung der jeweiligen Pläne des Unternehmens zu fördern. Man muß ständig darüber wachen, welche neuen Vorhaben hinzukommen und muß der Geschäftsführung nötigenfalls vor Augen halten, daß sie ihre Prioritäten verletzt. Das aufstrebende Unternehmen ist meist ruhelos und sprunghaft. Die Geschäftsführung gelobt Besserung, aber sowie man nicht aufpaßt, verfällt sie wieder in die Unsitte, alles gleichzeitig tun zu wollen.

Das aufstrebende Unternehmen ist schwierig zu behandeln, und der Therapeut läuft ständig Gefahr, fallengelassen zu werden, da er die Firma auf ihre Grenzen hinweist. Im Grunde muß das Unternehmen in dem ihm entsprechenden Tempo heranwachsen. Seine Mitarbeiter sind so hingerissen von ihren Ergebnissen und ihren Ideen, daß sie keine düsteren Prophezeiungen über »den Preis, der morgen für die Versäumnisse von heute fällig werden wird«, hören wollen.

Die Mitarbeiter des aufstrebenden Unternehmens sind einfach zu beschäftigt, um ihre Zeit für eine Verbesserung der Organisation aufzuwenden, und sie sehen auch den *kurzfristigen* Nutzen einer solchen Zeitinvestition nicht ein. Charakteristischerweise belohnt das aufstrebende Unternehmen Leistungsfähigkeit. Administrative Tendenzen stoßen hingegen auf Verachtung, und die Geschäftsführung zeigt keine oder nur wenig Bereitschaft, durch den außenstehenden Berater Veränderungen einführen zu lassen. Man muß einfach warten, bis ein solches Unternehmen »erwachsen wird«. Wenn es sich jedoch nicht selbst organisieren kann und keine Hilfe von außen hereinholt, wird das Unternehmen zu einer »Gründerfalle« (**P–E–**), wird in Kapitel II/7. dargestellt.

Die Teams, denen der Berater im aufstrebenden Unternehmen Anregungen geben kann, sind klein: höchstens jeweils 2 oder drei Leute. Die Anregungen müssen knapp und in kurzer Zeit zu erledigen sein (d.h., es müssen viele kleine Aufgaben hintereinander gestellt werden). Das ist notwendig, weil die Mitarbeiter des aufstrebenden Unternehmens nicht die Geduld für aufgeschobene Befriedigungen haben. Wenn sie keine unmittelbare Relevanz und Vorteile entdecken können, verlieren sie das Interesse und brechen gewöhnlich die Behandlung ab.

In seinem fortgeschrittenen Stadium könnte das aufstrebende Unternehmen offensichtlich aus einem guten **pAeI** Nutzen ziehen. (In der Anfangsphase könnte ein **pAeI** dem Unternehmen zur Last fallen). Ein **pAeI** ist für den **PaEi** dasselbe, was im traditionellen Familienbetrieb die Mutter für den Vater war. Der oder die Betreffende sorgt für ein gewisses Maß an Ordnung, Stabilität, einen festen Kurs und eine gewisse Systematik. Gleichzeitig hat er oder sie immer ein Lächeln bereit und gewinnt durch eine freundliche Persönlichkeit.

In den fortgeschrittenen Stadien ist es nicht allzu schwierig, einen soliden **pAeI** in das Unternehmen hereinzuholen und zu integrieren. Ein solcher Mensch wird gewöhnlich rasch akzeptiert und geschätzt. Wird der **pAeI** hingegen verfrüht eingestellt, dann hat das aufstrebende Unternehmen keine Zeit für ihn und »legt ihn auf Eis«, bis es bereit für ihn ist. Der Betreffende kann sich dann vernachlässigt, vergessen und zu wenig anerkannt fühlen. Wenn er den Wunsch erkennen läßt, auszuscheiden, reagiert das aufstrebende Unternehmen beschwichtigend: »Warten Sie bloß noch ein Weilchen, bis wir so weit sind... das kommt noch... wir *werden* tun, was Sie sagen... haben Sie bloß Geduld«, usw. usw. Der Therapeut muß versuchen, den **pAeI** so bald wie möglich in das aufstrebende Unternehmen zu integrieren.

Die Behandlung des expandierenden Unternehmens (pAEi)

Das in der Expansionsphase befindliche Unternehmen wirkt etwas schizophren, wie in Kapitel II/7. dargelegt wurde. Es möchte

Stabilität, und es möchte den Wirrnissen der Entwicklung, der Oberflächlichkeit bestimmter Projekte und den Gefahren nutzloser, teurer Investitionen entkommen. Es bemüht sich deshalb, Richtlinien, Verfahrensweisen, Systeme u.ä. einzuführen. Gleichzeitig möchte es jedoch die Freiheit der Risikobereitschaft und des Ausprobierens neuer Methoden beibehalten. Es möchte so viele Rekorde wie möglich aufstellen.

Der Therapeut ist in einem solchen Unternehmen in einer »Doppelbindung« gefangen. Wenn er die Stabilisierung und Systematisierung fördert, wird ihn ein Teil der Mitarbeiter ablehnen, und wenn er kein System hereinzubringen versucht, wird ihm das ein anderer Teil der Mitarbeiter übelnehmen. Fast nichts, was ein Außenseiter tun kann, wird von der *gesamten* Organisation wohlwollend vermerkt werden. Das »heranwachsende« Unternehmen ist eine rechte Plage. Es stellt die Geduld des Therapeuten auf eine harte Probe. Er muß eine schwierige Balance zwischen Flexibilität und Systematisierung halten und zum richtigen Zeitpunkt rasch den Kurs und die Aufgabenstellungen wechseln können.

So kann er beispielsweise an eine Planungsaufgabe den Auftrag anschließen, das für die künftige Planung nötige System zu entwickeln. Während er eine optimale Spannung zwischen Struktur und Prozeß aufrechterhält, sollte der Therapeut dem Unternehmen helfen, sich auf die gewünschten Resultate und den Prozeß zu ihrer Erreichung zu konzentrieren. So wird die Schizophrenie des expandierenden Unternehmens gewissermaßen dadurch neutralisiert, daß man sich durch Zuweisung kurzfristiger, lösbarer Aufgaben gleichzeitig mit dem Prozeß und den gewünschten Resultaten befaßt.

Wenn das Unternehmen sich in der Expansionsphase lohnende Ziele setzt und sich entsprechend engagiert, tritt es in seine Blütezeit ein. Ist das expandierende Unternehmen unfähig, solche Schwerpunkte zu setzen, dann wird es entweder brandstifterisch oder es erstarrt. Ersteres tritt ein, wenn das Unternehmen jedes Interesse an Systematisierung verliert. Es nimmt zuviele Projekte in Angriff und seine Energie verpufft. Wenn es sein E verliert,

wird es starr und geht ein, da es sich nicht anpassen und keine Resultate erzielen kann (–**A**––).
In einem expandierenden Unternehmen stellt man die Aufgaben gewöhnlich einer multidisziplinären Gruppe (den Führungskräften von Fertigung, Marketing, Verkauf etc.), so daß eine entsprechende Ausgewogenheit zwischen **A** und **E** herrscht. Die Therapie bewirkt eine Verpflichtung für erhöhte **P**.
Strikt einzuhaltende Fristen sind notwendig. Nachsicht würde nur bewirken, daß sich die Schizophrenie des Unternehmens noch stärker bemerkbar macht. Der Therapeut wird zwischen **A** und **E** hin- und hergerissen und fällt ihrer Unausgewogenheit zum Opfer.
Eine simple Auswechslung von Führungskräften wirkt sich im expandierenden Unternehmen nicht besonders günstig aus. Der Therapeut tut sich schon schwer genug. Jemand Neuer hätte noch größere Schwierigkeiten. Die Möglichkeit zu einer Verbesserung ergibt sich jedoch, wenn ein **PAEi** in das Unternehmen eintritt, falls ein solcher gefunden werden kann bzw. man ihn sich leisten kann. Ein Mitarbeiter dieses Typs weist der Firma eine klare Richtung, und er ist gleichzeitig imstande, mit den Widersprüchlichkeiten ihres Verhaltens fertigzuwerden. Ein typischer Fehler ist eine Art »Eheschließung« zwischen einem expandierenden und einem aristokratischen Unternehmen. Das erstere wünscht sich Stabilität, ein festes Ziel und Seelenfrieden. Das letztere ist auf der Suche nach einem belebenden Einfluß. Auf längere Sicht kann eine solche Verbindung ein sehr kostspieliges Desaster für beide Unternehmen sein.
Das aristokratische Unternehmen fühlt sich durch die aufstrebenden Tendenzen des jungen Unternehmens und durch dessen möglicherweise bevorstehende Blütezeit angesprochen. Das expandierende Unternehmen ist sich nicht bewußt, daß das aristokratische Unternehmen seinen Höhepunkt überschritten hat. Es möchte sich mit diesem wegen seines Namens, seines Renommees und seines Geldes zusammentun. Die beiden Unternehmen scheinen ihre wechselseitigen Bedürfnisse zu befriedigen und entschließen sich deshalb zu einer Fusion bzw. zu einer Akquisition.

Ihre Entscheidungen basieren jedoch auf falschen Voraussetzungen, und keines von beiden hat eine Vorstellung davon, welche Belastungen diese »Heirat« mit sich bringen wird.
Das aristokratische Unternehmen ist nicht fähig, den Kurs zu bestimmen, während der expandierenden Firma ein Schwerpunkt für die Erzielung von Resultaten fehlt. Die junge Firma wird deshalb für das aristokratische Unternehmen zu unberechenbar. Früher oder später feuert die Geschäftsführung des aufkaufenden Unternehmens das Führungsteam der aufgekauften Firma, d. h. es kommt zu radikalen Operationen. Wenn an der Spitze des jungen Unternehmens ein **PAEi** steht, wird er wahrscheinlich früher oder später die Geschäftsführung der aristokratischen Firma übernehmen. Wird das junge Unternehmen hingegen von einem **pAei** geführt, dann wird er sich in den Arbeitsstil des aristokratischen Unternehmens (**pAeI**) einfügen, aber keine der beiden Firmen wird einen wirklichen Nutzen aus der Fusion ziehen. Auf längere Sicht gesehen wird die Ehe nicht vollzogen werden – d. h. die Fusion bzw. die Akquisition wird nicht die erwünschten und die aus dem Zusammenwirken erhofften Resultate erzielen.

Behandlung des Unternehmens in der Optimalphase (PAEi)

In der Blütezeit des Unternehmens spielt **I** gewöhnlich eine geringere Rolle als die anderen drei Funktionen, weil dessen Belegschaft in erster Linie auf Resultate erpicht ist. Das Unternehmen kümmert sich in diesem Stadium nur wenig um zwischenmenschliche Beziehungen; es betrachtet seine Ergebnisse auf dem Markt als dasjenige, was wirklich zählt. Die Folge ist, daß ein solches Unternehmen schneller expandiert, als es Führungskräfte ausbilden kann; es hat daher einen großen Bedarf an Managementtraining und Management-Bewertungssystemen.
Vor allem muß sich das Unternehmen in seiner Optimalphase dezentralisieren, um seine Wachstumsrate hoch zu halten. Die Hauptaufgabe des Unternehmensberaters besteht deshalb darin, diesen Prozeß der Dezentralisierung zu fördern. Dezentralisie-

rung – die Aufrechterhaltung von **E** bei gleichzeitiger Teambildung (**I**) – kann auf längere Sicht zum Entstehen eines **PAEI**-Unternehmens führen.
Zu den Aufgaben, die der Therapeut stellen muß, gehört die Feststellung der Grenzen einer Dezentralisierung. Dazu zählt die Simulation der neuen Organisationsstruktur (um zu gewährleisten, daß sich die Mitarbeiter in dem neuen System wohl fühlen) und die Schulung der Führungskräfte (damit diese ihre neuen Aufgaben erfüllen können).
Die Gruppen, denen diese Aufgaben gestellt werden, bestehen aus den Mitarbeitern, die voraussichtlich die neuen Profit-Center leiten werden. Die Fristen für die Erfüllung dieser Aufgaben werden weder allzu streng noch allzu nachsichtig gehandhabt.
Das florierende Unternehmen hat gewöhnlich nicht das Problem der Auswechslung von Führungskräften. Da der Kuchen ständig größer wird, heißen die Angestellten Neulinge willkommen und fürchten niemanden. Das florierende Unternehmen hat deshalb die besten Chancen, andere Firmen aufzukaufen oder von ihnen gekauft zu werden.
Wenn das in der Optimalphase befindliche Unternehmen nicht dezentralisiert, wird es in das Stadium der Stabilität eintreten. Das kann geschehen, wenn die Geschäftsführung älter wird, die Umsätze steigen und die Belegschaft zunimmt. Das florierende Unternehmen wird dann einfach zu schwerfällig.

Behandlung des stabilen Unternehmens (PAeI)

Bewußtseinsbildung ist die unerläßlichste Aufgabe in der stabilen Phase. Die Mitarbeiter des Unternehmens müssen erkennen, daß **E** abgenommen hat und **I** an Bedeutung gewinnt. Die Mitarbeiter des stabilen Unternehmens sind sich über alles einig, und es fehlt ihnen an Distanz zu allem, was um sie herum geschieht.
Die Aufgaben bestehen hier darin, die Zukunft zu prognostizieren, das Umfeld zu analysieren, Gefahren *und* Chancen vorauszusehen und sich *höhere* Ziele zu setzen. Sobald die Mitarbeiter

des stabilen Unternehmens ihren Zukunftshorizont erweitert haben, besteht der nächste Schritt darin, die Firma rasch zu reorganisieren und zu dezentralisieren, um **E** anzuregen und zu stabilisieren. Wenn **E** die Chance erhält, sich zu entfalten, ohne **I** zu stören oder **A** in Mitleidenschaft zu ziehen, kann wieder eine **PAEI**-Organisation zustande kommen.
In der stabilen Phase werden die Aufgaben einem großen Personenkreis gestellt. Man setzt strikte Fristen, um die Leute »aufzuwecken« und ihnen vor Augen zu führen, daß die Firma in die Jahre kommt. Die Gruppe sollte multidisziplinär sein, um ein Maximum an **E** zu erzielen.
In der stabilen Phase und in späteren Stadien des Lebenszyklus eines Unternehmens wird die Management-Umschichtung zu einem Problem. In dieser Phase verläuft alles in geregelten Bahnen; ein neuer Führungsstil könnte auf allzu große Ablehnung stoßen. Je älter ein Unternehmen wird, desto stärker wehrt es sich gegen unterschiedliche Arbeitsstile seiner Führungskräfte.
Das stabile Unternehmen braucht die **E**-Fähigkeit. Wenn ein **paEi**-Manager von draußen hereingeholt wird, dürfte er auf Schwierigkeiten stoßen, einfach weil er anders ist. Die Schwierigkeiten sind jedoch nicht so groß, daß sie eine Integration ausschließen.

Behandlung des aristokratischen Unternehmens (pAeI)

Es ist etwas schwieriger, einem Unternehmen in der aristokratischen Phase zu helfen als Firmen in anderen Stadien ihres Lebenszyklus. Das aristokratische Unternehmen muß aufgeweckt und von seinem »Finzi-Contini-Syndrom« befreit werden. Die erste Maßnahme, die ich in einem solchen Fall ergreife, ist die Abhaltung einer »diagnostischen Gruppensitzung«, eines Seminars für »synergetische partizipative Diagnose« (Syndag), das 3 Tage dauert. Ein Syndag ist ein Seminar zur tiefgreifenden Bewußtseinsbildung, bei dem alle Teilnehmer Informationen über die Probleme austauschen, mit denen die Firma konfrontiert ist. Auf diese Weise betrachtet, erscheinen die Probleme geradezu überwältigend. Die Notwendigkeit einer Veränderung wird offenkundig. Häufige Syndag-Sitzungen sind notwendig, um den Mitarbeitern den Zustand vor Augen zu führen, in dem sich das Unternehmen im Gegensatz zu den herrschenden Wunschvorstellungen befindet. Der Therapeut muß ständig auf Anzeichen des »Finzi-Contini-Syndroms« hinweisen.

Sobald eine starke Bereitschaft zum Wandel geschaffen wurde, muß die **E**-Kapazität des Unternehmens aufgefrischt werden. Es werden Aufträge erteilt, die Aufgabe des Unternehmens nach einem weiteren von mir erarbeiteten Modell zu analysieren. Dieses Modell erleichtert es den Gruppenmitgliedern, das technologische, politische, ökonomische, rechtliche, soziale und materielle Umfeld des Unternehmens zu analysieren. Es zeigt ihnen, wie sie ihre Absatzmärkte, den Produktrahmen und ihre Vermögenswerte zu taxieren haben. Dieses wiederum ermöglicht es ihnen, die Chancen und Gefahren wahrzunehmen, mit denen das Unternehmen konfrontiert ist.

Ein genaueres Bild der Zukunft veranlaßt das Management, eine Strategie für deren Bewältigung zu entwerfen. Eine dezentralisierte Organisationsstruktur eignet sich für die Ausführung dieser Strategie. Sobald man sich für die Dezentralisierung entschieden hat, kann die Schulung einsetzen, die auch zu Verhaltensänderungen führen wird. Kurzfristig gesehen wird das Unternehmen zu einem **pAEI**, und die Mitarbeiter werden sich fragen, ob sich all diese Aktivitäten wirklich in Resultaten niederschlagen werden. Nach meiner Erfahrung wird das Unternehmen nach der Dezentralisierung binnen Jahresfrist zu einem **PAEI**.

Um **E** zu stimulieren, ohne **I** zu beeinträchtigen, stellt der Therapeut seine Aufgaben einer multidisziplinären und vertikal gemischten Gruppe. Die gesetzten Fristen müssen Druck und ein Gefühl der Dringlichkeit hervorrufen.

Es empfiehlt sich nicht, eine Führungskraft mit einem **E** in ein aristokratisches Unternehmen zu verpflanzen. Die Mitarbeiter einer solchen Firma bilden einen gegenseitigen Bewunderungsverein, in dem Details und Stabilität, nicht Wachstum die Hauptkriterien sind. In einem solchen Milieu hat eine vorwiegend **E**-orientierte

Kraft Schwierigkeiten, sich zu verwirklichen und kreative Führung auszuüben. Größerer Erfolg wäre vermutlich einem **PaEi** oder einem **PaEI** beschieden. Ein **PaEi** hat bessere Erfolgsaussichten als ein **paEi**, da ersterer ziel- und ergebnisorientiert ist, Qualitäten, die das aristokratische Unternehmen benötigt und zu fördern bereit ist. Ein **paEi** kann nur mit Hilfe eines Umgehungssystems integriert werden.

Wenn eine Führungskraft, deren Arbeitsstil das Unternehmen vor den Kopf stößt, hereingeholt wird, versucht das aristokratische Unternehmen, diese zu bremsen. Der **A** lehnt den **E** ab, da der letztere eine Turbulenz mit sich bringt, die der **A** nur schwer unter Kontrolle halten kann. Das Ergebnis ist, daß der **E** entweder ausgestoßen oder als gutartig von dem Unternehmen absorbiert wird (d.h. an Effektivität verliert). Mit anderen Worten, das Unternehmen entwickelt eine Immunität gegenüber ungewöhnlichen oder andersartigen Substanzen und verzichtet dadurch auf Qualitäten, die bedeutungsvoll und für sein Wachstum und sein Überleben funktionell sein können.

Um einen **E** in ein aristrokratisches Unternehmen zu integrieren, durchsucht der Therapeut zunächst die ganze Firma nach einem Mitarbeiter mit einem aktiven **E**. Solche Leute sind leicht zu finden, da sie diejenigen sind, die sich darüber beklagen, daß das eine oder andere nicht so ist, wie es sein sollte. Das sind gewöhnlich die Leute, die das Unternehmen loszuwerden versucht. Der Therapeut besteht darauf, diese Leute zu halten. In gewisser Weise wird dadurch das »Ausbluten« von **E** gestoppt.

Als nächstes setzt der Therapeut eine Arbeitsgruppe auf ein neues Projekt an, das in kurzer Zeit abgeschlossen werden kann (beispielsweise ein neues Produkt, ein neuer Absatzmarkt oder ein neues System). Der Therapeut empfiehlt, diese Arbeitsgruppe, die aus den »Dissidenten« des Unternehmens besteht, von einem neu eingestellten **E** leiten zu lassen. Da die Gruppenmitglieder **E**s aus verschiedenen Abteilungen und Rängen des Unternehmens sind, werden auf diesem Weg die **A**-Kanäle des Unternehmens umgangen. Die letzteren haben bereits »Arteriosklerose« entwikkelt – d.h. sie nehmen Veränderungen übel und lehnen diese ab.

Kompetenz und Aufgaben der Dissidenten werden somit erweitert, und es entsteht **P**, was sich auf das Unternehmen verjüngend auswirkt. Es beginnt, wieder daran zu glauben, daß Veränderungen möglich sind. Weitere solche Teams können dann gebildet werden, und der Außenseiter **E** wird sich bald in seinem neuen Klima heimisch fühlen.

Wenn eine bankrotte Aristokratie entsteht, wird die Aufgabe wesentlich schwieriger, da anstelle des **E** eine Leerstelle getreten ist und jeder Wandel abgelehnt und verweigert wird. Eine »Operation« – ein Wechsel der Geschäftsführung – kann für ein solches Unternehmen, das sich am Rande des Bankrotts befindet, die einzige praktikable Alternative darstellen. Die Operation als solche reicht jedoch nicht aus, sondern es bedarf später einer therapeutischen Nachbehandlung.

Behandlung der Bürokratie (–A–i;–A––)

Bürokratische Organisationen haben in der Regel nicht den Nerv, einen prüfenden Berater heranzuziehen. Sie bevorzugen einen Systemanalytiker, der das **A** noch vermehren soll, das sie bereits im Übermaß besitzen.

Solche Unternehmen brauchen wahrscheinlich »Operationen« und eine lange Periode der »Rehabilitation«. Die Operationen würden eine Art Umgehungsroute – ein zusätzliches **E** – schaffen. Das **E** wird dem Unternehmen wahrscheinlich aufgezwungen werden müssen, da es sich vermutlich mit aller Kraft dagegen wehrt.

Rehabilitation ist erforderlich, um **P** wieder anzukurbeln. Schockbehandlung (Drohung mit Entlassung, unrealistische Forderungen etc.) ist nicht empfehlenswert, da sie die Leute bloß in Schrecken versetzt. Die Folge ist, daß sie sich zwar krampfhaft bemühen, alles zu tun, was man von ihnen verlangt, aber die Ergebnisse wären von sehr kurzer Dauer und früher oder später würde das Unternehmen wieder in Apathie versinken. Eine Serie solcher Behandlungen könnte sogar die letzten guten Führungs-

kräfte veranlassen wegzugehen und das Unternehmen dadurch in ein Koma stürzen.
Was das Unternehmen braucht, sind mehrere gleichzeitige Auswechselungen von Führungskräften, deren Integration in das System sorgfältig überwacht wird.
Die Fähigkeit, tote Unternehmen wieder zum Leben zu erwekken, ist wahrscheinlich Heiligen vorbehalten.

Abbildung 12
Empfohlene Behandlungen

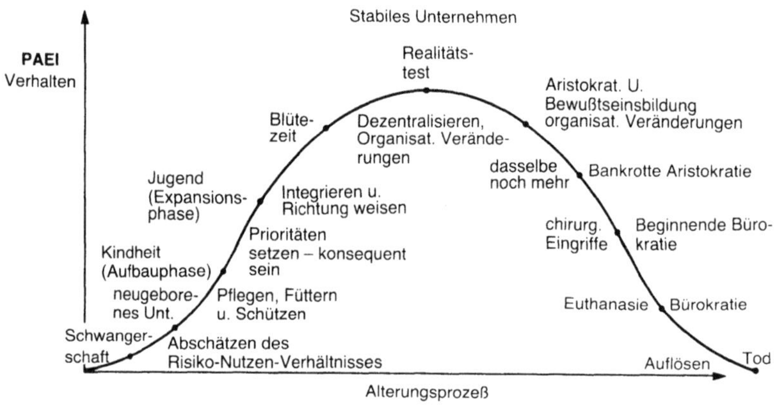

Kann ein interner Berater die Probleme lösen?

Es ist Mode geworden, daß sich große Unternehmen eigene Beratungsabteilungen zulegen, die oft als OD *(organizational development)*-Abteilungen bezeichnet werden.
Solche Abteilungen können in den Anfangsstadien des Lebenszyklus eines Unternehmens durchaus funktionell sein. Älteren Firmen – in der Phase der Stabilität oder in späteren Stadien – wird mit solchen Beratungsabteilungen weniger gedient sein. In einem jungen Unternehmen sind **A** und **I** die Fähigkeiten, auf die es ankommt. Und diese können leicht von innen mobilisiert wer-

den; die Berater müssen dabei nicht fürchten, ihre Jobs zu verlieren. Wenn sich ein Unternehmen jedoch seinem Zenit nähert, ist E notwendig, und das erfordert Leute, die kein Blatt vor den Mund nehmen. Ein fest angestellter Berater ist vielleicht nicht bereit oder fähig, Alarm zu schlagen und das Bewußtsein und den Wunsch nach Veränderungen zu wecken.

Professionelle Unternehmensberater scheinen darauf gedrillt zu sein bzw. von sich aus dazu zu neigen, nur die **I**-Rolle auszuüben. Sehr häufig sind sie ---**I**s. *Bestenfalls* sind sie **paeI**s. Ein solcher Stil hilft einem Unternehmen nicht, das einer ernst zu nehmenden Therapie und Verjüngung bedarf. Der **paeI** und der ---**I** erhalten nur das am Leben, was bereits existiert. Viele Unternehmensberater fungieren eher als Vertreter des Establishments, die den Leuten die gebotene Kost schmackhafter machen, denn als Triebkräfte des Wandels, die die nötigen neuen Gerichte kreieren.

Im gesamten Verlauf meiner oben dargestellten therapeutischen Methode (ASM) werden Integratoren, die als Triebkräfte des Wandels wirken, geschult und entwickelt. Zumindest in den Anfangsstadien der Therapie habe ich festgestellt, daß externe »Schrittmacher« nötig sind, um den nötigen Impetus für Veränderungen aufzubringen und um kurzfristige negative Reaktionen aufzufangen, die das Unternehmen zeigen könnte. Firmen in der Stabilitätsphase oder in einem späteren Stadium brauchen eine kräftigere »Medizin« als bloße Ratschläge, und diese muß gewöhnlich von außen verabreicht werden.

Zusammenfassung der Hauptpunkte

Wir sind nun am Ende unserer Beschreibungen, Analysen und Behandlungsvorschläge angelangt. Die Hauptpunkte sind:

1. Niemand kann eine in jeder Hinsicht hervorragende Führungskraft sein.
2. Deshalb bedarf es eines komplementären Teams, bestehend aus Leuten mit *verschiedenen Verhaltensstilen.*
3. Der Stil jedes einzelnen sollte den Aufgaben entsprechen, die er auszuführen hat.

4. Konflikte sind unvermeidlich und wünschenswert.
5. Ein lernfreundliches Milieu ist nötig, in dem Konflikte in funktionelle Kräfte umgewandelt werden;
6. Damit Unternehmen lange Zeit vital bleiben, sind regelmäßige und rechtzeitige therapeutische Reorganisationen nötig.

IV.
Der Weg aus der Falle

1. Zum letzten (?) Mal: Was IST Management?

> Wir, die Willigen,
> geführt von den Unwissenden,
> tun das Unmögliche
> für die Undankbaren.
> Wir haben so lange
> so viel
> mit so wenig getan,
> jetzt sind wir imstande,
> alles
> mit nichts zu tun.

Was ist Management?

Wir halten es oft für selbstverständlich, daß die Dinge funktionieren. Wir erwarten – und wünschen – daß die Unternehmen ihre Funktion erfüllen. Wir sind nicht überrascht über Veränderungen in unserer Umwelt, an unseren Autos, bei den Lebensmitteln, die im Supermarkt angeboten werden. Wenn wir uns überlegen, wie diese Dinge zustande kommen, können wir zu dem Schluß kommen, daß das Management eine wichtige Rolle in unserer sich wandelnden Gesellschaft spielt.

Wie Peter Drucker erklärt hat, ist »Management die Erfolgslegende des 20. Jahrhunderts«.

Halten Sie einen Moment inne und überlegen Sie: Was ist »Management«? In weltweit abgehaltenen Seminaren wurden Leute aus verschiedenen Rängen der Hierarchie und aus verschiedenen Fachbereichen (Verwaltung, Finanzen, Marketing etc.) aufgefordert, Synonyme für das Verbum *managen* aufzuschreiben. Sie nannten eine Vielzahl von Bedeutungen. Bevor Sie sich diese Liste ansehen, überlegen Sie einen Augenblick und schreiben Sie Ihre eigenen Synonyme auf dieses Blatt. Welche Bedeutung hat das Verbum *managen* für Sie?

Managen, das ist:

Die folgende Liste enthält die Wörter, die am häufigsten als Synonyme für das Verbum *managen* genannt wurden. Teilen Sie diese Auffassung und dieses Verständnis des Begriffs? *Managen,* das heißt:

planen	veranlassen	zuhören
leiten	ausbilden	übermitteln
ausführen	überwachen	reagieren

durchführen	integrieren*	gehorsam machen
entscheiden	lenken	sorgfältig behandeln
verwalten	zwingen	beurteilen
administrieren	benutzen	durch Manipulation verändern
führen	regeln	
kontrollieren	gestalten	
tun	manipulieren	beaufsichtigen
herrschen	entwickeln	betreiben
organisieren	lehren	vollbringen
koordinieren	erziehen	bewerkstelligen
anführen*	kooperieren	Vorschub leisten
motivieren*	inspizieren	durchführen
erreichen	inspirieren	beherrschen
behandeln	überprüfen	bewerten

Diese Liste umfaßt nicht alle der genannten Worte, wohl aber eine repräsentative Auswahl. Wir können die Vollständigkeit der Liste überprüfen, wenn wir die Definitionen von *managen* in verschiedenen Wörterbüchern vergleichen.
Das *Random House Dictionary*[1] definiert *managen* als herbeiführen, vollbringen, die Leitung übernehmen, erledigen, dominieren, beeinflussen, behandeln, lenken, leiten, kontrollieren, (eine Waffe) führen, bewerkstelligen, Geschäft führen, geschäftlich tätig sein, die Leitung innehaben, (z.B. ein Pferd) dressieren.
Funk and Wagnall's Dictionary[2] fügt unseren Synonymen noch weitere hinzu. Es definiert *managen* als lenken oder zurückhalten, führen, durch Überredung in einem gewünschten Zustand oder einer Stimmung erhalten, gefügig machen, unter Kontrolle bringen, folgsam machen, abrichten oder ausbilden.
Das *Oxford Illustrated Dictionary*[3] fügt hinzu «durch Schmeichelei ans Ziel kommen etc., durchsetzen, sein Ziel erreichen, bewältigen«, und *Webster's Third New International Dictionary*[4] nennt folgende Begriffe: durch behutsame Behandlung gehorsam machen, vorsichtig behandeln, vorsichtig steuern, dirigieren, lenken, befehlen.

Analysieren wir nun die genannten Synonyme. Wenn wir die mit einem Sternchen bezeichneten Worte der obigen Liste – anführen, integrieren und motivieren – einen Augenblick außer acht lassen, fallen gewisse Gemeinsamkeiten zwischen den Synonymen ins Auge. Jeder der genannten Begriffe schafft eine Unterscheidung zwischen Personen, die »managen« und Personen, die »gemanagt« werden. Jedes dieser Worte impliziert, daß die Person A etwas mit der Person B tut, d.h., A teilt ein, lenkt, kontrolliert und plant für B. Das Umgekehrte, daß B etwas mit A macht, trifft nicht zu. Der gemeinsame Nenner dieser Synonyme für *managen* ist das Vorhandensein einer Hierarchie, bei der die eine Person, A, einer anderen Person, B, Aufträge erteilt. Die Person A ist die unabhängige und die Person B die abhängige Instanz. B handelt oder sollte auf eine Weise handeln, die A zufriedenstellt.

Herbeiführung von Gehorsam

Viele der Worte auf der Liste, insbesondere die später genannten, drücken eine Absicht aus, Gehorsam zu erzielen. Dabei wird angenommen, daß der Manager weiß, worauf es ihm ankommt. Ziel und Zweck des Managementprozesses ist es, zu erreichen, daß diejenigen, die gemanagt werden, die abhängigen Instanzen in einer Weise handeln, die ihren uneingeschränkten Gehorsam gegenüber dem Manager verbürgt. Das ist der Grund, warum er leitet, entscheidet, ausbildet, lenkt, erzieht, beaufsichtigt, bewertet, inspiziert, verwaltet usw.

Der gemeinsame Nenner ist der Ursprung des Wortes *managen*. Das Wort kommt von dem italienischen *manegg(iare)*, was soviel wie (Pferde) dressieren bedeutet und von dem lateinischen *manus*, Hand, abstammt.

Man vergegenwärtige sich den Vorgang des Zureitens bzw. der Dressur eines Pferdes. Wenn ein geübter Reiter das Pferd zu verschiedenen Manövern veranlassen kann, dann sagt man auf englisch, er managt das Pferd gut. Mit zunehmendem Können wird der Reiter immer unabhängiger, und es gelingt ihm immer besser, das Pferd zu absoluter Folgsamkeit zu veranlassen. Auf diese Weise wird die Unterscheidung, welcher von beiden dem anderen seinen Willen aufzwingt, vollends deutlich. Wir erwarten das und setzen das voraus, denn der Reiter weiß, was er will und er ist imstande, das Pferd zum Gehorsam zu veranlassen. Obwohl das Pferd viel stärker ist als der Reiter, verläuft ihre Interaktion so, daß der Reiter Entscheidungen trifft, denen sich das Pferd fügt, und nicht umgekehrt.

Ein weiteres, wenn auch nicht ganz so zutreffendes Beispiel ist das Lenken eines Autos. Dabei führt der Lenker mit seinen Händen und Füßen Bewegungen aus und erwartet prompte, gleichbleibende, unmittelbare und verhältnismäßige Reaktionen seitens des Motors. Viele Leute möchten ein Unternehmen so leiten, wie sie einen Gaul oder ein leistungsstarkes Auto lenken würden. Die meisten Manager wünschen sich einen reibungslos funktionierenden Betrieb, der wie eine gut koordinierte Maschine oder ein wohldressiertes Pferd reagiert. Sie möchten, daß sich ihr Unternehmen sofort und ohne Diskussion allen Beschlüssen beugt, die sie fassen. Die meisten Manager bewerten sich selbst als Führungskräfte danach, wie gut sie Entscheidungen treffen können und wie leicht es ihnen gelingt, ihr Unternehmen nach ihren Plänen handeln zu lassen.

Dabei geht man davon aus, daß der Reiter oder Fahrer weiß, wo er hin will und was er tun will. Ein guter Fahrer bzw. Reiter weiß, wie er aus dem Auto bzw. dem Pferd die besten Leistungen herausholen kann. Das von ihm gelenkte Auto bzw. Pferd hat keine eigenen Absichten. Beides sind im Grunde Werkzeuge, die es dem Lenker ermöglichen, seine Ziele zu erreichen.

Um einen so hohen Grad an Berechenbarkeit und Willfährigkeit zu erreichen, versucht der für Menschenführung zuständige Manager die Lücke zwischen dem, was getan werden kann und dem was getan werden sollte, zu schließen. Er übt die Führungsfunktionen des Planens, Organisierens und Kontrollierens aus, aber er möchte dabei sofortigen Gehorsam erreichen, nicht von Pferden oder Autos, sondern von Menschen, die ihre eigenen Wünsche, Ideen und Bedürfnisse haben. Jedoch im allgemeinen fügen sich

Menschen nicht gern den Wünschen anderer; zumindest gehorchen sie nicht automatisch wie Maschinen.

Direktive Motivation

Die Synonyme *führen, motivieren* und *integrieren,* die wir vorhin beiseite gelassen haben, können dieselben Gedankenverbindungen erzeugen. Das Verbum *führen* kann so viel wie »manipulieren« bedeuten. Ein manipulierender Führer bringt die Leute dazu, ihm überall, wo er hin will, zu folgen, ungeachtet der Interessen seiner Anhänger. *Führen* bedeutet somit im Grunde, die Gefolgschaft dazu zu bringen, sich dorthin zu begeben, wo sie der Führer haben will.

Die Kontingenztheorie der Führung kann als Beispiel dieses Vorgehens dienen. Diese Theorie vertritt in gewisser Weise die Auffassung, daß der Führer seinen Stil je nach den Gegebenheiten, mit denen das Unternehmen konfrontiert ist, abwandeln sollte, um den Gehorsam seiner Gefolgschaft zu gewährleisten und seine Ziele zu erreichen. Die Ziele sind vorgegeben; die Frage ist, wie man die Gefolgschaft auf diese hinsteuert. In diesem Zusammenhang scheint mir das verwandteste Synonym für das Verbum *führen* Webster's »behutsam lenken« zu sein.

Auch der Begriff der Motivation kann manipulativ sein. Ein häufig gezeigter Schulungsfilm über Motivation beginnt mit der Feststellung: »Dieser Film handelt von Motivation, d.h., *wie Sie das Maximum aus Ihren Leuten herausholen können.«* Wenn Kontrolle und Strafen nichts nützen, dann kommt man vielleicht durch Motivation und materielle Anreize ans Ziel. Der manipulative Gehalt von Motivation geht schon aus Buchtiteln wie *Management von Unternehmensverhalten* und *Nutzung menschlicher Ressourcen* hervor. (das Wort *Nutzung* hat den offenkundigen Unterton von Ausbeutung). Die Entscheidung ist getroffen. Die einzige Frage ist, wie man sie realisiert – durch Machtausübung oder durch Motivation? Frederick Hertzberg beginnt seinen berühmten Artikel »Noch einmal: Wie motiviert man seine Mitarbeiter?« folgendermaßen: »Wieviele Artikel, Bücher, Referate und Lehrgänge haben sich mit dem Klagelied befaßt: ›Wie bringe ich einen Mitarbeiter dazu, das zu machen, *was ich will?‹* (Hervorhebung durch I.A.) Lesen Sie das noch einmal. Redet Hertzberg von Motivation oder Manipulation? In diesem Sinne entspricht die Motivation durch Führungskräfte genau der Definition Websters: durch behutsame Behandlung gefügig machen.

> Als Administrator müssen sie für jeden Tritt in den Hintern zehn Streicheleinheiten austeilen. Das ist der Grund, warum man sich nur von relativ wenigen Leuten persönlich Rechenschaft geben lassen sollte. Sonst nutzen sich nämlich die Hände ab, während die Füße nicht ausgelastet sind. Aus Thomas L. Martin, Jr., *Malice in Blunderland* (New York: McGraw-Hill, 1973) S. 32.

Motivation kann als ein Mittel zur Sicherung von Gehorsam verstanden werden, ein Mittel, das Führungskräfte benutzen, um ihre Ziele bzw. die Ziele, die sie für das Unternehmen ins Auge fassen, zu erreichen. Die Literatur über Motivation zeugt von dieser einseitigen Deutung. In dieser Literatur ist davon die Rede, daß Motivation die Produktivität und die Gewinne erhöhe und daß dies Ziele des Managements seien. Aber sind dies notwendigerweise Ziele der gesamten Belegschaft eines Unternehmens? Niemand fragt, warum Arbeiter ein Interesse an erhöhter Produktivität haben sollten. Wo wird in der Motivationsliteratur erhöhte Arbeitsmoral um ihrer selbst willen als Maßstab des Erfolgs behandelt? Falls Arbeitsmoral überhaupt erwähnt wird, dann gewöhnlich als nachträgliche Überlegung, nachdem man dem eigentlichen Erfolgsmaßstab – der Gewinnträchtigkeit – entsprechende Aufmerksamkeit gewidmet hat.

Es ist deshalb nicht überraschend, daß sich manche Gewerkschaften in den Vereinigten Staaten gegen Systeme zur Motivation, Arbeitserweiterung u. ä. sträuben. Sie sehen darin eine List der Arbeitgeber zur Manipulation der Arbeitsproduktivität und somit zur Ausbeutung der Arbeiter.

So wie sie gelehrt und praktiziert werden, beruhen die klassischen Verfahrensweisen der Unternehmensführung auf der *Nutzung* und Kontrolle menschlicher Ressourcen. Man sehe sich nur die

benutzten Ausdrücke an – Kontrollspanne, Einheitlichkeit der Befehle usw. Warum spricht man nicht von *Motivationsspanne* und einheitlicher *Zielrichtung?*
Mitarbeiter werden geschult, um ihre Fähigkeit zu erhöhen, dem Unternehmen nützliche Beiträge zu leisten und dessen Ziele zu verwirklichen.

> Im *New Yorker* erschien vor kurzem eine kleine Geschichte, bei der es um ein Gespräch zwischen einer Mutter und ihrem Sohn ging. Die Mutter, eine Psychologin, ersuchte ihren Sohn, den Müll hinauszutragen. Als sie mit ihrer Einleitung begann, unterbrach sie ihr Sohn: »Okay, Mama, ich trag den Müll raus, aber BITTE motiviere mich nicht!«

Die klassische Managementtheorie – Planen, Organisieren, Motivieren, und Kontrollieren – ist im Grunde eine Theorie darüber, wie eine speziell ausgebildete Elite Entscheidungen *für* ein Unternehmen treffen und dann die effiziente Ausführung dieser Entscheidungen durch die übrige Belegschaft bewirken sollte. Die klassische Managementtheorie ist *elitär,* da das Management nur eine kleine Miniorität des Unternehmens darstellt. Sie ist undemokratisch, da sie davon ausgeht, daß diejenigen, die gemanagt werden, kaum ein Mitspracherecht darüber haben, wer sie managen soll (d.h., die Vorgesetzten wurden ihnen aufgezwungen) oder welche Maßnahmen zu ergreifen sind (d.h., die Ziele auf die sie hinarbeiten sollen, wurden von anderen für sie festgesetzt).

Ist Management notwendig?

Wenn Management mit diesen Nachteilen behaftet ist, warum kann dann ein Unternehmen seine Ziele nicht ohne Management festlegen und erreichen? In manchen Systemen ist Management keine berufliche Karriere, sondern eine im Rotationsverfahren vergebene Pflicht, der Gemeinschaft zu dienen. Der israelische Kibbuz ist dafür ein Beispiel. In anderen Systemen wurden Anstrengungen unternommen, das Management ganz und gar abzuschaffen. In Jugoslawien war es beispielsweise das Ziel des Selbstverwaltungssystems, die Belegschaft die Betriebe allein führen zu lassen.[5]

Trotz solcher Bemühungen, das Management abzuschaffen oder es zu schwächen, ist es nach wie vor eine beherrschende Kraft, auf die das Unternehmen nicht verzichten kann.[6] Warum? Aufgrund welcher Faktoren ist das Management unverzichtbar? Welche Rolle spielt es im Unternehmen?

Es ist die Auffassung vertreten worden, daß Management ein unnötiges Überbleibsel aus der vorindustriellen Ära sei und daß die Unternehmen ohne alle diese hierarchischen Schichtungen in einer viel besseren Position wären. Die Literatur ist voll von Berichten über Firmen, an deren Spitze inkompetente Leute stehen, die nur dank ihrer tüchtigen und einsatzfreudigen Sekretärinnen und Assistenten vor Schwierigkeiten bewahrt bleiben. Aber alle Versuche, ohne Management auszukommen, scheinen zum Scheitern verdammt zu sein. Wie sich der Phönix aus seiner eigenen Asche erhebt, behauptet das Management immer wieder seinen Platz als die beherrschende Kraft. Weshalb ist das Management unverzichtbar? Vielleicht können wir diese Frage beantworten, indem wir analysieren, was das Management tut.

Was tut das Management?

In *The Managing of Organizations* schreibt Bertram M. Gross: »Immer, wenn es darum geht, eine schwierige soziale Aufgabe zu bewältigen, müssen existierende Institutionen gestärkt oder neue aufgebaut werden. Aber Institutionen funktionieren nicht von selbst, sie müssen verwaltet (gemanagt) werden. Wenn noch schwierigere Aufgaben angepackt werden sollen, müssen noch größere oder stärkere Institutionen aufgebaut werden. Das erfordert noch mehr Verwaltung (Management).«[7]

In diesem Jahrhundert ist Management zu einem eigenen Forschungsgebiet geworden. Es ist in unserer Vorstellung mit Organisationen und mit Expertentum verknüpft. Unter Management verstehen wir das Erkennen von Problemen und die Anwendung einer Reihe spezieller Techniken zu deren Lösung.

Abbildung 13

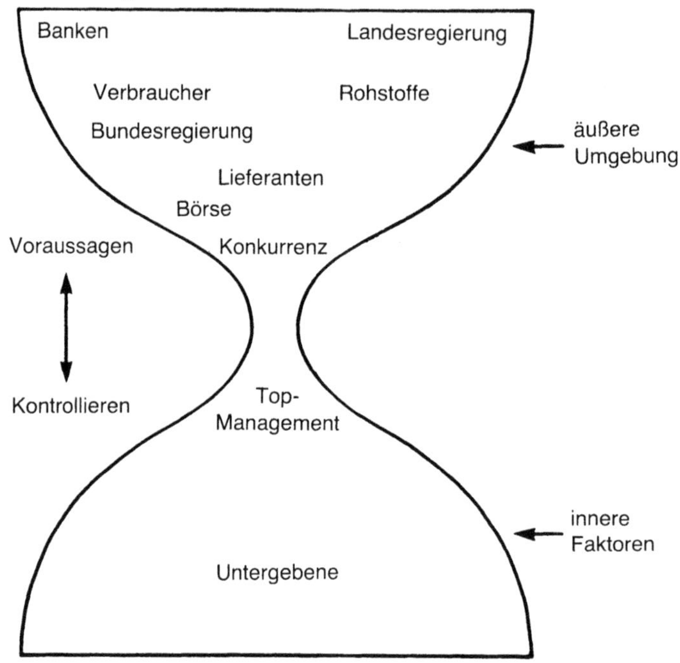

Üblicherweise stellen wir uns eine Organisation oder ein Unternehmen als eine hierarchische Struktur in Gestalt einer Pyramide vor, die von den Managern oder Führungskräften an deren Spitze geleitet wird. Vielleicht wäre es empfehlenswerter, uns die Form eines Stundenglases vorzustellen. Die leitenden Angestellten sitzen in der Mitte des Stundenglases fest. Über den leitenden Angestellten sind die Aktionäre, der Vorstand, der Aufsichtsrat und eine große Zahl äußerer Instanzen wie Berater, gesetzgebende Körperschaften, Konkurrenten, Lieferanten, Kunden, Unterstützer und spezielle Interessengruppen.

Das Management ist dafür verantwortlich, Resultate zu erzielen, während es dem Druck der genannten Kräfte ausgesetzt ist. Um in einer feindselig erscheinenden Umwelt maximale Resultate zu erzielen, versucht es natürlich, soviele Variablen wie möglich unter Kontrolle zu halten. Die Variablen, die am leichtesten kontrollierbar erscheinen, sind die inneren Faktoren, d.h. die Leute, welche die Weisungen auszuführen haben. Je größer die Turbulenz der äußeren Umgebung, desto hierarchischer (kontrollorientiert, machtbezogen) wird deshalb das Unternehmen.[8]
Bennis klagt, daß Unternehmen, von denen er erwartet hätte, daß sie in einer turbulenten Umgebung flexibler und offener würden, in Wirklichkeit bürokratischer geworden seien. »Ich habe jetzt den Vergleich zwischen dem was nach der treuherzigen Auffassung eines Spezialisten, eines Theoretikers, getan werden *sollte* und dem was in einer unvollkommenen Welt getan werden *kann.*«
Statt zeitlich begrenzte Führung, improvisierte Gruppen und zeitlich begrenzte Autorität hervorzubringen, ist Bennis der Ansicht, daß gerade eine turbulente Umwelt zwangsläufig zur Bürokratie führe.
Eine Verstärkung der Kontrollen scheint eine normale Reaktion auf Gefahren zu sein. Je unberechenbarer die Gefahren, desto mehr klammern wir uns an unsere Waffen. Es ist deshalb nicht verwunderlich, daß sich das Management im großen und ganzen gegen Mitbestimmungsmodelle gewehrt hat. Solche Modelle vergrößern das Maß an Ungewißheit, mit dem das Management zurechtkommen muß, und erhöhen dadurch noch die Schwierigkeiten, die bereits zu bewältigen sind.
Das Management tritt also der Ungewißheit entgegen und entscheidet, wie das Unternehmen die Chancen nutzen soll, die eine sich wandelnde Umwelt mit sich bringt. Es entscheidet auch, wie das Unternehmen auf Umweltgefahren reagieren wird. Die Unverzichtbarkeit des Managements ist auf die Tatsache zurückzuführen, daß ein Unternehmen auf Gefahren und Chancen reagieren muß und daß größere Turbulenz größere Ungewißheit und größere Risiken bedeutet. Je größer die Risiken, desto mehr Kon-

trolle kann das Management ausüben. In einer Situation ohne Wandel und daher auch ohne die Notwendigkeit klug abwägender Entscheidungen würde das Management seine Rolle einbüßen.

Management ist notwendig, damit Unternehmen in voraussagbarer, effektiver und effizienter Weise auf Umweltbedingungen reagieren. Aber gleichzeitig ist Management ein elitärer, ausbeuterischer und undemokratischer Prozeß. Muß es die ausschließliche Domäne einer exklusiven Gruppe (oder eines bestimmten Individuums) sein? Ich bin der festen Überzeugung, daß dem nicht so ist – und dieses ganze Buch enthält meine Argumente, daß es nicht so sein *darf*.

Der typische Fehler derjenigen, die meinen, Management sei notwendigerweise elitär, ist ihre Annahme, daß »Management« als Personengruppe und »Management« als Prozeß *notwendigerweise* ein und dasselbe seien. Aber Management ist nur dann elitär, wenn eine Gruppe den Managementprozeß monopolisiert – d. h. die Entscheidung darüber, welche Umweltgefahren und – Möglichkeiten existieren und wie darauf zu reagieren ist. Da kein einzelner ein **PAEI** ist, führt jedes individualistische Elitedenken zu Mismanagement. Außerdem kann nicht die gesamte gesellschaftliche Schicht der Manager Führungsfunktionen ausüben. Die **P**-Komponente des **PAEI**-Modells, das sind in der Regel die Leute vor Ort, die die Resultate produzieren, d. h. die Verkäufer, die Arbeiter, die Buchhalter usw. Um ein richtiges **PAEI**-Team zusammenzubekommen, braucht man Mitarbeiter, die mit den leitenden Angestellten *comanagen*: Die Arbeiter und Angestellten spielen die **P**-Rolle, während das Management die **A**-, **E**- und **I**-Rollen spielt. Ein Aspekt der Mismanagementfalle besteht darin, zu glauben, daß Manager **PAEIs** (Supermen) und die Angestellten ---- (Drohnen) sind.

Die elitäre Unterscheidung zwischen Führenden und Geführten hat historische Wurzeln, aber diese Unterscheidung wird in der heutigen Gesellschaft mit Recht in Frage gestellt.

Der Ursprung des Elitedenkens der Leitenden

Vielleicht können wir die hierarchische Struktur des Managements und die Exklusivität seiner Vorrechte auf die Zeit zurückverfolgen, als Inhaber und Manager identisch waren. Der Inhaber wußte (jedenfalls wurde das von ihm erwartet), was er wollte. Er stellte Leute an und sagte diesen, was sie zu tun hatten.
Er teilte für seine Angestellten die Arbeit ein, organisierte und koordinierte sie. Die Arbeiter bildeten quasi den verlängerten Arm des Maschinenparks einer Firma, sie waren »Handlanger«.
Als eine Trennung zwischen Firmeneignern und Management eintrat und das Management professionalisiert wurde, entstand die Theorie, daß das Management den Eigentümer repräsentiere und diesem veratwortlich sei. Man ging davon aus, daß das Management im Namen der Eigentümer die Zielsetzungen definiere und sich Unterstützung zu deren Verwirklichung suche. Das Management wurde jedoch immer mächtiger, je mehr sich die Unternehmen in wuchernde Bürokratien verwandelten. Aus den Firmeninhabern wurden ferne Aktionäre, die, wenn sie mit der Geschäftspolitik nicht einverstanden waren, nur eine Option hatten, nämlich ihre Anteile zu verkaufen. Der Aufsichtsrat, der eigentlich das Management überwachen und die Interessen der Aktionäre vertreten sollte, erwies sich häufig als außerstande, die leitenden Angestellten wirksam zu kontrollieren. Häufiger wurde er umgekehrt vom Topmanagement ernannt und wirksam kontrolliert.
Eine Aura des Elitären umgab schließlich diese unabhängigen Instanzen – die Manager. Es wurde argumentiert, daß die leitenden Angestellten wüßten oder wissen sollten, was erreicht werden müsse. Die Komponenten des Managementprozesses – Organisieren und Kontrollieren – entwickelten sich zu einem Mittel, die Botmäßigkeit der Untergebenen zu sichern, so daß der Manager die Ziele erreichen konnte, die er für das Unternehmen gesteckt hatte.
Dieses Buch hat sich auf die organisatorischen Folgen einer nicht team-orientierten Einstellung zum Managementprozeß konzen-

triert. Die hierarchische Struktur der größten Teile des heutigen Managements hat aber auch außerbetriebliche Auswirkungen. Ein hierarchisches, ausschließlich Gehorsam forderndes Wirtschaftssystem bringt reale Gefahren für die Demokratie mit sich. Wieviel Teilnahme am politischen Leben können wir von einem Menschen erwarten, der in den meisten Stunden seiner Arbeitszeit bevormundet und manipuliert wird und sich passiv und gehorsam verhält? Wie kann ein Mensch, der seine Arbeitswelt nicht beeinflussen kann, von sich selbst erwarten, sein politisches Schicksal mitgestalten zu können? Menschen, die in ihrem Arbeitsleben passiv sind, werden aller Wahrscheinlichkeit nach auch in ihrem politischen Leben passiv sein.

Wegen der inhumanen, mechanistischen Aspekte des Managementprozesses ist das Management in den letzten Jahren zunehmend kritisiert worden. Die Großindustrie, die großen Bürokratien und die mächtigen Führungseliten sind auf immer größere Feindseligkeit gestoßen. Das ist nicht verwunderlich. Warum sollte es den Leuten Spaß machen, die Befehlsempfänger des Managementprozesses zu sein? Und warum sollte es ihnen Spaß machen, die Befehlsempfänger des Entscheidungsprozesses zu sein? Möchten Sie, daß man für Sie plant? Daß man Sie dirigiert? Für Sie entscheidet? Sie einteilt? Verwaltet? Lenkt? Kontrolliert? Beherrscht? Organisiert? Koordiniert? Regiert? Gängelt? Manipuliert?

Viele Erforscher unserer Gesellschaft (beispielsweise Mason und Galbraith) vertreten die Auffassung, daß die technokratischen Führungseliten sozial und politisch kontrolliet werden sollten. Die Mitglieder dieser Elite repräsentieren kaum die Aktionäre; sie repräsentieren in erster Linie sich selbst. Es wurde die Ansicht vertreten, daß eine so mächtige Gruppe mit Eigeninteressen in einer demokratischen Gesellschaft politisch inakzeptabel sei. Der politische Druck, das Management stärker zur Verantwortung zu ziehen, hat sich in verschiedenen Theorien über die soziale Verantwortlichkeit des Managements niedergeschlagen.

So wurde beispielsweise die Auffassung geäußert, daß die leitenden Angestellten nicht nur den Aktionären, sondern auch der Belegschaft und den Verbrauchern Rechenschaft schuldig seien. Obwohl die Macht des Managements zugenommen hat, wird Management immer noch als ein von oben nach unten verlaufender elitärer Prozeß betrachtet, in der Annahme, daß das Management nach wie vor den Eigentümer vertrete und daß die Untergebenen immer noch »Handlanger« seien. Die Verantwortlichkeit des Managements gegenüber verschiedenen Auftraggebern einschließlich der eigenen Untergebenen hat weder in der Managementtheorie noch in den Managementmethoden und -techniken Eingang gefunden. Die Sprache, das Instrumentarium und die Organisationssysteme, die den von oben nach unten verlaufenden Managementprozeß fördern, müssen geändert werde, wenn der Managementprozeß die Umwälzungen unserer Gesellschaft effektiv widerspiegeln soll.

Das Führungsteam

Wir haben bereits festgestellt, daß Management ein sozialer, systembezogener, aktiver und zielorientierter Prozeß ist.
Er ist sozial, weil er Interaktionen zwischen Menschen erfordert, die zusammenarbeiten müssen, um jene Resultate zu erzielen, um derentwillen ein Unternehmen existiert.
Er ist systembezogen, d.h. sowohl systematisch als auch umfassend. Da das Management systematisch verfährt, sind seine Entscheidungen an Reihenfolgen und Termine gebunden, anwendungsbezogen und methodisch. Da Management umfassend ist, bezieht es das Unternehmen in seiner Gesamtheit ein. Management versucht die relevanten Variablen zu kontrollieren, die Eingänge und Durchgänge, um das gewünschte Resultat zu erhalten.
Der Managementprozeß ist proaktiv (im Gegensatz zu reaktiv). Das heißt, es ist ein zielorientiertes Verhalten basierend auf antizipierten Ereignissen und nicht eine Reaktion auf bereits Geschehenes.
Aber können die proaktiven Unternehmungen des Managements durch eine Person allein geleitet werden? Für proaktives Verhal-

ten ist **E** erforderlich; damit proaktive Systeme funktionieren, braucht man **A**; um sie gesellschaftlich akzeptabel zu machen, bedarf es **I**, und um sie wirksam werden zu lassen, braucht man **P**. Proaktives Handeln erfordert daher offensichtlich komplementäre Teams. Während der Managementprozeß also unverzichtbar ist, kann und sollte die elitäre Managementstruktur, die Monopolisierung dieses Prozesses durch einen einzelnen Manager oder eine Gruppe von Führungskräften, in Frage gestellt werden. Damit der Managementprozeß erfolgreich ist, sollte das ganze Unternehmen daran beteiligt sein: »Jeder Angestellte ein Manager«, wie es Scott Myers formulierte.

Das partizipierendes Management wünschenswert ist, kann allerdings kaum als eine neue Idee betrachtet werden. Wie kann man diese Partizipation erreichen? Bisher habe ich dargelegt, *warum* wir partizipierendes Team-Management brauchen. Im nächsten und letzten Kapitel werde ich meine Methodik vorstellen, die gewährleisten soll, daß das partizipierende Management auch tatsächlich funktioniert.

Anmerkungen

1. *The Randon House Dictionary* (New York: Random House, 1967).
2. *Funk and Wagnall's New Standard Dictionary of the English Language* (New York, 1963).
3. *Oxford Illustrated Dictionary* (Clarendon Press, 1962).
4. Webster's Third New International Dictionary (Springfield, Mass.: Merriam, 1954).
5. Ichak Adizes, *Industrial Democracy: Yugoslav Style* (New York: Free Press, 1971). TB-Nachdruck, Los Angeles: MDOR-Institute, 1977.
6. I. Adizes und Elizabeth Mann-Borgese, Hsg., *Self-Management: New Dimensions to Democracy* (Santa Barbara, Calif.: ABC-CLIO, 1977).
7. Betram M. Gross, *The Managing of Organizations* (New York: Crowell Collier, 1964).
8. Adizes, *Industrial Democracy*, 7. Kapitel.

2. *Einführung in die Adizes-Management-Methode*

Die Grenze der klassischen Pyramidenstruktur

Betrachten wir ein typisches Unternehmen und analysieren wir es nach dem **PAEI**-Modell.
Das typische Unternehmen ist wie eine Pyramide strukturiert; es ist seiner Natur nach hierarchisch. Hierarchische Organisationen haben bestimmte Charakteristika. Eines davon ist, daß einem um so mehr Autorität, Verantwortung und Belohnungen zuwachsen, je höher man in der Hierarchie aufsteigt. Die Spitze der Hierarchie ist mit einem Maximum an Autorität, Verantwortlichkeiten und Belohnungen ausgestattet. Die Basis (d.h. die Arbeiter und die kleinen Angestellten) hat wenig oder keine Autorität, wenig Verantwortung und erhält nur geringe Belohnungen.
Vom Standpunkt des **PAEI**-Modells aus betrachtet, setzt sich die Organisationspyramide aus verschiedenen Schichten zusammen. Die unterste Schicht besteht fast ausschließlich aus **P**; dann folgt eine Schicht von **A**; und ganz oben an der Spitze befindet sich eine **E**-Schicht. Es gibt keine **I**-Schicht. In hierarisch aufgebauten Unternehmen wird von einem erwartet, daß man die Befehlskette durchläuft und nicht die vorgeschriebenen Kanäle verläßt. Falls überhaupt jemand für Integration verantwortlich ist, dann ge-

wöhnlich die Abteilung für Organisationsentwicklung, die in irgendeiner Ecke oder auf den mittleren Rängen des Unternehmens angesiedelt ist.

Abbildung 14

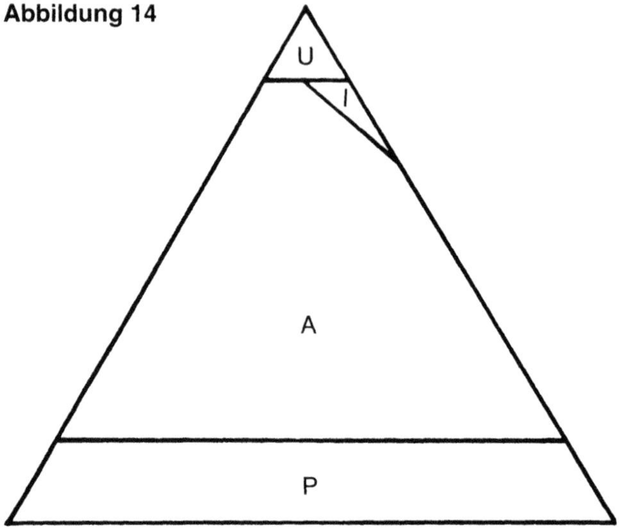

Die hierarchische Struktur eines Unternehmens hat den Zweck, Kontrolle und voraussagbare Resultate zu sichern. Der **E** an der Spitze führt das Kommando. Er plant, entscheidet und entwickelt Szenarien, wie sich die Zukunft gestalten sollte. Die **A**s verwalten seine Ideen (d. h. sie übersetzen sie in operationale Systeme) und die **P**s führen sie aus.

Die Pyramidenstruktur hat den Zweck, zu gewährleisten, daß der Wille des Chefs auch tatsächlich ausgeführt wird. Der Chef ist das Gehirn – seine Untergebenen sind im weiteren Sinn des Wortes seine Handlanger. (Man beachte, daß Leute von ihren Untergebenen häufig sagen, »XYZ ist meine rechte Hand«, »ABC ist meine Augen und Ohren« u. ä., aber daß sie kaum sagen würden: »Soundso ist mein Gehirn.«)

Die Pyramidenstruktur soll dafür sorgen, daß die unteren Schichten der Organisation, **A** und **P**, getreulich die Beschlüsse der höhergestellten, **E**, ausführen. Die Struktur dient einem Zweck: Effizienz, Effektivität und Kontrolle. In pyramidenförmigen Organisationen wird **E**- und **I**-Aktivität nur an der Spitze gefördert; die Spitze macht Pläne und trifft Entscheidungen. Der Rest der Organisation führt diese aus (**A** und **P**).

Dieser Aufbau in **PAEI**-Schichten beeinträchtigt die *langfristige* Effektivität des Unternehmens, da das **A**-Verhalten, welches programmiert und effizienz- und detailorientiert ist, jede Regung von **E** erstickt. Bei einer solchen Struktur wird Integration (**I**) in der gesamten Organisation unterdrückt, da es die vorgeschriebenen Kommunikationskanäle außer Kraft setzen und damit die Berechenbarkeit der Resultate vermindern könnte.

Es ist somit nicht verwunderlich, daß Unternehmen und Organisationen, die Effizienz (**A**) und Resultatorientierung (**P**) wünschen, weitgehend programmiert (**PA**) und damit sehr resistent gegen Veränderungen sind. Wenn ein Mitarbeiter auf einem der unteren Ränge einer solchen Organisation eine Idee hat, sind die Chancen, daß diese Idee akzeptiert werden wird, sehr gering. Eine **E**-Idee, die in der Organisationshierarchie von unten nach oben »aufsteigt«, gefährdet **A** und **P**, es besteht deshalb die Wahrscheinlichkeit, daß jemand die Idee als Bedrohung für das System empfindet, das er unter Kontrolle zu halten versucht, und daß er deshalb die Idee »killt«, entweder indem er sie ignoriert oder indem er erklärt: »Das wird nicht funktionieren.«

In vielen Firmen hat man erkannt, daß die **PA**-Struktur die Kommunikationskanäle verstopft und den Ideenfluß hemmt. Um die **PA**-Struktur zu umgehen, veranstaltet man deshalb eine Kaffeestunde mit dem Direktor oder man führt eine Politik der offenen Tür ein, die es den Leuten ermöglicht, sich mit den leitenden Angestellten zu unterhalten, oder man bringt einen Kasten für Vorschläge an. Aber es gibt wenig Anzeichen, daß diese Methoden wirklich funktionieren. Je ausgeprägter die **PA**-Orientierung eines Unternehmens, desto weniger abweichendes Verhalten gestattet es und desto geringer ist die Chance, daß sich jemand von der Basis mit seinen Ideen durchsetzt.

Der Mangel an **E** in großen Unternehmen zeigt sich auf verschiedene Weise. Ein Anzeichen ist, daß länger bestehende Firmen Top-Manager gewöhnlich von außen hereinholen (Personalabwerbung), was dem Eingeständnis gleichkommt, daß in ihren eigenen Reihen Kreativität und Tatkraft erloschen sind. Ein zweites Anzeichen ist das Phänomen der Senkrechtstarter. Um sich mit **E** aufzutanken, engagieren Unternehmen Absolventen führender betriebswirtschaftlicher Institute und ermöglichen ihnen einen rasanten Aufstieg. Ein drittes Anzeichen ist die unglaubliche Expansion des Beratungswesens. Was Unternehmensberater anbieten, ist **E**, d.h. Ideen dafür, welche Veränderungen Unternehmen vornehmen sollten.

Was ein Unternehmen zur Stärkung von **E** und **I** braucht, ist eine **EI**-Struktur, welche die **PA**-Struktur ergänzt. Meiner Ansicht nach haben wohlmeinende Unternehmensberater bei dem Versuch, die **PA**-Struktur aufzulockern und sie durch **E** und **I** zu ersetzen, viele Fehler begangen. Mit ihrem Vorgehen haben sie die **PA**-Struktur ruiniert. Eine führende amerikanische Universität hat alle Fachbereiche abgeschafft, um die Flexibilität und die wechselseitige interdisziplinäre Befruchtung, d.h. **EI**, zu fördern. Nach dem neuen System dauert es jedoch ungefähr dreimal so lang, eine Entscheidung zu treffen wie bisher, und die Leute wissen nicht, wer sie trifft oder wie sie zustande kommt.

In dem Bestreben, Bürokratie abzubauen, etablieren viele Unternehmen eine sehr flexible partizipative Struktur (**EI**), aber innerhalb von ein oder zwei Jahren sind die Mitarbeiter solcher Firmen durch den Mangel an Berechenbarkeit des neuen Systems völlig entnervt. Sie sehnen sich beinahe nach einem starken Boß, der die Sache in die Hand nimmt und ihnen sagt, was sie zu tun haben. Längerfristig ist ein solches unstrukturiertes und undiszipliniertes partizipatives System zum Scheitern verurteilt.

Ich bin der Meinung, daß wir weder versuchen sollten, eine **PA**-Struktur in eine **EI**-Struktur umzumodeln noch daß wir vor den mit **EI** verbundenen Ängsten bei der Sicherheit von **PA** Zuflucht suchen sollten. Sowohl ein **PA**-Gefüge als auch eine **EI**-Struktur sind für das effektive und flexible langfristige Funktionieren eines Unternehmens wesentlich.

Aber wie können wir ein Unternehmen schaffen, daß diese beiden Strukturen verkörpert?
Ich habe die letzten zehn Jahre damit verbracht, parallele und komplementäre **PA**- u. **EI**-Organisationsstrukturen zu entwikkeln, die mittels eines wachsenden partizipativen Entscheidungsprozesses funktionieren. Diese Methode möchte ich im vorliegenden Kapitel darstellen.

Die Adizes synergetische Managementmethode (A'S/M)

Die Adizes-Methode ist zunächst und vor allem synergetisch. Als synergetisch bezeichnet man einen Prozeß, bei dem die Gesamtwirkung der Einzelfaktoren des Prozesses größer ist als die Wirkung der Summe dieser Faktoren. Mit anderen Worten, die Interaktion zwischen den Einzelfaktoren hat einen Eigenwert. **PAEI** ist größer als (**P**) + (**A**) + (**E**) + (**I**). **PAEI** ist ein synergetischer Prozeß, bei dem jeder Teilnehmer von den anderen lernt. Jeder wächst in einem lerngünstigen Milieu, und das Gelernte ist der zusätzliche oder neu geschaffene Wert. Im synergetischen Management können die Arbeiter und Angestellten (**P**) und das Management (**A** und / oder **E**) mehr schaffen, indem sie zusammenarbeiten (**I**) als indem sie getrennt arbeiten.
S/M als Symbol hat eine Bedeutung. Es meint, daß wenn S (Synergie) vorhanden ist, M (Management) zustande kommen wird. Umgekehrt gilt, daß dort, wo keine Synergie vorhanden ist, kein Management zustande kommt. Die Rolle des Managements ist es, ein Umfeld zu schaffen, das der Synergie förderlich ist.
Das bedeutet, daß die Funktion des Managementprozesses darin besteht, ein Betriebsklima zu schaffen, in dem die Mitarbeiter offen ihre Ideen austauschen können, in dem sie miteinander kooperieren statt zu konkurrieren, in dem die voneinander lernen und sich in die Verantwortung für das Ergebnis teilen. die Adizes-Methode unterscheidet sich somit von der traditionellen Managementtheorie, bei der der Manager plant und dann die Verantwortung dafür trägt (indem er organisiert, kontrolliert, moti-

viert, diszipliniert etc.), daß seine Pläne von oder auch mit anderen ausgeführt werden.
Der Buchstabe A in A'S/M steht für meinen Nachnamen. Ich habe ihn eingefügt, um diese Managementmethode von den bereits existierenden zu unterscheiden. Es ist meine Beobachtung, daß zumindest in den Vereinigten Staaten alles Moden unterworfen ist. Wenn irgendein System auch nur den geringsten Erfolg hat oder wenn ein neues Schlagwort vorhanden ist, dann wird es in kürzester Zeit von jedermann benutzt. Manche derjenigen, die wahllos auf den fahrenden Zug aufspringen, sind weder qualifiziert noch geschult, mit der Folge, daß innerhalb weniger Jahre ein Konzept, das zunächst den allgemeinen Beifall gefunden hat, in der Praxis so deformiert wird, daß nur wenige sich getrauen, es noch weiter zu verwenden. Das ist meiner Ansicht nach mit dem »partizipativen Management«, den »offenen Systemen« und dem »Sensitivity-Training« passiert, und ein ähnliches Schicksal sehe ich für die »soziotechnischen Systeme«, die »Kontingenztheorien der Führung« und die »Qualität des Arbeitslebens« voraus.
Um diesem Schicksal zu entgehen, habe ich dem System meinen Namen gegeben und es als Dienstleistungsmethode patentieren lassen, so daß nur Leute, die am MDOR-Institut in den neuesten A'S/M-Techniken unterwiesen wurden, behaupten können, es zu benutzen. Ich habe das MDOR-Institut ausdrücklich zu dem Zweck gegründet, A'S/M-Berater auszubilden und Forschungen zur Weiterentwicklung der A'S/M-Methode zu betreiben.
Worin besteht also die A'S/M-Methode? Sie besteht aus einer Struktur und einem Prozeß, und sie operiert in Phasen, um eine Reihe von Zielen zu erreichen.

Die A'S/M-Struktur

Die A'S/M-Organisationsstruktur setzt sich aus zwei Teilen zusammen. Der **PA**-Teil bedarf keiner Erklärung: das ist das hierarchische System, das in den meisten Unternehmen besteht.

Abbildung 15

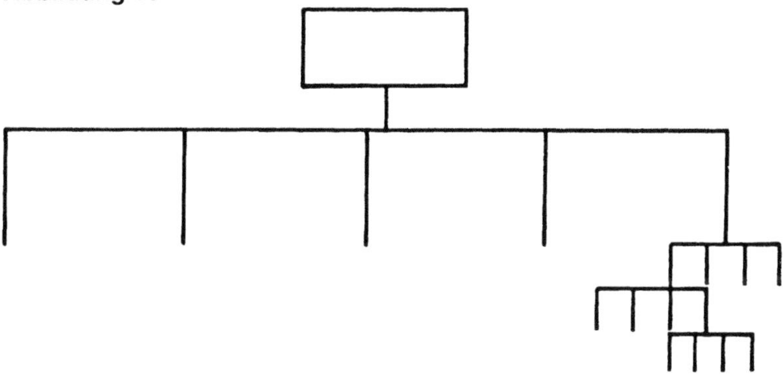

Der **PA**-Teil kann als Halbkreis dargestellt werden: An der Spitze steht der Direktor bzw. Geschäftsführer, und an der Basis sind die Arbeiter und Angestellten.

Abbildung 16

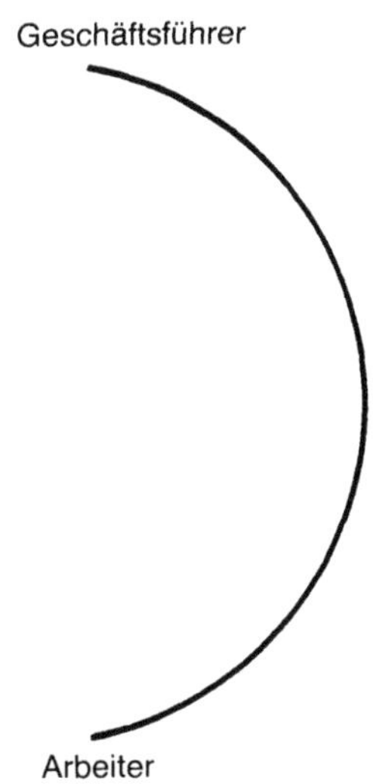

Wie ich bereits dargelegt habe, wäre es sehr schwierig, wenn nicht ganz unmöglich, für **E** und **I**, entlang dieses **PA**-Halbkreises nach oben zu dringen, da diese Struktur **P** und **A** dient. Das wäre, wie wenn Blut in derselben Ader in die entgegengesetzte Richtung flösse. Es liegt auf der Hand, daß dabei ein Blutgerinsel entstehen kann, das die Zirkulation blockiert. Unterwegs kann jeder, der sich durch einen **E**- oder **I**-Vorschlag bedroht fühlt, diesen aufhalten. Für den Aufwärtsfluß von **E** und **I** benötigen wir deshalb eine separate **EI**-Struktur.

Abbildung 17

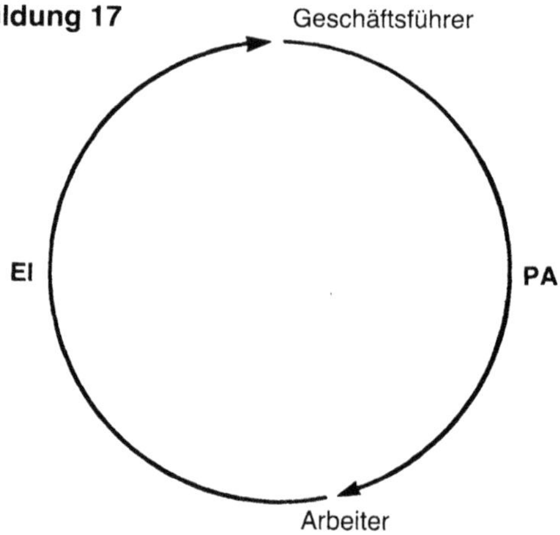

Die **EI**-Struktur besteht aus »Synerteams« und einem POV- (Partizipativen Organisatorischen Verbindungs-)System.
Die Synerteams sind Ad-hoc-Gruppen, die gebildet werden, um spezifische Probleme zu lösen. Sie werden aufgelöst, sobald sie ihre Aufgabe erfüllt haben. Sie kommen maximal drei Stunden pro Woche zusammen. Das POV ist im Grunde ein ständiges Synerteam für eine bestimmte organisatorische Einheit innerhalb des Unternehmens.
Für jede Ebene und jede Organisationseinheit der **PA**-Struktur gibt es ein POV. Diese POVs reflektieren die **PA**-Struktur. Es kann also POVs auf der Ebene des Unternehmens, der Hauptabteilungen, der Abteilungen, des einzelnen Betriebes, der Arbeitsschichten und der Arbeitsgruppen geben. Ein POV kann so viele aufgabenbezogene Synerteams ernennen, wie nötig sind, um die anstehenden Probleme zu lösen.

Die **EI**-Struktur ist eine Ergänzung und kein Ersatz für die normale hierarchische, von oben nach unten verlaufende **PA**-Struktur. Es handelt sich dabei um eine parallele Struktur, die ihrem Wesen nach partizipativ ist, um ein Aufwärtsfließen von Ideen, Problemen, Lösungen etc. zu ermöglichen.

Diese parallele Struktur ist schon früher erprobt worden, insbesondere bei General Motors; sie wird als »kollaterale Organisation« bezeichnet.[1]

In der AS-Methode hat sie dauerhaften Charakter. Sie tritt einmal monatlich zusammen und hat einen Aktionsplan - elf Phasen, die zu durchlaufen sind, um ihren proaktiven Charkater zu erhalten (siehe unten).

Abbildung 18

Die Elemente von *capi*

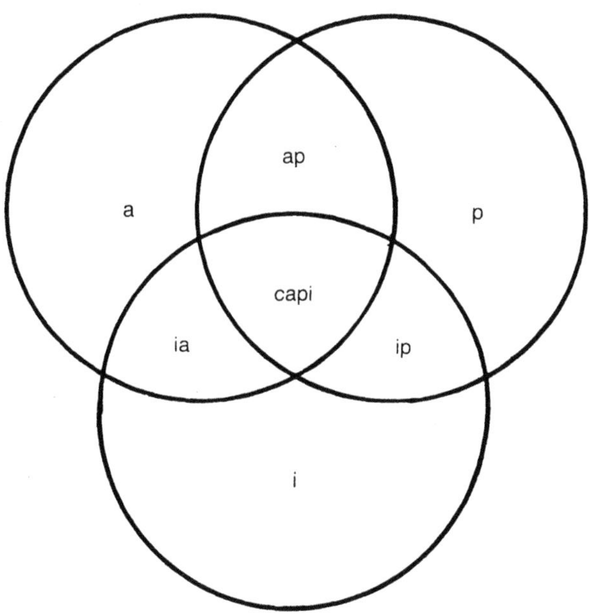

Synerteam: Ein **PAEI** + *capi*-Team

1. Synerteams werden gebildet, um ein Problem zu lösen, das nicht scharf umrissen ist und das nur durch ein *neues* System, **EI**, gelöst werden kann.
2. Ein Synerteam wird auch dann gebildet, wenn die Person an der Spitze der relevanten **PA**-Struktur nicht über *capi* verfügt.
Leitende Angestellte eines Unternehmens verfügen über Autorität, Macht und Einfluß oder eine Kombination dieser drei Faktoren. Diese drei Quellen »organisatorischer Energie« überlappen. Wenn jemand *capi* über ein Problem hat, braucht er kein Synerteam zu bilden. Er sollte dann imstande sein, seine Entscheidungen wirksam ohne ein solches in die Tat umzusetzen.

a = *Autorität:* Das legitime Recht eines Managers – aufgrund seiner Position im Unternehmen – eine Entscheidung zu treffen, ohne die Macht, diese durchzusetzen.

ap = *Übertragene Macht (Authorized power):* Die Autorität, zu bestrafen oder zu belohnen.

p = *Macht (Power):* Die Möglichkeit, zu bestrafen und zu belohnen, ohne entsprechende Autorität.

ip = *Indirekte Macht (Indirect power):* Damit haben wir es zu tun, wenn jemand Einfluß auszuüben scheint, aber den Äußerungen des Betreffenden eine Drohung unterstellt wird, und wenn die Leute den Anordnungen des Betreffenden folgen, nicht weil sie diese für richtig halten (e), sondern weil sie die Konsequenzen fürchten, falls sie sich diesen widersetzen (m).

i = *Einfluß (Influence):* Die *Fähigkeit*, jemand zu einer Handlung zu veranlassen, ohne Macht oder Autorität einzusetzen – d. h. indem wir den anderen wirklich überzeugen. Beeinflussung liegt vor, wenn die Zielperson (die wir beeinflussen) selbst an die Handlung zu glauben beginnt – d. h. der Betreffende wird so gründlich überzeugt, daß er das Notwendige von sich aus tut.

ia = *Beeinflussende Autorität (Influencing authority):* Die Autorität, die wir akzeptieren, häufig als echte oder natürliche Autorität bezeichnet.

capi = *Kombination von Autorität, Macht und Einfluß:* Wer über *capi* verfügt, hat die Autorität, eine Entscheidung zu treffen, er ist berechtigt diejenigen zu bestrafen, die sich dieser Entscheidung widersetzen und er ist imstande, die Vorzüge seiner Entscheidung überzeugend zu vertreten.

Sehr häufig muß ein Manager erkennen, daß er, obwohl er das Problem und seine Lösung kennt, diese Lösung nicht über die **PA**-Struktur verwirklichen kann, da andere, die Macht oder Einfluß auf seine Lösung haben, diese sabotieren. Er erkennt, daß seine *capi* sehr begrenzt ist, und deshalb muß er eine Gruppen-*capi* ins Leben rufen, d. h., er muß eine Gruppe bilden, die über genügend Autorität, Macht und Einfluß verfügt, um das Problem zu meistern und die Lösung durchzusetzen.

3. Eine dritte Voraussetzung für die Gründung eines Synerteams ist die Verfügbarkeit der Zeit, die nötig ist, um eine Teamlösung für ein Problem zu erarbeiten. Da die Adizes-Methode ein lernfreundliches Milieu erfordert, ist Zeit nötig, damit Lernen stattfinden bzw. das Gelernte ausgetauscht werden kann. Die Wichtigkeit eines lernfreundlichen Milieus sollte sich inzwischen von selbst verstehen; in einem solchen Milieu werden Konflikte funktionell gelöst.
Ein Synerteam wird also gebildet: (1) um ein spezifisches Problem zu lösen, für das kein *einzelner capi* hat; (2) um ein **EI**-Problem zu diagnostizieren und/oder zu lösen, das zu seiner Diagnose oder Lösung ein partizipatives Vorgehen erfordert; und (3) um Probleme in einem lernfreundlichen Milieu zu behandeln.

ABBILDUNG 19

ADIZES

SYNERGETISCHE MANAGEMENTMETHODE

WAS

SYNERTEAM ________________

Problemstellung

(Fortsetzung nächste Seite)

WER

KAME	NAME	PAEI	ROLLE
C		paeI	INTEGRATOR
a		PaEi	VORSITZENDER
p		pAEi	ADMINISTRATOR
p		paEI	ERSTER BEOBACHT.
p		pAEi	VERBINDUNGSMANN
p		paEi	IDEENLIEFERANT
p		paEi	IDEENLIEFERANT
p		paEi	IDEENLIEFERANT
i		paEi	IDEENLIEFERANT

WIE

VERFÜGBARE MITTEL ________

VERFÜGBARE ZEIT:

TAG ________

VON ________ BIS ________

WIE OFT:

JEDEN ________

TREFFPUNKT:

____

SONSTIGES:

WANN

BEGINN ________

ENDPHASE ________ AM ________

ENDPHASE ________ AM ________

ENDPHASE ________ AM ________

DURCHFÜHRUNG DER LÖSUNG ABGE-
SCHLOSSEN: LETZTER TERMIN: ________

(Fortsetzung)

WAS liegt an:

PAEI	ROLLE	VERANTWORTLICH FÜR
aeI	INTEGRATOR	Funktionieren des Synerteams entsprechend der A'S M-Methode. Fördert Zunahme von Synergie und Integration.
PaEi	VORSITZENDER	Daß das Synerteam innerhalb der gesetzten Fristen Resultate erzielt. Daß die Lösung ausgeführt wird. Pünktliche Teilnahme. Gegenseitige Rücksichtnahme (z. B. Verzicht auf Rauchen).
pAEi	ADMINISTRATOR	Festsetzung von Treffen und Treffpunkten. Informationen und Protokoll. Unterrichtung von Mitgliedern, die gefehlt haben. Eröffnung und Schließung der Sitzungen. Pausenfestsetzung. Montieren von Synerteam-Schaubildern. Verteilen von Namensschildern. Befolgung der A'S/M-Regeln. Verteilung der Sitzungsprotokolle.
paEI	BEOBACHTER	Resumiert am Ende jeder Sitzung, welche Fortschritte die synergetische Integration der Gruppe macht.
pAEi	VERBINDUNGS-mann	Berichtet an übergeordneter Stelle über Vorschläge und Aktionen, die gestartet wurden sowie über alle Probleme, die bei der Anwendung der A'S/M auftraten.
PaEi paeI pAEi	KOORDINATOR	Legt Tagesordnung fest. Ernennt ein Synerteam, das über *capi* verfügt.

Der Synerteam-Plan (Abbildung 19) gibt eine Vorstellung von der Systematik und Disziplin, die bei der Anwendung dieser Methode nötig sind. Zunächst wird festgehalten, *was* zu geschehen hat. Dann wird vermerkt, wann das Team seine Arbeit aufnimmt und bis wann es fertig sein soll. Das Team muß während eines *bestimmten* Zeitraumes *regelmäßig* Sitzungen abhalten.
Dadurch soll soweit wie möglich die Atmosphäre eines Seminars, eines Klassenzimmers hervorgerufen werden.
Auf dem Teamplan werden die Mitglieder des Synerteams eingetragen. Diese Mitglieder bilden eine *capi*-Gruppe. Zunächst suchen wir uns ein Teammitglied, das die Autorität hat, hinsichtlich der anstehenden Probleme eine Entscheidung zu treffen. Ein Synerteam ist *keine* Forschungsgruppe und auch kein Komitee, das Empfehlungen ausspricht; es ist ein Entscheidungsfindungsteam. Als nächstes überlegen wir uns, welche Leute Macht über eine mögliche Lösung ausüben – diejenigen, die eine Lösung sabotieren könnten. Eine nichtrepräsentative Stichprobe dieser Gruppe wird in das Synerteam berufen. (»nichtrepräsentativ« bedeutet, daß die mächtigsten und aktivsten Leute berufen werden.) Als letztes suchen wir uns Leute, die über entsprechenden Sachverstand in bezug auf das Problem verfügen. Diese Leute können entweder dem Unternehmen angehören oder von außen zugezogen werden.
Wenn ein Synerteam eine *capi*-Gruppe ist, dann bedeutet das, daß Sie das Problem, um das es geht, lösen kann. Ist das nicht der Fall, so heißt das, daß mehr Autorität, Macht oder Einfluß nötig sind. Liegt ein Problem völlig außerhalb der Kontrolle des Synerteams, dann wird dieses aufgelöst.
Ein Synerteam hat *capi* und muß wie ein PAEI handeln. Jedes Teammitglied muß sich je nach dem *capi*-Faktor, den es verkörpert, in einem bestimmten Stil verhalten (siehe Abbildung 19).
Jene Person, welche die Autorität hat zu entscheiden, muß die **P**-Verantwortung übernehmen, d. h. sie ist dafür verantwortlich, daß das Team das ihm zugewiesene Problem löst. Die Teilnehmer, die aufgrund ihrer Macht, eine Lösung zu sabotieren, hinzugezogen wurden, müssen die Verantwortung für E übernehmen:

d. h. sie müssen Initiativen zur Problemlösung entwickeln (»Sagen Sie mir, wie es *ja* gelöst werden kann und nicht, warum Sie *dagegen* sind«). Ein Mitarbeiter, der weder über Autorität noch Macht noch Einfluß (professionelle Voreingenommenheit) in bezug auf das Problem verfügt, wird beauftragt, die Gruppe zusammenzuhalten. Er ist der Integrator.
Durch Bildung eines Teams, das *capi* hat und als **PAEI** handeln kann, werden verschiedene Ziele erreicht:

1. Die Planung wird mit der Ausführung verknüpft.
2. Die Leute, die über negative Energie (Macht) verfügen, werden aufgefordert, eine Lösung zu finden, statt diese zu sabotieren. Macht wird in eine positive Kraft verwandelt.
3. Die Beteiligten müssen Rollen spielen, dadurch trägt das System zu ihrer individuellen Entfaltung bei.
4. Es findet ein gegenseitiger Austausch von Know-how statt: Ein Mitarbeiter aus der Marketingabteilung integriert ein Team in der Fertigung, und ein Vertreter der Fertigung integriert ein Team im Marketing.
   Ein POV besteht aus:
1. Ständigen Mitgliedern.
   a) Dem Leiter der jeweiligen Einheit.
   b) Allen, die ihm direkt unterstellt sind.
2. Mitgliedern, die ein Jahr lang als Verbindungsleute zu unmittelbar unterstellten rangniedrigeren POVs dienen, die auch in der **PA**-Struktur dieser Einheit unterstellt sind.
3. Ad-hoc-Mitgliedern, die dem POV angehören, bis sich das Synerteam auflöst. Sie sind die Verbindungsleute für jedes von dem POV gebildete Synerteam.

Es wird somit eine Hierarchie ständiger POVs geschaffen, von denen jedes seine eigenen Synerteams hat, die sich mit spezifischen Problemen befassen. Wenn einem Synerteam die nötige *capi* fehlt, dann wendet es sich an das POV, zu dem es gehört. Wenn dieses POV ebenfalls nicht über genügend *capi* verfügt, dann wird das Problem an ein höheres POV verwiesen, bis die nötige *capi* vorhanden ist.

Es sollte inzwischen klar sein, daß Veränderungen (**E**) in der **EI**-Struktur der POVs und der Synerteams zustandekommen. In Unternehmen, die mit der A'S/M arbeiten, können sich Mitarbeiter, die signifikante, immer wieder auftretende Probleme haben, welche *nichtprogrammierter* Lösungen bedürfen, an ihr Synerteam oder ihr POV wenden. Würde das Problem nur dem Chef vorgetragen, so bestünde die Gefahr, daß er aus pragmatischen Gründen eine **PA**-Lösung anwenden würde.
Die **EI**-Struktur ergänzt die normale **PA**-Struktur in der oben dargestellten Weise. Die **EI**-Teams treffen sich regelmäßig, um sich mit spezifischen, genau umrissenen Problemen zu befassen. Sobald die **EI**-Struktur eine Entscheidung trifft, wird die **PA**-Struktur angewiesen, diese in die Tat umzusetzen.

Die Adizes-Methode als Entscheidungsfindungsprozess

Die Adizes-Methode entspricht im Grunde den Phasen des schöpferischen Prozesses:

1. Auftauen	5. Erkennen
2. Sammeln	6. Anpassen
3. Überlegen	7. Vervollkommnen
4. Ausbrüten	8. Verstärken

Bei der individuellen Entscheidungsfindung durchläuft der Betreffende gewöhnlich die Stufen 1 – 5 und trägt dann seine Entscheidung seinen Vorgesetzten zur Beurteilung vor. Mit anderen Worten, er macht Empfehlungen, aber andere fassen den endgültigen Beschluß. Man könnte das als den kurzen-langen Weg bezeichnen. Es dauert nicht besonders lang, bis eine allein arbeitende Person das Erkenntnisstadium erreicht. Es nimmt jedoch meist viel Zeit in Anspruch, bis der Betreffende seine Idee »an den Mann gebracht« hat und bis diese verwirklicht ist. Dies gilt insbesondere dann, wenn der Betreffende nicht über *capi* verfügt, und speziell, wenn es sich nicht um ein **PA**-Problem, sondern um eines des **EI**-Bereiches handelt, d. h. wenn es eine Systemveränderung erfordert.

Nach der Adizes-Methode sollte für **EI**-Probleme, die Gruppen-*capi* erfordern, der lang-kurze Weg eingeschlagen werden. Der Synerteam-Integrator führt die Gruppe *zusammen* durch die Stufen 1 – 5. Die Gruppe braucht viel länger, um diese Stufen zu durchlaufen, als eine allein arbeitende Person. Sobald jedoch eine *capi*-Gruppenerkenntnis erzielt wurde, folgt die Realisierung rasch.

Nichtprogrammierter Entscheidungsbildungsprozeß

	Traditionelles Management	A'S/M
1. Auftauen 2. Sammeln 3. Überlegen 4. Ausbrüten 5. Erkennen	allein } kurz	Gruppe } lang
6. Anpassen 7. Vervollkommnen 8. Verstärken	Gruppenzustimmung } lang	Gruppe } kurz
Gesamtzeit:		kürzer

Die Adizes-Methode dient der Absicht, **EI**-Probleme mit Hilfe einer ganzheitlichen, synergetischen, kooperativen Teamarbeit zu lösen und **PA**-Probleme einer individualistischen Entscheidungsbildung von oben nach unten vorzubehalten.
Dem kooperativen **EI**-Teamwork soll jedoch das Schicksal eines auf Ausschüssen basierenden Mitbestimmungsmodells erspart bleiben.

Management durch Ausschüsse ist eine Katastrophe, und ich empfehle es keinesfalls. Die Adizes-Methode versucht, Teamarbeit zu fördern und Management durch Ausschüsse zu vermeiden. Worin liegt der Unterschied?

In einem Ausschuß bewirken die verschiedenen Rollen, zu denen die einzelnen Leute tendieren, daß sich jeder auf gewisse Phasen des schöpferischen Prozesses stärker konzentriert als auf andere. Dem **A**-Typus fällt es gewöhnlich schwer, zu einer Erkenntnis zu gelangen. Er scheint ewig im Stadium des Sammelns zu verweilen. Er möchte sich die Dinge überlegen. Er grübelt und brütet und fängt dann wieder an, Fakten zu sammeln. Der **E** hat hingegen beim geringsten Anlaß Ideenblitze. Der **I** nimmt die Anpassungsleistungen vor. Der **P** trifft vorschnelle Entscheidungen, d. h., er schießt aus der Hüfte – er möchte alles so schnell wie möglich zum Abschluß bringen.

Bei einem unstrukturierten partizipativen Entscheidungsfindungsprozeß, wie er in typischen Ausschüssen stattfindet, verteilen sich die Gruppenmitglieder somit auf die kreativen Stadien der Entscheidungsbildung. Während ein **A** das Problem zu identifizieren sucht und mehr Daten darüber anfordert, macht ein **I** bereits Lösungsvorschläge, bevor er noch weiß, worin das Problem besteht. Der Vorschlag von **E** ist für das anstehende Problem oft nur von peripherer Bedeutung. Der **P** drängt inzwischen, zu einem Entschluß zu kommen, »damit wir endlich wieder an die Arbeit gehen können«. Der **A** verübelt es, so unter Druck gesetzt zu werden, und verschleppt die Entscheidung; der **E** unterbreitet eine Reihe von Ideen und kann nicht verstehen, warum der **A** an jeder etwas auszusetzen hat. Der **P** stellt immer wieder Anträge, endlich über die Sache abzustimmen. Der **I** bemüht sich die ganze Zeit, eine Einigung herbeizuführen. Inzwischen beginnt die Zeit zu drängen. Schließlich wird der Gruppe vom Vorsitzenden eine Entscheidung abgenötigt. Die meisten Mitglieder sind unzufrieden damit, da sie sich noch in verschiedenen Phasen des schöpferischen Prozesses befinden. Einer bemerkt schließlich: »Wir sind manipuliert worden. Mitbestimmung funktioniert nicht.« Dem stimme ich insofern zu, als Mitbestimmung nicht bedeuten sollte, daß jedermann jederzeit sagen kann, was er will. Das ergibt ein Durcheinander, und ich weiß keinen Grund, warum das funktionieren sollte. Es fehlt sowohl die Disziplin als auch das System.

Nach der Adizes-Methode ist es die Rolle des Integrators, die Diskussionen des Teams in einer Weise zu leiten, die gewährleistet, daß die Teammitglieder *gemeinsam* von einer Phase des schöpferischen Prozesses zur nächsten übergehen. Die Adizesmethode hat »Spielregeln« (was in einer Diskussion gemacht werden kann und was nicht), die verhindern, daß von einer Phase zur anderen gesprungen wird. Die Methode verhindert, daß mit dem Ideensammeln begonnen wird, bevor die »Auftauphase« abgeschlossen ist, und sie verhindert auch, daß die **E**s und die **P**s das Akkumulationsstadium vorschnell beenden und mit der Beratung und Auswahl beginnen, bevor alle relevanten Informationen eingeholt wurden.

Während die Gruppe gemeinsam von einer Phase zur nächsten übergeht, entsteht ein kooperatives, lerngünstiges Milieu. Dieser Prozeß erfordert Zeit, aber diese sollte als Investition betrachtet werden, die Resultate erbringt. Die günstigeren Resultate sind auf die verbesserte Kommunikation, ein unterstützendes Milieu und eine bessere Entscheidungsbildung zurückzuführen.

Bei der Adizes-Methode gibt es keine Abstimmung. Sie schafft ein Lernklima, zu dessen wichtigen Resultaten nicht nur die getroffene Entscheidung zählt, sondern auch, was aus der Diskussion gelernt wurde. Alle Beteiligten äußern ihre Meinung, aber die endgültige Entscheidung wird von **P** (der Person mit der Autorität) getroffen, die für ihre Durchführung verantwortlich ist. Da kein Gruppentreffen abgehalten wird, an dem der **P** nicht teilnimmt, und da das gesamte Team gemeinsam im Entscheidungsfindungsprozeß von Phase zu Phase voranschreitet, ist es höchst unwahrscheinlich, daß **P** einen Beschluß fassen wird, den das Synerteam nicht akzeptiert.

In meiner zehnjährigen Erfahrung mit dieser Methode in über 100 Betrieben hatten wir niemals einen Fall, bei dem der Manager gegen die Schlußfolgerungen des Teams ein Veto eingelegt hätte.

Die Probleme, die dabei gelöst wurden, waren mal von größerer mal von geringerer Bedeutung, von einer gesamten Reorganisation bis zu Veränderungen in den Produktionsprozessen. In einem Jahr werden im Schnitt 40 Prozent der festgestellten Probleme gelöst, bei weiteren 40 Prozent wird eine Besserung erzielt; und 20 Prozent müssen im zweiten Jahr erneut behandelt werden. Der Synerteam-Integrator hält die Gruppe zusammen, während die die einzelnen Phasen des schöpferischen Prozesses durchläuft. Der Integrator eines Synerteams wird von außerhalb der Abteilung hereingeholt, und zwar sucht man ihn unter jenen Mitarbeitern, die dem Diskussionsthema am wenigsten voreingenommen gegenüberstehen. Die Adizes-Methode bewirkt somit einen fruchtbaren Wissensaustausch. Die Leute aus der Marketingabteilung wirken integrierend in der Fertigung; Leute von der Fertigung wenden bis zu 20 Prozent ihrer Zeit für die Zusammenarbeit mit ihren Kollegen in der technischen Abteilung auf usw. Aber es gibt auch eine Rollenspezialisierung. Der Synerteam-Integrator sorgt dafür, daß ein lerngünstiges Klima entsteht. Der für die Durchführung Zuständige achtet darauf, daß die Zusammenkünfte Resultate erbringen. Der Synerteam-Administrator ist dafür verantwortlich, daß das Team alle Informationen erhält, die es benötigt, um produktiv sein zu können.
Die Adizes-Methode hat den Zweck, den in diesem Buch beschriebenen Managementprozeß in Gang zu setzen. Die Mitarbeiter bestimmen in Bereichen mit, die sie entweder persönlich betreffen oder zu denen sie etwas beitragen können. Mit Hilfe der Synerteams und der POVs können sie alles verändern, was verändert werden kann und sollte. Und der strukturierte, disziplinierte Entscheidungsfindungsprozueß der Adizes-Methode bewirkt, daß sich die Leute für die gemeinschaftlich getroffenen Entscheidungen verantwortlich fühlen.

Die Phasen der Adizes-Methode

Die Adizes-Methode ist in etwa 100 Unternehmen angewandt worden. Sie sieht verschiedene Phasen vor (siehe Abbildung 20) und die genannten Unternehmen haben unterschiedliche Phasen erreicht.

Firmen, die mehr als fünf Stadien durchlaufen haben, machen die Erfahrung, daß die Verständigung leichter geworden ist, daß die Probleme rascher angepackt werden, die Fluktuation nahe bei Null liegt, die Arbeitsmoral besser ist und daß die Produktivität, die Gewinne und die Marktanteile im Steigen begriffen sind. Die Einstellung der Mitarbeiter verändert sich in positiver Richtung, und ihre Kooperationsbereitschaft ist groß. Die Leute versuchen wirklich, einander zu helfen. In manchen Firmen ist die Adizes-Methode bis zu den Fließbandarbeitern vorgedrungen.

Der Wandel vollzieht sich allerdings nicht ohne Wachstumsschmerzen. Alle Formen des Verhaltens, die für organisatorische Veränderungen kennzeichnend sind, treten auf, sobald die Adizes-Methode eingeführt wird.

Sie hat jedoch eine tiefreichende Wirkung auf die Unternehmen, da es eine Methode ist, die, sobald man sie beherrscht, ein Bestandteil der normalen Betriebsführung wird.

Abbildung 20
A'S/M-Phasen

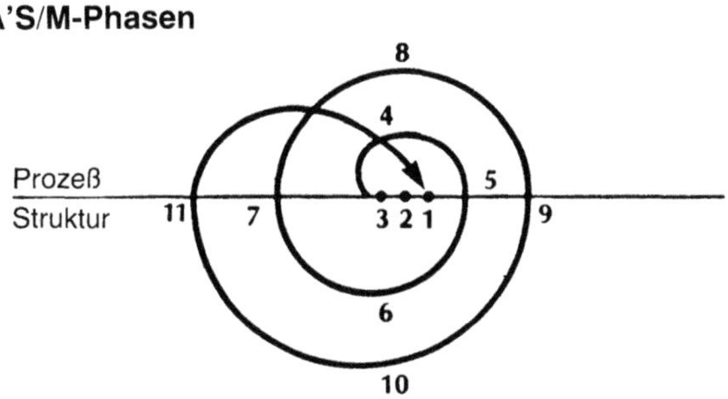

»Intervention zur Schaffung einer Organisation, die sich selbst umgestalten kann. . . «.

1. Syndag (Synergetische Diagnose).
2. Bildung und Schulung von Synerteams.
3. POVs werden eingerichtet.

4. Die Aufgabe des Unternehmens wird mit Hilfe der Adizes-Methode definiert.
5. Die Methode wird auf untere Ebenen des Unternehmens übertragen.
6. Die **PA**-Struktur wird reorganisiert.
7. Der Informationsfluß wird entsprechend der reorganisierten **PA**-Struktur umgestaltet.
8. Detaillierte Planung durch Synerteams in den Bereichen Marketing, Fertigung, Finanzen und Personalstrategien.
9. Einteilung der vorhandenen Mittel: Geld, Mitarbeiter, Räumlichkeiten, Zeit (durch Synerteams).
10. Endgültige Aufstellung der POVs bis hinunter zur Basis des Unternehmens, so daß ein geschlossener »Kreis« (**PA-EI**) entsteht.
11. Einführung eines Systems materieller Anreize, wodurch die obigen zehn Phasen verstärkt werden und deren Wiederholung belohnt wird (ganzheitlich-synergetisch).
12. Neuerliche synergetische Diagnose – der Kreislauf beginnt von vorn.

Von allen Firmen, die mehr als vier Phasen durchliefen, hat ZBI in Atlanta (Georgia) die längsten Erfahrungen mit der Methode gemacht. Die kleinste Firma, die die Methode anwandte, hat fünfzig Mitarbeiter und einen jährlichen Ertrag von 2 Millionen Dollar (Doody Co., Columbus, Ohio); die größten Fortschritte bei der Anwendung wurden von Inspiron, Division von C.R. Bard, in Rancho Cucamonga, Kalifornien, erzielt. Die größten Organisationen in den Vereinigten Staaten, die die Methode bisher anwandten, sind Northrop Aviation in Los Angeles und das Department of Social Welfare, ebenfalls in Los Angeles (Jahresetat 2 Mrd. Dollar).

Die Adizes-Methode ist weder bloß ein Mitbestimmungssystem noch eine Art von Selbsterfahrungs- oder Bewußtseinsbildungstraining. Es ist eine stark strukturierte Methode für das Was, Wann, Wie und Wer in der unternehmerischen Entscheidungsfindung auf der Basis der Mitbestimmung.

Die Zielsetzungen der Adizes-Methode

Die Adizes-Methode hat vier Ziele, die sie *gleichzeitig* anpeilt:
1. Lösung der aktuellen organisatorischen und Führungsprobleme des Unternehmens.
2. Aufbau von Teams.
3. Förderung der individuellen Entfaltung.
4. Schulung von Führungskräften.

Zu den Problemen, die dadurch gelöst werden, zählen Kommunikation, Arbeitsmoral, Produktivität, Aufgeschlossenheit für innerbetriebliche Problemen, strukturelle Probleme, nahezu jedes Problem, das vom Management als Team entschieden und kontrolliert werden kann.

Die Methode unterscheidet sich insoweit von anderen Systemen, als sie *umfassend* zu sein versucht. Die Syndag, die erste der elf Phasen, hat eine gewisse Ähnlichkeit mit der japanischen K.J.-Methode und mit der Methode Kobayashis, aber die geht über beide hinaus. Bei der A'S/M werden Teams gebildet, um die identifizierten Probleme auf eine Weise zu lösen, die das Teamwork verbessert. In dieser Phase kommt die Organisationsentwicklung zum Zuge[2] und die Methode stützt sich weitgehend auf die Erkenntnisse der strukturierten Kleingruppendynamik. Sobald die Teams imstande sind, Probleme zu erkennen und zu lösen, wird ein Netzwerk von Teams, das EI-System, installiert (vergleichbar mit Likerts überlappender Struktur). Dann erfolgt eine Unterweisung in strategischer Management- und Entscheidungsbildungstheorie und die Teams konzentrieren sich auf die Festsetzung der Ziele und Aufgaben, die nach unten vermittelt werden können und sollen – eine Methode, die mit dem *Management by objectives* vergleichbar, aber nicht identisch ist. Sobald die Diagnose gemeinsam erstellt wurde, sobald die Teams gebildet sind, die an der Lösung aktueller Probleme arbeiten sollen, und sobald die Ziele gemeinsam festgesetzt wurden, wird die Organisationsstruktur auf der Basis der Mitbestimmung in Synerteams geplant. Auch der Informationsfluß wird von Synerteams so gestaltet, daß er der Struktur, den Aufgaben und Problemstellungen entspricht.

Die materiellen Anreize werden schließlich auf eine Struktur zugeschnitten, die der Bewältigung der Aufgaben dient und die nötigen Informationen und Mittel zu deren Erfüllung bereitstellt.
Werden die elf Phasen in der dargestellten Reihenfolge durchlaufen, so erreicht man dadurch gleichzeitig die vier Ziele der Adizes-Methode.
Die A'S/M-Methode ist eine synergetische und ganzheitliche Zusammenfassung und Integration verschiedener Theorien und Praktiken der Organisationsveränderung mit dem Ziel eines ausgewogenen Wachstums bei Unternehmen am aufsteigenden Ast des Lebenszyklus bzw. einer organisatorischen Verjüngung für Unternehmen in der absteigenden Phase.
Sie sorgt für ausgewogenes Wachstum, da die **PAEI**s des Unternehmens mit *capi* ihre Entscheidungen gemeinsam treffen, so daß diese ausgeglichen und die Resultate durchführbar sind. Der Individualitätskult traditioneller Managementtheorien und die »Gründerfalle« werden vermieden.
Die Methode bewirkt eine Verjüngung, da die Synerteams und POVs, kurz die **EI**-Struktur, ein hohes Maß an integrierten unternehmerischen Impulsen zur Lösung aktueller betrieblicher Probleme hereinbringen.
Sie vermindert die Ungewißheit, da die Diagnose jedes Jahr neu gestellt wird. Dadurch wird eine neue Energiequelle geschaffen, die das Unternehmen von einem Gleichgewicht zum nächsten vorantreibt. Es ist ein offenes System, da das Unternehmen analysiert, wo es steht und wo es hin will, und die nötigen Veränderungen vornimmt, um sich mit seiner Struktur, seinen Informationen, der Verteilung seiner Mittel und seinem Prämiensystem an seine veränderte Aufgabe und Umwelt anzupassen.
Dies war eine Einführung in die Adizes-Methode, die in den USA, Ghana, Mexiko, Schweden, Dänemark, Israel und anderen Ländern sowohl im privatwirtschaftlichen als auch im gemeinnützigen Sektor der Gesellschaft angewandt wird. Im Gesundheitsministerium von Ghana wird die Methode zur Planung der Gesundheitsvorsorge dieses Landes eingesetzt. In Baja California (Mexiko) wird sie für die Planung der sozio-ökonomischen Zu-

kunft des Landes herangezogen. Bei Doody wird sie bei der Planung von Kaufhäusern angewandt. Bei Northrop wurde die Methode bei der Entwicklung künftiger Generationen von Flugzeugen eingesetzt.

Mein nächstes Buch wird sich eingehend damit befassen, wie das System funktioniert und worin seine Vorzüge und Nachteile bestehen.

Anmerkungen

1. »The Parallel Organizations Structure at General Motors – An Interview with Howard C. Carlson«, in *Personnel* (September-October 1978), 64-69.
2. Dale E. Zand, »Collateral Organization: A New Chance Strategy« in *Organizational Development: Theory, Practice, and Research,* hsg. von French, Bell und Zwacki (Dallas, Texas: Business Publications, Inc. 1978).

Variationen über das Thema (mehrere Rollen spielen – aber nicht alle!)

Es ist nicht notwendig, daß der **PAEI**-Code immer aus Großbuchstaben besteht. Ein **P** kann ein überragender Verkäufer sein, aber ein durchschnittlicher Verkäufer mit gewissen Machereigenschaften ist immerhin ein **p**. Bei der Erörterung von Mismanagementstilen in diesem Anhang werden deshalb Leute, die ein gewisses Maß an **PAEI** besitzen, mit Klein- und Großbuchstaben bezeichnet werden.

Wir haben gesehen, was passiert, wenn ausschließlich eine Managementrolle ausgeübt wird. Wenn **E** die einzige Rolle ist, dann kommt dabei der Typus des Brandstifters heraus (––**E**–), das heißt, eine Person, die sich einzig und allein für das Aushecken neuer Pläne und Projekte interessiert. Ist jedoch das **E** des Betreffenden mit einer zweiten Managementrolle kombiniert, dann kommt seine Kreativität dieser Rolle zugute. Ist der Betreffende beispielsweise ein **P-E-**, dann wird er zu einem Erfinder, der so kreativ ist, daß er seine Innovationen ständig verbessert. Aber da dieser Mensch nicht fähig ist, die **A**- und **I**-Rollen auszufüllen, haben wir es mit einer neuen Art von Mismanagement zu tun.

Ist das **E** eines Menschen mit **A** gekoppelt, dann wird sich seine Kreativität auf administrative Systeme konzentrieren. Er könnte ein –**AE**–- oder ein **pAEi** sein. Das erstere ist die Nervensäge, auf die wir gleich zu sprechen kommen werden. Das letztere könnte ein Unternehmensberater sein, ein Mensch, der Kreativität darauf verwendet, die Kontrollsysteme eines Unternehmens zu verbessern, ein Systemanalytiker. Der –**AE**– ist ein Mismanager aufgrund der Leerstellen in seinem Managementcode. Der **pAEi** ist hingegen eine Führungskraft mit Stärken (**AE**) und Schwächen (**pi**).

Wenn **E** und **I** gekoppelt sind, haben wir es nicht mehr mit einem Superangepaßten zu tun. Sein **E** orientiert sich dann auf die Integration von Ideen. Werden ausschließlich diese beiden Rollen ausgeübt, dann haben wir es mit einem Demagogen, einem billigen Politiker zu tun.

Die verschiedenen möglichen Kombinationen von Managementrollen ergeben zehn neue Formen von Mismanagement. Diese Formen sind Gegenstand des folgenden Kapitels.

Der Sklaventreiber (PA--)

Dem Sklaventreiber geht es um Leistung, Resultate und Kontrolle. Er legt Wert auf Effizienz und Effektivität; wichtig ist, *was* geschieht und *wie* es geschieht. Er ist jedoch weder kreativ noch menschenbezogen.

Dieser sehr autokratische Typ ist ein Leuteschinder. Wir bezeichnen ihn als Sklaventreiber, weil er eine sehr mechanistische Auffassung des Unternehmens hat. Seine Pläne und seine Arbeit sind gut organisiert und systematisiert. Er stützt sich vorwiegend auf Präzedenzfälle und frühere Erfahrungen. Aufgrund seines **P** widmet er sich voll der jeweiligen Aufgabe, an der er arbeitet: er ist ein Taktiker, der alle zu harter Arbeit antreibt. Aufgrund seines **A** ist er effizienzorientiert und bemüht sich, alle Arbeitsabläufe wirksamen Kontrollen zu unterwerfen. Es ist ihm wichtig, was die Leute tun *und* wie sie es tun. Er bevorzugt die Kommunikation von oben nach unten. Der Sklaventreiber ist im Militär häufig anzutreffen. Wenn dieser Typus überhandnimmt, kann das in einem Unternehmen zur Stagnation führen.

Der Sklaventreiber unterscheidet sich vom Einsamen Kämpfer (**P**–––) insofern, als er die Gabe besitzt, den Laden in Ordnung zu bringen, und für institutionalisierte Mitarbeiterbesprechungen sorgt. Er unterscheidet sich vom Bürokraten (--**A**--) insofern, als er stets die Ergebnisse hervorhebt, die erzielt werden müssen. Ein Verhalten dieser Art ist beispielsweise durch folgende Aussage gekennzeichnet: »Ich habe mich nie mit inhaltlichen Auseinandersetzungen aufgehalten; ich bin ein Polit-Ingenieur. Ich setze Programme in die Tat um, ohne Zeit auf Streitfragen, Gerede und Phrasen zu verschwenden . . . . Ich bringe den Karren zum Laufen.«[1]

Der Sklaventreiber ist inflexibel und hat seine feste Meinung über alles. Für ihn gibt es im Grunde nur eine Art, etwas zu tun: die richtige Art, seine Art. Er hat alle Einzelheiten, alle Fristen und alle Verfahrensweisen im Kopf. Er kennt kein Mitgefühl und er akzeptiert keine Entschuldigungen. Das einzige, was für ihn zählt, ist, daß die Arbaeit richtig getan wird.

Der Sklaventreiber ist sehr unpersönlich. Sein geschäftsmäßiges Vorgehen läßt ihn stets distanziert erscheinen und gibt ihm etwas Maschinenhaftes. Sein Verhalten ist in hohem Maße berechenbar. Das bedeutet, daß man leicht mit ihm auskommt, solange man bereit ist, sich versklaven zu lassen. Man weiß ganau, woran man bei ihm ist. Seine Untergebenen fürchten ihn, aber andererseits lernen sie auch, mit ihm zu leben.

Man sollte den Sklaventreiber nie um einen Gefallen bitten. Man sollte stets die Tatsache akzeptieren, daß man ein Werkzeug in den Händen des Sklaventreibers ist.

Aber interessanterweise ist der Sklaventreiber selbst ein Werkzeug in den Händen anderer. Er tut kaum etwas für sich selbst. Er führt Befehle effizient aus. Er ist im Grunde ein loyaler, ergebener und hart arbeitender Diener seiner Herren. Er treibt seine Sklaven für die Ziele anderer Leute an.

Der Sklaventreiber ist oft ein »Sklave«, der befördert und zum Vorgesetzten gemacht wurde. Um seinen Bossen gefällig zu sein, akzeptiert er Aufgaben blindlings und führt sie ebenso aus. Im Hebräischen bezeichnet man einen solchen Menschen als »eved ki yimloch«, was soviel wie »ein Sklave, der König wurde, «bedeutet.

Von Mitarbeitern, die einen Funken Unabhängigkeit und Selbstachtung besitzen, wird der Sklaventreiber verachtet. Die erstikkende, inhumane, nur aus Schufterei bestehende Atmosphäre, die der Sklaventreiber um sich verbreitet, veranlaßt manche Leute zu kündigen. Andere schätzen die Sicherheit und Gewißheit, sie lassen sich bereitwillig versklaven. Nach einer gewissen Zeit sträuben sie sich sogar gegen die Freiheit, da sie Unsicherheit in ihr Leben bringen würde.

Wie wird jemand zum **PA**--?

Vielleicht durch eine Beförderung, denn ein solcher Mensch ist von Anfang an sehr leistungsorientiert. Er arbeitet hart und erzielt Resultate (**P**). Sein persönlicher Erfolg könnte ihn leicht in eine Führungsposition bringen. Als leitender Angestellter ist er immer noch von seiner Resultatorientierung beherrscht, jetzt kommt jedoch die Rolle des Verwaltens oder Kontrollierens hinzu, damit auch andere Leute Resultate erzielen. Sein Bedürfnis, Macht auszuüben, das vor seiner Beförderung latent vorhanden war, entfaltet sich erst so richtig, sobald er eine Gelegenheit erhält, andere zu führen. Ohne die Beförderung wäre er ein bloßer **P** geblieben.

Der Sklaventreiber ist ungeduldig mit sich selbst und anderen. »Immer in Trab bleiben« ist das Gefühl, das er den Leuten um sich herum vermittelt. Er faßt sich in der Regel kurz; sein durchdringender Blick ist »kalt wie Stahl«; seine Bewegungen sind abrupt. Er schneidet Leuten in der Mitte ihres Satzes das Wort ab und spricht den Satz selbst zu Ende. Wenn er keine Möglichkeit hat, den anderen zu unterbrechen, zeigt er sein Mißvergnügen, indem er den anderen »erfrieren läßt« oder ihn durch sein Verhalten unterbricht. Mit »erfrieren« meine ich, daß er den Blick auf seinen Gesprächspartner heftet, keinen Muskel seines Körpers und seines Gesichts bewegt, die Kiefer fest aufeinanderbeißt und darauf wartet, daß der andere kapiert und den Mund hält. Wenn der Sklaventreiber mit einem Höhergestellten spricht, den er nicht erfrieren lassen kann, dann unterbricht er diesen durch Verhaltenssignale. Das heißt, der Sklaventreiber beginnt im Stehen auf- und abzuwippen, indem er sich abwechselnd auf die Zehen stellt und auf die Fersen niederwippt. Während er auf den Zehen steht, sieht es aus, als werde er springen oder vornüber kippen. Wenn er auf den Fersen landet, schlägt er die Hacken zusammen und macht dazu vielleicht noch mit den Lippen oder der Zunge schnalzende und klickende Geräusche. Diese Körpersprache soll seine heftige Ungeduld signalisieren und den Redefluß des anderen hemmen. Während der ganzen Zeit ist der Sklaventreiber etwas ärgerlich auf sich, daß er die Kontrolle über das Gespräch verloren hat.

Ein Beispiel für den **PA**-- ist in der Managementliteratur der von Bell beschriebene Stil des »Kommandanten«.[2] Ein solcher Mensch versucht, seine Umgebung unter Kontrolle zu halten, damit er alles, was sich darin ereignet, regeln kann. Er führt Fehler auf Probleme mit den Untergebenen zurück. Er hat eine Abneigung gegen Zweideutigkeit und Ungewißheit, deshalb kategorisiert er die Welt. Jemand hat einmal gesagt, es gebe »zwei Arten von Menschen in der Welt: diejenigen, die alles einteilen wollen, und die anderen.« Solche Leute neigen dazu, auf kurzfristige Ziele fast ebenso großes Gewicht zu legen wie auf Fernziele. Ihre Kommunikation verläuft nur in einer Richtung: nach unten! Sie sagen einem, was zu tun ist, und reden darüber, wie die Aufgabe erfüllt werden kann, aber das ist auch alles.

Bell behauptet, daß sich Kommandanten am besten in Situationen bewähren, in denen die Umgebung relativ stabil ist. Wenn man ihm klar umrissene Aufträge gibt, die in geordneter und systematischer Weise erfüllt werden können, dann wird der im Kommandantenstil Verfahrende seine Machtbefugnis einsetzen, die Arbeitsabläufe kontrollieren, die Untergebenen straff führen und sich auf die zu seinem Zwecke nötigen Mittel konzentrieren.

Meine Beobachtung ist, daß **A**-, **E**- und **I**-Schwächen, die latent und harmlos waren, solange der Sklaventreiber ein Angestellter bzw. »Sklave« war, dysfunktional und gefährlich wurden, sobald er in eine Führungsposition aufrückte und ein Sklaventreiber wurde.

Der Arbeitsstil des Sklaventreibers macht das Unternehmen sehr unbeweglich. Es fehlt ihm die Kreativität und die Fähigkeit, sich rasch an Veränderungen der Umwelt anzupassen. Obwohl ein solches Unternehmen auf kurze Sicht gesehen normalerweise sehr effizient ist, ist die Arbeitsmoral gering und die Fluktuation hoch. Mitarbeiter, die keine Probleme verursachen, werden befördert, was die Entfaltung der Kreativität behindert.
Was geschieht, wenn der Sklaventreiber imstande ist, sowohl Ideen und Menschen zu integrieren als auch zu produzieren und zu verwalten? Wir haben es dann mit unserem nächsten kombinierten Stil von Mismanagement, (**PA-I**), zu tun, dem Huldvollen Prinzen.

Der Huldvolle Prinz (PA-I)

Der Huldvolle Prinz vereinigt in seiner Person drei der vier Managementrollen: die des Produzenten, des Administrators und des Integrators. Er ist imstande, kurzfristige Resultate zu erzielen (**P**), er sorgt für wirksame Kontrollsysteme (**A**) und er hat die Gabe, Menschen zu integrieren. Während der Sklaventreiber (**PA**--) die Leute zum Arbeiten bringt, gestattet der Huldvolle Prinz seinen Mitarbeitern, ihre Ideen vorzutragen und zu erörtern, aber dann trifft *er* die endgültige Entscheidung. In einem Unternehmen hörte sich der **PA-I** die Ideen an, entschied, was wünschenswert sei, holte sich die Zustimmung seiner Untergebenen ein und ging dann wie ein Sklaventreiber auf die Ziele los. Da die Ideen die Unterstützung der Belegschaft hatten, verfügte dieser Huldvolle Prinz über große Macht und Effektivität.
Der Huldvolle Prinz ist distanziert und unpersönlich. Seine Untergebenen verehren ihn und setzen sich ungeheuer ein, um die Aufgaben so zu erledigen, wie er es wünscht. Die Untergebenen haben keine eigenen Ideen, aber er hat auch keine. Er ist kein König. Er ist bloß ein Prinz, der imstande ist, die Leute zu motivieren, friedlich ihre Arbeit zu tun.
Der Huldvolle Prinz hat kein Charisma. Sein **P** ist im Grunde

kurzfristig orientiert, während ein charismatischer Führer ein großes **E** besitzen würde.

Als der kurzsichtige Umsetzer und Integrator, der er ist, übt der Huldvolle Prinz kurzfristig eine positive Wirkung aus. Aber wenn er das Unternehmen verläßt, werden seine Untergebenen fortfahren, in derselben Weise weiterzuarbeiten wie bisher, und sie werden als Gruppe allmählich zerfallen. Das geschieht deshalb, weil die Mitarbeiter keine Ideen (**E**)haben, die sie einbringen könnten, sondern nur ein Durchführungssystem, das im Laufe der Zeit obsolet wird.

Wir haben festgestellt, daß der Huldvolle Prinz keine eigenen Ideen hat (kein **E**). Er fungiert als Teammitglied (**AI**), das die Ideen anderer in die Tat umsetzt (**P**). In diesem Zusammenhang ist es interessant, eine Charakterisierung von Cyrus Vance zu analysieren:

> Im Pentagon erwarb er sich den Ruf eines guten Managers, eines Mannes, der politische Programme in die Tat umsetzt (**A**) und der imstande war, auch dann noch mit dem Militär zurechtzukommen als sich das Verhältnis des Verteidigungsministers McNamara zu den Streitkräften zu verschlechtern begann . . . . Manche derjenigen, die in der Vergangenheit mit ihm zusammengearbeitet haben, werfen ihm vor, zu sehr auf einen Konsens erpicht zu sein und stets abzuwarten, welche Positionen und Interessengruppen sich entwickeln, bevor er selbst einen Standpunkt bezieht [**I**]. Er legt sich nicht gleich fest, sondern geht erst dann aus der Deckung, wenn sich das Resultat abzeichnet, insbesondere in Fragen mit moralischen Aspekten [**I**] . . . . Manche meinen, Mr. Vance habe keine Phantasie (kein **E**) . . . . Er wird als guter Techniker beschrieben (**P**), als loyaler Teamspieler (**I**) . . . . Bisher hat er stets dem Weißen Haus die Führung überlassen (kein **E**) . . . . Die Berufsdiplomaten, die Mr. Vance kennen, erwarten von ihm, daß er das Ministerium in gut organisierter Weise leiten (**A**), aber nur wenig Profil entwickeln wird (kein **E**) . . . . Mr. Carter unterstrich eher [Vances] Kompetenz als seine konzeptionelle Brillanz oder seine politischen Innovationen (kein **E**) . . . . Vance

ist ein hervorragender Technokrat (**P**) mit einem scharfen Verstand, der ihn befähigt, die politischen Programme des Präsidenten zu verwirklichen [**A**] . . . . Mr. Vance gab sofort zu verstehen, daß er sich vor dem hüten werde, was Mr. Carter abfällig als die »Einzelkämpfer-Diplomatie von Mr. Kissinger« bezeichnete (*New York Times*, 4. Dezember 1976, S. 13).

Die am häufigsten (viermal) erwähnte Rolle ist **I.A** kommt dreimal vor, **P** zweimal, und die Tatsache, daß Vance kein **E** hat, wird viermal angesprochen. Vances Code scheint somit **PA-I** (Huldvoller Prinz) oder **PAeI** (Hirte) zu lauten.

Was passiert, wenn ein Huldvoller Prinz kein Interesse oder keine Neigung hat, zu produzieren? In diesem Fall haben wir es mit dem Väterlichen Bürokraten zu tun, unserer nächsten Mischform von Mismanagement.

Der Väterliche Bürokrat (–A–I)

Ein nichtdirektiver Manager, der sich nur für Formen und Menschen interessiert, aber nicht für Ideen und Resultate, übt nur die **A**- und **I**-Rollen aus. Wir wollen diesen Typus als Väterlichen Bürokraten bezeichnen. Man könnte ihn auch einen Manager der Offenen Tür nennen. Welche Funktion er auch ausübt, er wird stets mehr Mitbestimmung zulassen als die meisten anderen Führungskräfte. Der Väterliche Bürokrat bemüht sich, Kontrollmaßnahmen einzuführen, die von seinen Leuten akzeptiert werden. Es ist ihm darum zu tun, nach einem gut eingespielten System zu arbeiten und bewährte Arbeitsabläufe beizubehalten. Sein **I** macht es anderen möglich, leichter unter ihm zu arbeiten als unter einem Bürokraten.

Der Väterliche Bürokrat hört zu, stimmt zu und akzeptiert, aber nur, solange man nicht gegen Regeln verstößt! Seine Tür steht immer offen, aber ebenso wie der Superangepaßte ist seine geäußerte Bereitschaft, Ideen zu akzeptieren, die durch diese Tür hereinkommen, im Grunde nicht ehrlich. Und zwar deshalb, weil er nicht auf Resultate hin orientiert ist, weil er keine Lust hat, irgend etwas zu ändern und weil er keine Konflikte zulassen will.

Was dem Väterlichen Bürokraten wichtig ist, sind äußere Formen und Menschen. Er beruft Sitzungen ein und läßt die Leute reden; er zeigt Anteilnahme und Interesse; er ermutigt und motiviert. Doch seine vorherrschende Botschaft lautet immer: »Wir müssen dafür sorgen, daß das System so funktioniert, wie es gedacht ist.« Die Untergebenen müssen pünktlich zur Arbeit erscheinen, und sie müssen sich mit jedem vertragen – unter anderem natürlich auch mit dem Väterlichen Bürokraten.

Schulung, Erklärungen und Hilfe sind unter dem Väterlichen Bürokraten eher zu haben als unter dem reinen Bürokraten, aber beiden fehlt der Wille, etwas hervorzubringen. Für eine Weile fühlt man sich gewöhnlich in der entspannten Atmosphäre eines Unternehmens, an dessen Spitze ein Väterlicher Bürokrat steht, recht wohl. Der Betrieb scheint gut zu laufen, und die Leute sind sehr freundlich zueinander. Es ist eine Art gegenseitiger Bewunderungsverein. Aber bald erkennt man (besonders wenn man von draußen in das Unternehmen hereinkommt), daß dieser Führungsstil das Unternehmen steril macht. Es fehlt die Begeisterung, die Zielorientierung; da sind keine Ideen, die das Leben in andere Bahnen lenken können, keine bevorstehenden Veränderungen. Tiefsitzende Konflikte werden verdrängt und können nicht offen behandelt werden. Das Unternehmen hat Ähnlichkeit mit einem Ferienort für Leute im Ruhestand.

Der Väterliche Bürokrat kann sich nur in einer konkurrenzfreien, unveränderlichen Umwelt behaupten. In staatlichen Bürokratien gilt er wahrscheinlich als der erfolgreichste Managertypus, da er seine Arbeit tut, ohne das Boot zum Schaukeln zu bringen und dadurch die Reibungen minimiert. Er ist im Grunde ein freudlicher Bürokrat.

Aber vertauschen wir die Rollenkombination ein weiteres Mal. Wenn ein leitender Angestellter Resultate produziert und gut mit den Leuten auskommt (aber ohne Weitblick und ohne System) sind wir mit dem nächsten kombinierten Mismanagementstil, dem Kleinen Vereinstrainer (**P--I**) konfrontiert.

Der Kleine Vereinstrainer (P--I)

Der Kleine Vereinstrainer ist ein Manager, der sowohl die Fähigkeit hat, ausgezeichnete Resultate zu produzieren, als auch, seine Untergebenen zu integrieren. Er ist ein großartiger Vermittler und Moderator, und er hat Gabe, Kompromisse zu schließen, um Resultate zu erzielen, insbesondere auf kurze Sicht. Obwohl er etwas idealistisch und kritisch sein kann, hat er die Fähigkeit, Teams zu entwickeln. Ein **P--I** könnte beispielsweise ein menschenbezogener Vorgesetzter auf der untersten Ebene sein. Er befaßt sich nicht mit den Äußerlichkeiten des Systems und er hat nichts für Förmlichkeit übrig. Er ermutigt und unterstützt die Leute, die die Arbeit tun.

Der Kleine Vereinstrainer hat Ähnlichkeit mit dem Jugendführer und dem kleinkalibrigen Politiker. Er entflammt die Leute und kanalisiert die von ihm erzeugte Energie dann so, daß Resultate dabei herauskommen. Die auf diese Weise erzielten Ergebnisse können ein Unternehmen teuer zu stehen kommen. Sie sind immer nur an kurzen Zeitspannen orientiert und schlagen oft auf längere Sicht fehl, da kein System vorhanden ist, um nachzufassen, und da ihre Ziele taktischer Natur sind.

Im Gegensatz zum Einsamen Kämpfer (**P---** bemüht sich der Kleine Vereinstrainer um Zustimmung, und er geht auf die Leute ein. Er wird sich selten darauf beschränken, nach unten Befehle zu erteilen wie der Einsame Kämpfer. Im Unterschied zum Superangepaßten produziert er Resultate. Er hat kein System und er hat keine großartigen Ideen. Deshalb ist er auch kein Bundesligatrainer, sondern ein taktischer Integrator von Leuten für irgendein kurzfristiges Ziel.

Wenn wir uns die Integrationsneigung des Kleinen Vereinstrainers wegdenken und ihn stattdessen mit unternehmerischer Initiative ausstatten, welcher Stil kommt dabei heraus?

Der Geborene Gründer(P–E–)

Wir bezeichnen den Manager, der nur die **P**- und die **E**-Rollen ausfüllt, als den Geborenen Gründer, weil dieser Typus in der Regel zu Neugründungen neigt. Er gelangt jedoch nie wirklich über die Aufbauphase hinaus – er verliert die Firma, wenn sie zu groß wird. Solche Leute sind ungeheuer energiegeladen – Selbststarter, die ihre Projekte nie wirklich zu Ende führen. Da dieser Typus aufgabenbezogen ist, erreicht er seine Höchstform, solange die Firma noch klein ist und expandiert. Über längere Zeiträume hinweg wächst ihm das Unternehmen jedoch häufig über den Kopf. Sobald formellere Kontrollmaßnahmen notwendig sind, verliert sein Stil die Wirksamkeit. Er wird dysfunktional, da er weder über administrative noch über integrative Fähigkeiten verfügt, die beide für ein langfristiges Firmenwachstum nötig sind.
Der Geborene Gründer ist ein kreativer, risikofreudiger und ergebnisorientierter Mensch. Er ist gewöhnlich sehr kontaktfreudig. Er sieht weiter als der Einsame Kämpfer, da er die **E**-Dimension besitzt, und er ist im Gegensatz zum Brandstifter zielorientiert.
Der Geborene Gründer setzt selbst Dinge in Gang und hält sie auch am Laufen. Er hat Anhänger oder Untergebene, aber im grunde schmeißt er den Laden allein, ohne daß ihm Zeit bleibt, zu integrieren oder zu delegieren. Seine Ideen sind faszinierend. Er weiß, wie man Ergeabnisse erzielt, und seine Untergebenen versuchen einfach, seinen Stil nachzuahmen. Sie werden jedoch nicht zu einem Team zusammengeschlossen. Sie folgen einzeln in seinen Fußstapfen, und es kann vorkommen, daß ihm bis zu dreißig Untergebene persönlich verantwortlich sind.
Da der Geborene Gründer das Unternehmen weder verwaltet noch integriert, wächst es nur, soweit dies mit seinen persönlichen Führungsfähigkeiten vereinbar ist. Und da er nicht integrierend wirkt, fällt das Unternehmen gewähnlich auseinander und geht ein, wenn er es verläßt oder stirbt.
Außer dem Geborenen Gründer gibt es noch einen anderen Typ von **P-E-**, das ist der Aufgestiegene Profi. Er kann Leiter eines

künstlerischen Ensembles, medizinischer Direktor eines Krankenhauses oder Fachbereichsleiter an einer Hochschule sein.

Er ist fehl am Platze, weil er sich weder für Verwaltungsfragen noch für die Integration von Menschen besonders interessiert. Er verdankt seine Stelle entweder seiner Produktivität oder seinen unternehmerischen Fähigkeiten oder beidem. Das heißt, er wurde aufgrund hervorragender persönlicher Leistungen befördert. Aber die Leitung eines Unternehmens bzw. einer Organisation erfordert mehr als eine hervorragende Qualifikation als Tänzer, Arzt oder Lehrer.

Die Folge ist, daß er frustriert wird und sich und andere ständig daran erinnert, daß er im Grunde eine andere Mission im Leben habe. Seine gegenwärtige Stellung sei ein Mißgriff gewesen oder nur vorübergehender Natur (und sie wird von ihm als großes Opfer seinerseits oder als das Ergebnis einer masochistischen Tendenz betrachtet). Er spielt die Rolle eine Märtyrers, weil er es nie versäumt, den mitfühlenden Zuhörer wissen zu lassen, wie sehr er den ganzen Verwaltungskram verabscheue und wie demoralisierend das alles sei. In Wirklichkeit kehrt er nie zur künstlerischen Produktion, in die medizinische Praxis oder zur Forschung zurück. Er findet zu großen Geschmack an seiner Machtfülle. Auch gefällt ihm das sofortige Feedback, das der administrative Prozeß gewährt und das viel befriedigender ist, als das Feedback, das man professionellen Leistungen verdankt, deren äußere Gratifikationen, wie etwa Anerkennung, sich häufig, falls überhaupt, mit ungeheurer Verspätung einstellen.

Als qualifizierter Künstler braucht man die **P**- und die **E**-Orientierung. Administrative und integrative Fähigkeiten sind hingegen kaum nötig. Schriftsteller und Maler sind für uns Menschen, die Ideen hervorbringen, sie in ein bestimmtes Medium der Kommunikation umsetzen und an dem Prozeß bis zur Vollendung des Werkes mitwirken. Der wahre Künstler braucht **E**, um Neues zu schaffen, und **P**, um seine Projekte zu vollenden. Die Leistungsorientierung des Künstler gestattet es ihm, sich von seinem Werk zu distanzieren und sich nach seiner Fertigstellung davon zu trennen. Ein Künstler ohne **P** wird entweder sein Werk nie abschlie-

ßen oder er wird sich davon nicht trennen können, wenn es fertig ist (was mit Unfertigkeit gleichzusetzen ist).
Jemand, der **P**, aber kein **E** hat, könnte Gebrauchsgraphiker oder -Musiker sein. Er wiederholt sich ständig. Ein Künstler mit **E**, aber ohne **P** wird vielleicht eine Bohèmeleben führen – er hat Ideen, aber er verwirklicht sie nicht.
Warum sind **P-E**-s fehl am Platze? Ein großer Schauspieler wünscht sich vielleicht, Regisseur zu werden. Der beste Arzt wird Klinikchef. Der angesehenste Forscher wird zum Rektor einer Universität berufen. Aber das **P** und **E** solcher Leute reichen nicht immer aus. Ein Schauspieler kann nicht Regie führen, wenn er das Ensemble nicht zusammenhalten kann (**I**). Ein Bühnenkünstler, der Intendant eines Theaters wird, kann unfähig sein, mit dem Vorstand auszukommen, systematisch zu disponieren, Geldmittel zu beschaffen oder auch nur die nächste Tournee zu planen (kein **A**).
Der hervorragende Arzt (**P-E-**), der zum Chefarzt ernannt wird, kann endlose Streitigkeiten mit seinen Kollegen haben (kein **I**). Vielleicht ist er auch außerstande, das Budget zu verwalten, die qualifiziertesten Schwestern einzustellen oder den Umgang mit medizinischen Informationen zu regeln (kein **A**).
An Hochschulen und Universitäten sind unseligerweise zahllose **P-E**-s am Ruder. Die Berufungspolitik ändert sich mit den ständig wechselnden Zielsetzungen neuer Rektoren. Die von jedem neuen Fachbereichsleiter eingeführten Änderungen dienen keinem langfristigen Programm. Die Liste der angebotenen Vorlesungen wird immer länger – die Bezeichnungen sind neu, aber am Inhalt ändert sich nichts. Die wechselseitige Befruchtung innerhalb eines Fachbereichs ist oft ein Märchen – eine Fata Morgana in den Köpfen hoffnungsvoller neuer Fakultätsangehöriger.
Sowohl der Geborene Gründer, als auch der Aufgestiegene Profi scheitern als Verwalter, und sie überwerfen sich deshalb häufig mit ihren Mitarbeitern. In ihrem Beruf sind sie geachtet, aber die Unordnung in ihrem Fachbereich bzw. in ihrer Organisation bewirkt, daß man für die Art und Weise, wie sie diese führen, nur Verachtung übrig hat.

Um ein Theater, ein Krankenhaus oder eine Universität zu leiten, braucht man nicht nur **P** und **E**, sondern auch ein gewisses Maß **a** und **i**. In manchen der genannten Organisationen stehen zusätzlich administrative Leiter zur Verfügung, die ein entsprechendes Maß an **A** und **I** besitzen.

Das führt uns zu einer anderen Frage: Könnte ein -**A**-**I** eine der obengenannten Organisationen leiten? Ich glaube nicht, denn er benötigt **P** und **E**, um die Organisation zu verstehen. Aber selbst wenn er es könnte, würden es die ihm unterstellten Künstler, Ärzte und Professoren wahrscheinlich nicht zulassen. Sie hätten kein Vertrauen zu ihm und würden ihn geringschätzen, weil er kein Künstler, Arzt, Lehrer oder Forscher ist.

Der -**AI**- wäre jedoch an der Spitze einer solchen Organisation besser am Platze als der **P**-**E**-. Und zwar deshalb, weil er einen großen Teil seiner Zeit dafür aufwenden würde, die Profis bei Laune zu halten (**I**) und sie in jeder Hinsicht zu unterstützen (**A**). Man würde ihm jedoch mißtrauen, ihn ablehnen, ignorieren, lächerlich machen, kritisieren usw. Der **P**-**E**- begeht viel gravierendere Fehler, aber man vergibt ihm seine administrativen Schwächen aufgrung seiner professionellen Leistungen. Er gilt als Märtyrer, der »schauen sollte, daß er hier rauskommt, bevor es ihn fertig macht«.

Organisationen der genannten Art sollten einen **PaEi** als künstlerischen, medizinischen oder wissenschaftlichen) Leiter haben und einen **pAeI** als administrativen Direktor. Beide sind notwendig.

Man könnte fragen: »Was wäre dagegen einzuwenden, einen **P**-**E**- und einen -**A**-**I** zu haben?« Die Antwort ist, daß diese nicht zusammenarbeiten können, weil keiner die Leistungen des anderen zu würdigen weiß. Dem Profi fehlt sowohl die Zeit als auch die Neigung, sich um die Bedürfnisse der Mitarbeiter und um die organisatorischen Notwendigkeiten zu kümmern. Der -**A**-**I** kümmert sich nicht darum, welche Resultate erzielt werden (**P**), und er hat keinen beruflichen Ehrgeiz und keine Kreativität (**E**). Aber er braucht beides, um den künstlerischen bzw. wissenschaftlichen Leiter zu unterstützen und um sich die Achtung der

Leute zu erwerben, denen er vorsteht. Im Laufe der Zeit verschwindet sein **I**, weil er es nicht gebraucht.
Außerdem werden ein **P-E-** und ein **-A-I**, wenn sie keinen Respekt voreinander haben, wahrscheinlich nicht miteinander kooperieren. Was also benötigt wird, ist die Fähigkeit, mehr als zwei Rollen auszufüllen. Am wünschenswertesten ist in einer solchen Position also ein **PaEI**. Aber auch ein **PaEi** ist akzeptabel, da sehr wenige große Künstler oder Wissenschaftler imstande sind, eine **I**-Rolle auszuüben. Dafür sind sie zu ausgeprägte Individualisten.
Wichtig ist, daß dem künstlerischen bzw. wissenschaftlichen oder technischen Direktor das **I** nicht vollkommen fehlt. Das kann leicht geschehen, da solche Organisationen gewöhnlich die Person an ihre Spitze berufen, deren **E** für diese Position am größten ist und sich dieses **E** in der Regel auf Kosten ihres **I** entwickelt hat.

Der Solo-Organisator (PAE-)

Unübertrefflich in der Planung und Durchführung eines komplexen Projekts ist der Solo-Organisator. Aufgrund seines **E** hat er den Überblick über die Gesamtsituation. Er findet heraus, welche Resultate erzielt werden können. Aufgrund seines **P** ist er ergebnisorientiert. Sein **A** dient ihm zur Schaffung eines Systems, um die gewünschten Resultate zu erreichen. Aber der Organisator hat kein **I** und ist deshalb ein weiteres Beispiel einer Ein-Mann-Schau.
Im Gegensatz zum Geborenen Gründer kann das Unternehmen des Solo-Organisators jedoch (aufgrund seines **A**) über seine persönlichen Beiträge hinaus expandieren. Trotzdem wird es in Schwierigkeiten geraten, wenn der Solo-Organisator weggeht, da er sein einziger Produzent, Administrator und Unternehmer war. Seine Untergebenen waren bloße Ausführungsorgane. Er hat es verabsäumt, ein Team von Produzenten, Administratoren

oder Unternehmern aufzubauen, das die bisherige Wachstumsrate aufrechterhalten könnte. **PAE**-s könnten Systemanalytiker oder klassische Unternehmensberater sein. Sie haben Ideen, wie man Resultate erzielen oder wie man das System organisieren könnte, um Resultate zu erzielen, aber sie können nicht das Betriebsklima schaffen, in dem die Untergebenen selbst solche Programme ins Leben rufen.
Eine Variante des Solo-Organisators findet man in der Bauindustrie und im Anlagegeschäft. Die Leute, die diese Variante verkörpern, haben gute Ideen, sie wissen, wie man Resultate erzielt, und sie machen aus jedem Projekt eine »runde Sache«. Aber es fehlt die Kontinuität. Das Geschäft wird abgeschlossen, alles weitere interessiert den Betreffenden nicht mehr. Wer diesen Stil verkörpert, zieht ebenfalls eine Ein-Mann-Schau ab und bringt die Firma durch seinen Weggang in eine schwierige Position.

Der Demagoge (—EI)

Dieser Typus von Mismanager tut sich nur durch seine Integrationsfähigkeit und seine unternehmerischen Initiativen hervor. Er könnte ein überzeugender Verkäufer oder ein durchschnittlicher Politiker sein. Obwohl er kreativ und anpassungsfähig ist, kümmert er sich nicht um die Folgen seiner Unternehmungen: er hat kein **P**.
Als Politiker erfaßt der Demagoge die Ideen, die bei seinen Wählern ankommen, und verleibt diese in Form von Versprechungen seinem eigenen Programm ein. Aber er hat kein System, um diese Versprechen einzulösen (kein **A**), und er hat nicht die Fähigkeit zu liefern, was er vesprochen hat (**P**). Er verläßt sich auf seine **E**-Talente, um die Botschaften (welcher Art auch immer) zu erfinden, die imstande sind, die Leute zu einigen.
Der Demagoge macht unverantwortliche Versprechungen. Er läßt einen nicht wissen (weil man es nicht wissen darf), wie die genauen Ergebnisse aussehen werden. Sein Ziel ist es, Begeisterung und Interesse zu erwecken und sich selbst Unterstützung zu si-

chern. Ihn beschäftigt der Ausgang der nächsten Wahlen. Was danach geschieht, kümmert ihn nicht.
Der Demagoge unterscheidet sich vom Brandstifter (--E-) insofern, als er Ideen nicht bloß produziert, um sein Ego zufriedenzustellen. Er hört sich um, was die Leute wollen, brauchen und erwarten. Als **I** ist er imstande, verdeckte gesellschaftliche Strömungen wahrzunehmen. Seine **E**-Fähigkeit gestattet es ihm, eine Botschaft zu formulieren, die diesen Strömungen Ausdruck verleiht. Er macht die Versprechungen, die die Leute hören wollen. Er unterscheidet sich auch vom Superangepaßten (---**I**). Während letzterer nur eine kleine Gruppe integrieren kann, da seine persönliche Intervention dazu nötig ist, vermag der --**EI** die Leute allein durch seine Ideen zusammenzuschweißen.
Aber da ist noch ein anderer Unterschied zwischen dem Demagogen und dem Brandstifter. Die Untergebenen des Brandstifters folgen ihm nicht, obwohl sie es behaupten. Die Mitarbeiter des Demagogen sind hingegen von seinen Botschaften so hingerissen, daß sie alles für ihn tun.
Der Untergebene des Demagogen geht durch heiße und kalte Wechselbäder. In Gegenwart des Demagogen findet er dessen Ideen oft aufregend und richtig. Aber danach fragt er sich, wo er beginnen und was er tun soll. »Was wollte er eigentlich ganau?«, fragt er sich. Der Demagoge erzählte seinem Untergebenen, was dieser hören wollte, und machte ihm Hoffnungen, etwas zu erreichen – aber was?
In Mexiko bezeichnet man einen solchen Führer als »Alka-Seltzer«. Er erlöst einen von der Angst, aber nur für einige Stunden. Dann fühlt man sich wieder mies. Bell bezeichnet diesen Führertypus als »Darsteller«.[3]
Der Darsteller ist in der Regel ein aalglatter, mit allen Wassern gewaschener Politiker. Seine gesellschaftliche Gewandtheit ist unübertroffen. Der Darsteller ist ein dynamischer Mensch, der häufig mehrere Dinge gleichzeitig tut. »Um große Erfolge zu erzielen, entwickelt der Darsteller ein besonderes Talent, andere zu manipulieren«, meint Bell. Zu diesen Tricks zählen Pseudomitbestimmung, Kungeleien und Kuhhändel aller Art, Kooperation

mit anderen Darstellern, Verbuchen von Erfolgen auf das eigene Konto und Komplimentemacherei.

Untersuchen wir nun, was geschieht, wenn ein Demagoge mit einem anderen Mismanager zusammenarbeitet. Eine potentiell gefährliche Kombination ist der Demagoge (--**EI**) als Führungskraft mit einem Sklaventreiber (**PA**--) als seinem Untergebenen. Der Demagoge hat Ideen und er erwartet von seinen Untergebenen, daß sie diese total und uneingeschränkt unterstützen. Der Sklaventreiber ist darauf erpicht, »daß die Dinge ordentlich getan werden«, und er ist nur allzu bereit, sich aufzuopfern, sich versklaven zu lassen und andere zu versklaven.

Die Ideen und Zielsetzungen des Demagogen sind jedoch sehr vage, während der Sklaventreiber möchte, daß alles wie am Schnürchen läuft. Deshalb greift er das auf, was er zu verstehen glaubt, und macht sich daran, es in die Tat umzusetzen oder umsetzen zu lassen. Der Demagoge sieht keine Probleme, weil es ihm gleichgültig ist, was der Sklaventreiber tut. Ebenso wie der Brandstifter genießt auch der Demagoge die Tatsache, daß sich jemand total für seine Ideen einsetzt. In der Zwischenzeit kann der unkreative Sklaventreiber eine Katastrophe haraufbeschwören.

Das Ergebnis kann eine Situation wie Watergate sein. Nixon stand an der Spitze seines Stabes im Weißen Haus mit Haldeman und Ehrlichman unter ihm. Nixon hatte eine große Vision seiner künftigen Taten als Staatsmann (**E**), und er hatte das dringende Bedürfnis, akzeptiert zu werden (**I**), wie aus seiner Enttäuschung über die kritisch eingestellten Medien hervorgeht. Deshalb heuerte er einige Sklaventreiber wie Haldeman an, die ihm blindlings dienten. Das Resultat könnte ein phantastisches Mißverständnis gewesen sein – die Anweisungen des --**EI**s waren zu allgemein, und sie wurden im Detail von einem **PA**-- ohne wirklichen Weitblick (**E**) und ohne ethische Grundlage seines **P** interpretiert.

Im Management gibt es somit Kombinationen, die funktionieren, und solche, die nicht funktionieren. Die Kombination **PA**-und --**EI** ergibt, wie wir gesehen haben, eine potentiell gefährliche Partnerschaft. Wir haben auch festgestellt, daß die Kombination eines **PaEi** und eines **pAeI** gut funktionieren kann, solange es dem **pA**-

eI nichts ausmacht, die unterstützende Rolle zu spielen. Krankenhäuser, Theater, Opernhäuser und Universitäten werden oft von solchen Teams geleitet.
Die nächste Kombination, die zu Mismanagement führt, entsteht, wenn wir den begeisterungsfähigen Demagogen mit einem Organisationstalent ausstatten.

Der Falsche Führer (–AEI)

Dieser Führungstypus verfügt über Ideen, und er hat die Gabe, Leute für seine Ideen zu mobilisieren und ein System zur Verwirklichung dieser Ideen zu schaffen. Das System bringt jedoch keine Resultate hervor. Die Leute folgen dem Falschen Führer und führen die ihnen zugewiesenen Aufgaben aus, aber ihr Glaube zerbricht mit der Zeit, da die ihnen gemachten Versprechungen nie in Erfüllung gehen. Der Falsche Führer hat zwar die Gabe, zu organisieren und die Leute durch eine große gemeinsame Mission zu einigen, aber die Aktionen, die er startet, schlagen letzten Endes fehl.
Ein typischer Falscher Führer ist – in den Augen eines realistischen Ungläubigen – ein kommunistischer Funktionär. Während die Ziele (**E**) eines solchen Führers human und attraktiv erscheinen mögen, bringt ihre Integration und Verwirklichung Resultate hervor, die für alle Betroffenen zum Alptraum werden (kein**P**).
Die **P**-Orientierung kann einem leicht abhanden kommen. Man kann sein **P** verlieren, wenn man den Verlockungen der Macht erliegt und dadurch die soziale Urteilsfähigkeit einbüßt, die für **P** notwendig ist. **P** kann auch verloren gehen, wenn man einen »Krieg von der Landkarte aus zu führen versucht und dabei die aus dem Feld kommenden Informationen ignoriert«, wie Hitler das tat. Ohne Kenntnisse ist **P** fruchtlos.
In der Wirtschaft ist ein Beispiel des Falschen Führers der Manager, der von außen hereingeholt wird, um eine in Schwierigkeiten befindliche Firma zu retten. Von einer solchen Person werden fast augenblicklich Resultate erwartet; alle blicken zu ihm auf wie

zu einem Erlöser. Er mag sehr leistungsorientiert sein, aber vielleicht ist sein **P** schwach, weil er die Technologie seiner neuen Firma, ihre Absatzmärkte und ihr »inneres Uhrwerk« noch nicht überblickt. Ohne Know-how ist seine Leistungsorientierung jedoch nutzlos. Er erweist sich als Falscher Führer. Die Leute erwarten zu bald zu viel von ihm, und ihre Erwartungen bleiben unerfüllt. Ein solcher Mensch kann ein großer Unternehmer, Administrator und Integrator sein, aber er versteht einfach nicht, was er zu tun hat.

In der Industrie gibt es endlose Beispiele für diesen Managertypus – ehrgeizig und stark motiviert, gute Administratoren, Unternehmer und Integratoren, aber ohne Kenntnis eines bestimmten Gebietes. Da man ihnen nicht die Zeit einräumt, die sie brauchen würden, um diese Kenntnis zu erwerben, sind diese Führungskräfte außerstande, Resultate zu erzielen.

George Steiner schildert einen solchen Manager in seinem Buch *Top Management Planning.*[4] Er berichtet, was in den zwanziger und dreißiger Jahren mit der Winchester Company geschah. Der Vorstandsvorsitzende berief damals Führungskräfte, die über keine Erfahrung in dieser Branche verfügten, in Schlüsselpositionen.

Er prahlte damit, daß die Firma in den Jahren 1923-24 etwa 1000 neue Produkte auf den Markt gebracht hatte. Aber um den Absatz hochzutreiben, mußten diese neuen Produkte mit den bisherigen Standardprodukten von Winchester konkurrieren, und Winchester fusionierte schließlich mit seiner Hauptkonkurrenz. Die Resultate waren mehr als enttäuschend. Die Verkäufer mußten Waren an den Mann bringen, die sie bis dahin herabgesetzt hatten. Die Umsätze schrumpften von 18 Millionen Dollar im Jahr 1923 auf 7 Millionen Dollar im Jahr 1931.

Innovation und Wandel reichen offenbar nicht aus. Ein Manager muß über intime Kenntnisse des Gebiets verfügen, auf dem er Neuerungen einführt. Er muß die Branche, die Funktionen, den Markt und das Produkt kennen, um zutreffende Urteile abgeben zu können. Wandel um des Wandels willen kann katastrophale Folgen haben.

Deshalb ist der Ausspruch, »Ein Manager ist ein Manager ist ein Manager«, falsch. Man kann jedes Unternehmen gut führen, aber erst nach einiger Zeit. Jede Führungskraft muß eine gewisse Zeit damit zubringen, **P** zu lernen und zu verstehen, **A** zu entwickeln, **E** zu erleben und auf **I** hinzuarbeiten. **P** erwirbt man, indem man die Technologie, den Markt, die Abnehmer und andere entscheidende Faktoren kennenlernt, die ein bestimmtes Unternehmen erfolgreich machen. Keine zwei Firmen sind gleich; jede hat ihre eigene Persönlichkeit. Ein Manager muß verstehen lernen, wodurch die Resultate zustandekommen, (**P**) bevor er die übrigen Rollen ausfüllen kann.

Unsere nächste Stilverbindung, die zu Mismanagement führt, hat weder eine **P**- noch eine **I**-Orientierung. Der Betreffende ist kreativ (**E**) und kontrollorientiert (**A**). Das Resultat ist ein einzigartiger Typus von Mismanager, den wir als Nervensäge charakterisieren wollen.

Die Nervensäge (-AU-)

Die Nervensäge interessiert sich im Grunde nicht dafür, was gemacht oder produziert wird. Außderdem hat sie kein Gespür für andere Leute und ist unfähig, deren Ideen zu einem Ganzen zusammenzuschweißen. Dabei ist die Nervensäge voller Ideen, was getan werden sollte, und sie möchte die Vorgänge in allen Einzelheiten kontrollieren.

Die Nervensäge unterscheidet sich vom Bürokraten (-**A**--) in verschiedener Hinsicht. Der Betreffende hat häufig neue Ideen. Er hält improvisierte Mitarbeiterbesprechungen ab; und das Verlangen, die Dinge in Ordnung zu bringen, das System zu kontrollieren und regelmäßige, organisierte Besprechungen abzuhalten, überkommt ihn nur fallweise. Seine Kommunikation vollzieht sich in der Regel von oben nach unten.

Er verhält sich ein bißchen schizophren. Er ist von inneren Konflikten geplagt. Er möchte alles unter Kontrolle haben und gleichzeitig möchte er die Dinge verändern. Er nimmt Chancen und

Gefahren war, und die Vorstellung, was alles getan werden müßte, versetzt ihn in Aufregung. Gleichzeitig ist er sich aller Konsequenzen seiner Pläne bewußt. Er sieht alle Komplikationen voraus, die ihrer Ausführung im Wege stehen.

Die Frustration dieses Typs wegen seiner eigenen »Impotenz« hat zur Folge, daß er vor sich hinbrütet, unzufrieden und unfreundlich ist und anderen keine Unterstützung gewährt. Bei Konferenzen nimmt er immer den Gegenstandpunkt ein. Wenn sich die Diskussion um Einzelheiten der operationalen Kontrolle dreht, ruft er zur »globalen Sicht« auf und beklagt sich, daß »wir uns nicht an die veränderten Bedürfnisse unserer Absatzmärkte anpassen«. Wenn langfristige Tendenzen zur Debatte stehen, warnt er, daß es gefährlich sei, Veränderungen vorzunehmen.

Der -**AE**- ist streitlustig, und er macht es einem unmöglich, auf derselben Seite zu sein wie er. In Unternehmen und Organisationen ist er nicht beliebt, da er ständig den Advocatus Diaboli spielt.

Wenn die Nervensäge auch nur eine geringe **P**-Orientierung hätte, wäre der Betreffende ein guter Problemlöser. Er würde ein komplexes Problem (**E**) nehmen und es so strukturieren, daß es kontrollierbar wird (**A**) und Resultate produziert (**P**). Da er jedoch kein **I** hat, kann er kein Berater sein. In der Version **pAE**- ist er bestenfalls ein überaus kreativer, systemorientierter Sachbearbeiter. Unser -**AE**- hat Ähnlichkeit mit Bells Angreifer.[5] Der Angreifer, wie Bell ihn beschreibt, lehnt sich gegen Autoritäten, gesellschaftliche Konventionen und ähnliches auf. Das ist die **E**-Orientierung in ihm. Als Angreifer zeigt er jedoch pedantische Züge (seine **A**-Orientierung). Gleichzeitig drückt er sich vor Verantwortung (Mangel an **P**), indem er sich aus allem heraushält und kein Interesse für konkrete Projekte zeigt. Da er kein **I** hat, überträgt er seine inneren Konflikte auf andere und entfremdet sie dadurch. Wenn man ihn mit einem Projekt betraut, verschwendet er viel Energie darauf, Fehler und Probleme daran ausfindig zu machen.

Um sich vor Verantwortung gegenüber seiner Umwelt abzuschirmen, versammelt der Angreifer eine Gruppe von Gleichgesinnten um sich. Diese Gruppe entwickelt zynische Perspektiven und bestärkt sich gegenseitig in dieser Einstellung. Diese Leute greifen alles und jedes an, was ihnen vorgesetzt wird. In der einen Situation argumentieren sie, daß eine bestimmte Aufgabe der Kontrolle bedürfe (sie bringen ihr **A** ins Spiel). In einer anderen Situation beschweren sie sich, daß nicht genug geschieht. »Man muß immer in Bewegung bleiben« (**E**).

Welches Vorgehen man auch wählt, der Angreifer wird stets die andere Seite präsentieren. Da seine Ansichten oft wechseln, liegt er ständig in Konflikt mit sich selbst. Das macht ihn zu einer verbitterten, gehässigen, ständig kritisierenden, frustrierten Nervensäge! Als Unternehmensberater ist der **-AE-** gefährlich, da er weder **P** noch **I** hat. Das heißt, er wird zwar Ideen anbieten, wie ein System geändert werden kann, um es kontrollierbarer zu machen, aber er versteht nicht, wozu das System dient, und er läßt die Notwendigkeit der Integration und des Teamworks außer acht.

Der Charismatische Guru (P-EI)

Der fähige Leiter weist neue Richtungen (**E**), motiviert seine Mitarbeiter (**I**) und produziert Resultate (**P**) mit Hilfe eines Systems (**A**). Der Charismatische Guru erzielt diese Ergebnisse durch sein Charisma. Im Gegensatz zum Demagogen bewirkt der Guru *tatsächlich* Resultate. Er ist auch zu globaler Sicht fähig, sowohl was die Gegenwart als auch was die Zukunft betrifft. Er integriert Menschen und bewirkt effektive Veränderungen. Seine Sorge gibt der nächsten Generation, nicht unbedingt der nächsten Wahl.

Die Kreativität des Charismatischen Guru ist ergebnisorientiert. Er fühlt sich bestimmten Zielsetzungen verpflichtet und konzentriert seine unternehmerische Initiative auf diese. Außerdem besitzt er eine große Überzeugungskraft, und er ist imstande, den Leuten seine Ideen und die anzustrebenden Resultate auf eine Weise nahezubringen, die sie zusammenschließt. Das sind die Qualitäten, die ihn zu einem Guru machen.

Da ist jedoch kein System, an das man sich halten kann (**A**); was die Gefolgschaft des Gurus bewundert, ist vielmehr dessen persönlicher Stil. Der Guru institutionalisiert sich selbst nicht; wenn er stirbt, müssen seine Anhänger deshalb seine Lehren systematisieren und ritualisieren, oder sein Einfluß wird verschwinden.
Einer der **P-EIs**, die ich analysierte, besaß Charisma, produzierte Resultate und überragte seine Umgebung bei weitem. Aber als er starb, geriet sein Unternehmen in Schwierigkeiten, weil es nicht auf Effektivität und Effizienz ausgerichtet war. Die früheren Erfolge hatten zu stark von der persönlichen Intervention des verstorbenen Geschäftsführers abgehangen. Eine Systematisierung war nicht erfolgt, und die Firma war daher wie ein Schiff, das seinen Navigator verloren hat und seinen Kurs ohne ihn nicht bestimmen konnte.
Der Charismatische Guru kann insofern als eine Variante des Falschen Führers gelten, als er der perfekte Manager zu sein scheint, aber längerfristig seine Versprechungen nicht einlöst. Er liefert **A** durch seine Persönlichkeit, aber sobald er von der Bildfläche verschwindet, schlägt der latente Mangel an **A** voll durch. Die Integration, die er bewirkte, kann rasch zerfallen. Die Folge ist, daß die Resultate zurückgehen. Ohne Integration und Resultate hat das **E**, das er als Vermächtnis hinterließ, keine Chance, sich zu artikulieren oder in die Tat umgesetzt zu werden.
Was ich damit sagen will, ist, daß auch Charismatische Führung eine Form von Mismanagement ist, da die Lebensspanne eines Unternehmens länger ist als die einzelner Menschen. Wenn der Erfolg eines Unternehmens von der Lebenserwartung seines Gurus abhängt, dann wird das Unternehmen langfristig nicht überleben.

Anmerkungen

1. Theodore H. White, *Breach of Faith* (New York: Dell, 1975), S. 139.
2. Gerald Bell, The Achievers (Chapel Hill, N. C.: Preston Hill, 1973). 2. Kapitel.

3. Ders., 6. Kapitel.
4. George Albert Steiner, *Top Management Planning* (New York: Macmillan, 1969).
5. Bell, *Achievers*, 3.Kapitel.

Alfred Mohler

Mitarbeiter richtig führen

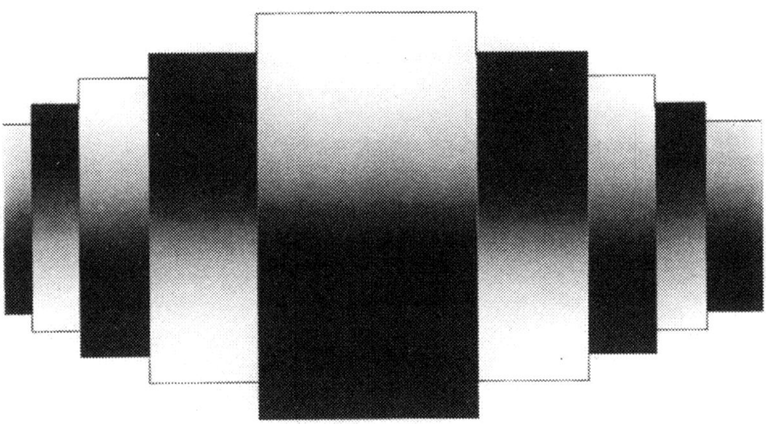

Wirtschaftsverlag Langen-Müller/Herbig

Rupert Lay

Führen durch das Wort

Wirtschaftsverlag Langen-Müller/Herbig

www.ingramcontent.com/pod-product-compliance
Ingram Content Group UK Ltd.
Pitfield, Milton Keynes, MK11 3LW, UK
UKHW021445031026
15588UKWH00002B/634

9 783784 470894